KB267939

최소불행사회

최소불행사회

[일러두기]

1. 이 책은 소설가 박경리 선생이 설립한 토지문화재단에서 창작실을 지원받아 집필했습니다.
2. 이 책의 해법과 사업 아이디어는 논의를 위한 제언이며, 법적 자문이나 투자 권유가 아닙니다. 구체적 실행 전 전문가 자문을 권합니다. 모든 통계는 출간 시점 기준입니다.

아무도 말하지 못한 **9가지 금기된 해법**
파국을 버텨내는 **11가지 생존 매뉴얼**

최소
불행
사회

홍선기 지음

모티브

최소 불행도
보장되지 않는 사회에서

· 두 노인의 비극 ·

여기, 2031년을 살아가는 두 명의 노인이 있다.

첫 번째 노인은 자산 축적기에 부동산과 주식 시장의 호황을 누리며 안정적인 현금 흐름을 확보했다. 그의 자식들은 장성했고, 주말마다 놀러 오는 손주들의 재롱을 보는 일은 노인에게 황혼의 큰 기쁨이다.

두 번째 노인은 젊어서 비정규직을 전전하다가 빈곤층으로 전락했다. 감당 못할 병원비가 걱정되어 아픈 곳이 있어도 참는다. 노인에겐 가족도 친구도 없다. 그의 반지하 단칸방엔 펼쳐보지도 못한 요양원 광고 책자만 쌓여있다.

그리고 5년 뒤,
두 노인 '모두'에게 비극이 일어난다.

첫 번째 충격: 예견된 비극

지방 소도시 반지하 단칸방에서 홀로 살던 박 씨(70세)의 죽음은 어쩌면 예견된 비극이었다. 급격한 인구 감소로 공동화되어가는 도시의 한 귀퉁이, 그곳 반지하에서 박 씨는 쓰러졌다. 열흘이 지나서야 발견된 그는 이미 차가운 주검이었다. 빈곤과 고립이 빚어낸 필연적 귀결이었다. 우리 사회가 애써 외면해 온, 그러나 충분히 예측할 수 있던 비극이다.

두 번째 충격: 예상치 못한 붕괴

그런데 한남동 최고급 아파트의 김 회장(72세)에게도 비극이 찾아왔다. 200억대 자산가였던 그에게 무슨 일이 일어난 걸까? 돈이 문제가 아니었다. 바로 '시스템'의 배신이었다. 2036년, 김 회장의 붕괴는 이렇게 시작됐다.

[1단계: 중년 자녀의 몰락]

"아버지, 저 회사에서 잘렸어요. 퇴직금으로 빚 갚기도 빠듯해요."

저성장이 고착화되자 대기업들이 구조조정을 시작했다. 대형 건설사의 임원이던 아들(52세)이 정리해고 1순위였다. 25년 근속도 소용없었다. 중년 아들은 재취업도 어려웠다. 대학 병원 의사였던 김 회장의 딸(49세) 역시 밤낮없는 과로와 의료 소송 위협에 결국 사직서를 냈다. 돈이 아니라, 자식들의 삶이 먼저 무너졌다.

[2단계: 자산 가치 및 돌봄 시스템 붕괴]

그나마 믿고 있었던 자산도 무너졌다. 부동산 폭락으로 200억이 80억으로. 주식은 -70%. 초인플레이션으로 실질적인 자산 가치가 90% 증발했다.

하지만 진짜 문제는 따로 있다.

요양원은 간병 인력 부족으로 신규 입소를 중단했다. 대기자만 2,000명. 낙상으로 고관절 수술이 필요한 김 회장은, 정형외과 전문의 부족으로 6개월을 대기해야 했다. 돈이 있어도 쓸 곳이 없다.

[3단계: 가족 시스템 붕괴]

"할아버지, 부모님이 이혼하신대요. 이제 못 찾아뵐 것 같아요."

경제적 압박과 돌봄의 문제 속에서 가족들이 뿔뿔이 흩어졌다. 아들은 지방으로 내려갔고, 딸은 연락을 끊었다. 손주와도 단절됐다. 결국 김 회장은 세상에 홀로 남겨졌다.

김 회장은 그제야 깨달았다.

"돈이 아무리 많아도, 시스템이 무너지면 나도 함께 무너진다."

이것이 '시스템 붕괴'다.
돈이 있어도 쓸 곳이 없다.
자산이 있어도 지킬 방법이 없다.
가족이 있어도 함께 있을 수 없다.

하지만 당신은 여전히 이해하지 못한다.

"김 회장은 부자였잖아. 왜 대비하지 않았지?"
"나라면 미리 준비했을 텐데."
"나는 김 회장처럼 안 살 거야."

정말 그럴 수 있을까?

대한민국의 불행은 바로 이 지점에서 시작된다.

연간 경제 성장률 **0.9%**[1]

민간부채 비율 **200.8%**[2]

출산율 **0.75명**[3]

지방 소멸 위험 시군구 **129곳**[4]

수도권 부동산 가격 **2배(119%) 상승**[5]

은둔형 외톨이 **54만 명**[6]

정신질환자 **355만 명**[7]

바야흐로 각자도생 시대다.

정부도, 기업도, 심지어 가족도,
당신의 '최소 불행'을 보장해주지 않는다.

그래서 우리는 외쳤다.
'나'라도 살아남아야 한다고.

———

1 국제통화기금(IMF), 『2025 Article IV Consultation Staff Report』 2025.11.24.
2 국제결제은행(BIS), Credit to the non-financial sector, 2025.09.16.
3 통계청, 『인구동향조사 2024 출생 통계』 2025.08.27.
4 한국고용정보원, 『지방소멸 2025: 신분류체계와 유형별 정책과제』 2025.09.30.
5 경제정의실천시민연합(경실련), 2022년 5월과 2017년 5월과의 비교, 2025.06.25.
6 한국보건사회연구원, 『고립·은둔 청년 현황과 지원방안』 보고서, 2023.05.01.
7 보건복지부, 『2021년 정신건강실태조사』 보고서, 2021.12.27

 최소 불행도 보장되지 않는 사회에서

그러나 여기 잔혹한 진실이 있다.

각자도생을 외치면 외칠수록, 우리는 더 빠르게 함께 무너진다.

역설의 메커니즘이다.

1991년, 거품이 꺼진 후 불황이 시작되자 일본인들은 생각했다.
"나라도 살아남아야 한다"

그래서:

- 결혼을 미뤘다.(합리적 선택)

- 출산을 포기했다.(현명한 판단)

- 소비를 줄였다.(안전한 전략)

- 빚을 지지 않았다.(신중한 대응)

개인이 했던 선택과 판단, 전략과 대응은 모두 옳은 결정이었다.

그런데 모두가 이렇게 하자, 예상치 못한 일이 벌어졌다.

결혼과 출산이 급격히 줄어들면서 인구가 감소하기 시작했다. 인구가 줄자 물건을 사는 사람도, 집을 구하는 사람도 줄어들었다. 내수 시장이 축소된 것이다.

소비가 위축되자 기업들의 매출이 곤두박질쳤다. 매출이 떨어지니 기업들은 투자를 중단했고, 신규 채용은 물론 기존 직원들마저 내보내기 시작했다. 일자리가 사라졌다.

일자리가 사라지자 경제 전체가 위축됐다. 세금을 낼 사람도, 세금을 낼 여력도 줄어들었다. 국가의 세수는 급감했고, 복지 예산부터 깎이기 시작했다. 의료와 돌봄 시스템에 투입될 재원이 바닥났다. 병원은 인력을 줄였고, 요양원은 문을 닫았다.

시스템이 무너지자 개인이 떠안아야 할 부담이 폭증했다. 국가가 해주던 것을 이제 개인이 돈을 내고 해결해야 했다. 사람들은 더한층 지출을 줄이고, 더욱 위험을 회피하며, 더더욱 극단적인 각자도생을 선택할 수밖에 없었다.

악순환의 고리가 완성됐다.

나를 살리려는 선택이, 나를 죽이는 결과를 낳았다.
각자도생의 역설(The Paradox of Individual Survival)이다.

1990년 최고의 호황을 맞았던 일본은 20년 후,
'최대 행복 사회'에서 '최소 불행 사회'로 추락했다.
2010년, 당시 일본의 총리는 최소 불행 사회(最小不幸社会)를 국정 목표로 내세웠다. 국가가 나서서 "더는 행복을 약속할 수 없으니

 최소 불행도 보장되지 않는 사회에서

최악의 불행이라도 막자"라며 체념을 선포했다. 불행을 최소화하자는 게 국가의 목표가 될 정도로 절망적인 상황에 이른 것이다.

시스템 붕괴는 김 회장 같은 자산가조차 무너뜨린다. 자산 유무와 상관없이, 개인이 아무리 현명하게 대비해도, 시스템의 붕괴 앞에선 모두가 비극을 맞이한다. **이것이 바로「두 노인의 비극 이론」(The ory of the Two Old Men's Tragedy)이다.** 그리고 이것은 책 속의 이론이 아니라, 수년 뒤 당신의 현실이다.

지금, 한국은 일본이 걸었던 그 길을 정확히 따라 걷고 있다.

일본이라는 거울

일본의 '잃어버린 30년'은 곧 한국이 겪을 '잃어버릴 30년'의 가장 정교한 미리 보기다. 세계 최고령 국가, 본격적인 인구 감소, 빈부 격차, 지방 도시 소멸, 연금 문제, 성장 동력 상실. 지금 우리 발등에 떨어진 문제 대부분이 일본에서 먼저 나타났다. 한국과 일본 모두 압축 성장이라는 공통의 고도 경제발전 모델을 채택했기 때문이다. 대기업 위주의 경직된 산업 구조, 부동산과 부채에 크게 의존하는 경제 생태계는 결국 두 나라에 유사한 구조적 취약점을 가져왔다.

시스템이 무너지기 시작하자, 일본에서 일어났던 사회 현상들이 10~15년의 시차를 두고 한국에서도 그대로 반복되고 있다.

하지만 우리에겐 일본이 갖지 못했던 무기가 있다. '선례'라는 이름의 답안지다.

저자는 새로운 사업 아이템과 다양한 글감을 찾기 위해 지난 10년간 **71차례 일본을 방문했다.**

관광객이라곤 눈을 씻고 찾아봐도 단 한 명도 보이지 않는 오이소*처럼 소멸 위기에 처한 지역부터, 첨단 산업과 문화적 인프라가 풍부한 도쿄나 오사카 같은 대도시까지 곳곳을 찾아갔다. 그 10년 사이에 직업도 친구도 애인도 없이 집 안에만 있는 21살 청년부터 캡슐 호텔 라운지에서 홀로 편의점 도시락을 먹고 있는 노인까지. 저자는 일본의 '잃어버린 30년'이 낳은 무수히 많은 불행을 마주했다.

"설마, 이게 우리 사회가 향하고 있는 미래 모습은 아닐까?"

위기감을 느낀 저자는 수년간 수많은 서적과 관련 논문, 현지의 기사와 뉴스를 찾아보며 일본 사례를 깊이 있게 분석했고 이를 한국 사회에 대입해 비교했다.

결과는 충격적이었다.

---

* Oiso, 한국인이 가장 사랑하는 일본 소설가 무라카미 하루키가 사는 해안가 작은 마을

　　　　　　　　　　　　최소 불행도 보장되지 않는 사회에서

이 책의 구성

문제 진단(1~2부) → 거시적 해법(3부) → 미시적 생존법(4부)

책의 1부와 2부는 일본이 겪은 지난 40년을 연도별 핵심 키워드로 정리했다. 호황기(1985년)의 광기부터 불황기의 체념까지 과정을 한국의 미래를 비춰보는 '거울'로 삼았다.

1부: 일본이라는 거울(1985-1995)
거품 절정에서의 몰락, 시스템 붕괴 과정

2부: 거울 속 한국: 이미 시작된 파국(1996-2025)
청년 고립, 돌봄 대파국, 각자도생 제도화

이 책의 전반부는 단순히 일본의 과거를 되돌아보는 것이 아니다. 우리가 '잃어버릴 30년'을 겪기 전에, 생존의 징후와 교훈을 찾기 위한 작업이다. 1부와 2부의 각 키워드는 독립적으로 구성되어 있어, 당신에게 가장 시급한 주제부터 찾아 읽어도 좋다.

하지만 가능하다면 처음부터 순서대로 읽기를 권한다.

1부를 읽으며 의구심이 들 것이다. "정말 우리도 이렇게 될까?"

2부에서는 현실을 마주하게 될 것이다. "이미 시작됐구나."

2부까지 다 읽고 나면, 우울한 현실에 지쳐 있을지도 모른다. 청년 고립, 노인 방치, 시스템 붕괴……. 정말 애석하다. 하지만 이 어둠을 외면하지 말아야 한다. 그래야 3부의 '금기된 해법'이 왜 필요한지, 4부의 '생존 매뉴얼'이 얼마나 절실한지 와닿을 것이다. 진단 없는 처방은 무의미하니까. 3부의 서론을 읽으면 비로소 이런 생각이 들 것이다.

"아직 우리에겐 기회가 있구나!"

이 책이 당신에게 제시하는 두 가지 답

이 파국을 막기 위해, 저자는 책의 후반부(3부, 4부)에서 두 가지 구체적인 해법을 제시한다.

3부: 아무도 말하지 못한 9가지 금기된 해법
9개의 시스템 개혁안

듣기 불편하지만 더는 미룰 수 없는 이야기다. 기득권이 자신들의 이익과 표를 의식해 외면해 온 극약 처방들이다.

- **폐교를 활용한 시니어 대학 타운?** – 인구 절벽 역이용
- **최저임금 차등제 도입?** – 지역별, 업종별 차등화

 　　　　　　　　　　　　최소 불행도 보장되지 않는 사회에서

- **노후 자산가에게 연대 비용 징수?** – 미래 세대 부담 경감
- **선거 투표권을 시험으로?** – 민주주의의 금기에 도전

9개의 시스템 개혁안'은 정치인이 절대 말하지 않는다. 표가 떨어지니까. 하지만 누군가는 말해야 한다. 이미 늦었으니까.

4부: 파국을 버텨내는 11가지 생존 매뉴얼
불확실한 시대를 지나갈 힘

여기서 고백할 게 있다. 4부는 모순처럼 보일 수 있다.

'함께 살아야 한다'고 외치면서 '각자 생존하는 법'을 알려준다니. 하지만 이것은 모순이 아니다. 4부의 11가지 매뉴얼은 고립된 각자도생이 아니라, 새로운 형태의 연대를 만드는 방법이다.

'1인 전용 바비큐 레스토랑'은 단순한 혼밥 식당이 아니라, '초솔로사회' 구성원들이 타인의 시선에서 해방되어 존엄하게 식사할 '권리'를 파는 공간이다.

'렌털 쇼케이스 사업'은 단순하게 최소 단위 공간 임대 사업이 아니라, '덕질'이라는 공통점으로 흩어진 개인들을 묶는 '오프라인 아지트(연대)' 역할을 한다.

'강아지 정규 유치원'은 단순 반려동물 서비스가 아니라, 펫팸족

이 서로의 고민을 나누는 새로운 커뮤니티다.

변화를 만들 사람이 먼저 굶어 죽으면 변화는 일어나지 않는다.

혁명가도 먹고살아야 한다.

하지만 더 중요한 것은, 생존하면서도 고립되지 않는 것이다.

16년 차 사업가의 눈으로 일본에서 찾은 11가지 기회는 단순한 생존법이 아니다. 고립을 연대로 바꾸는 '함께 도생'의 구체적 방법이다. 취할 건 취하고 버릴 것은 과감하게 버리는 비판적인 자세로 시스템이 견고하게 재구축될 때까지 불확실한 지금을 대비하는 데에 큰 도움이 되길 희망한다.

책 곳곳에 삽입된 7편의 [저자 노트]는 한국과 일본의 일상에서 직접 목격한 날것의 기록이다. 담 너머에서 본 노노개호*의 끝, 일당 40만 원 공고 앞에서 느낀 청년들의 절망. 통계와 이론으로는 담을 수 없었던 생생한 현실의 조각들이다.

마지막으로 당신에게 질문.

"당신은 김 회장이 되고 싶습니까? 박 씨가 되고 싶습니까?"

아니다. 틀린 질문이다.

진짜 질문은 이것이다.

---

* 노노개호(老老介護): 노인이 노인을 간병하는 상황. 노노케어나 노노간병으로도 칭한다.

　　　　　　　　최소 불행도 보장되지 않는 사회에서

박 씨는 친구와 가족 없이 혼자라도 살려고 했다.

실패했다.

김 회장은 자신과 가족만 잘 살려고 했다.

무너졌다.

우리가 함께 살지 않으면,

우리는 함께 무너진다.

이 책을 손에 든 당신,

당신이 바로 그 시작이다.

이 책을 읽는 세 가지 방법

거시적 흐름부터 파악하고 싶다면

1부·2부(진단) → 3부(해법) 순서로 읽으세요.

1985년 버블의 정점에서 2026년 오늘까지, 40년의 궤적을 따라가 보세요.

일본이라는 거울을 통해 가장 확실한 한국의 미래가 보입니다.

당장 생존 전략이 필요하다면

4부(생존 매뉴얼)부터 펼치세요.

11가지 아이템을 먼저 챙긴 뒤 1부로 돌아가면,

왜 이 사업 아이템들이 유용한지 이해할 수 있습니다.

숫자보다 이야기가 필요하다면

책 속 단편 우화 〈두 노인의 비극〉과 수필 〈저자 노트〉를 먼저 읽어보세요.

차가운 데이터가 담지 못한 삶의 무게와 따뜻한 감동이 담겨 있습니다.

차례

1부   일본이라는 거울   1985-1995

1장 | 욕망 중독 5년(1985-1990) · 32

"영원할 줄 알았던 호황, 고작 5년 만에 무너지다"

2장 | 시스템의 배신 5년(1991−1995) · 63

"국가와 기업이 개인을 버린 5년"

2부 거울 속 한국: 이미 시작된 파국   1996-2025

3장 | 청년 고립 10년(1996-2005) · 108

"공정이 무너지자 희망도 사라졌다"

5장 | 각자도생 제도화 10년(2016-2025) · 196

"혼자 살아남으려 할수록, 함께 무너진다"

프롤로그에서 당신은 두 노인을 만났다.

2036년, 자산 유무와 관계없이 모두 무너지는 비극을.

그 비극은 어디서 시작됐을까?

50년 전으로 거슬러 올라가보자.

1985년 9월 22일, 일요일.

뉴욕 플라자 호텔

G5(미국, 일본, 서독, 영국, 프랑스) 재무장관들이 모여

"달러 가치를 내리자"고 합의했다.

단 한 장의 문서

겨우 500단어

그 순간, 그 방 안의 누구도 알지 못했다.

이것이 먼저 일본을 무너뜨리고

50년 후 이웃 한국의 김 회장과 박 씨를 무너뜨릴

시스템 붕괴의 서막이었다는 것을.

이제 그 이야기를 시작한다.

1부

일본이라는 거울

1985-1995

욕망 중독 5년

(1985-1990)

*"영원할 줄 알았던 호황,
고작 5년 만에 무너지다"*

1985년부터 1990년까지 일본 사회는 '잃어버린 30년'의 씨앗을 뿌린, 아주 특별하고도 격동적인 시기를 보냈다. 소위 '버블 경제'라고 불리는 이 시기는 눈부신 경제 호황의 정점과 시스템 붕괴의 불길한 전조가 뚜렷하게 엇갈리는, 모순으로 가득 찬 시대였다.

일본의 버블 경제 5년을 정의하는 숫자

지표	1985년	1990년	변화
닛케이 지수	13,000	38,915 (1989년 최고)	▲ 3배
도쿄 땅값	기준(100)	300	▲ 3배
출산율	1.76명	1.54명	▼ 12.5%
프리터 수	50만 명	102만 명(1992)	▲ 2배
평균 연봉	380만 엔	455만 엔	▲ 20%

5년간의 결정적 순간들

1985 플라자 합의

달러당 240엔 → 120엔 / 엔화 가치 2배 폭등

1986 땅 짚고 헤엄치기

도쿄 땅값 = 미국 전체 땅값 / 부동산 광기

1987 프리터* 등장

'자유로운 일' 선택 청년 급증 / 비정규직 시대

1989 록펠러 센터 매입

13억 달러에 미국 랜드마크 인수 / 버블의 정점

1989 1.57 쇼크

1966년 이래 최저 출산율 / 인구 위기

1990 버블 붕괴 시작

닛케이 38,915 → 20,000대 / 30년 침체 시작

세 가지 축의 변화

경제 / 정책 키워드

- 플라자 합의 – 모든 비극의 시작점

- 땅 짚고 헤엄치기 – 투기 광풍

- 프리터　종신고용 붕괴

- 리쿠르트 사건 – 정경유착 폭로

---

* 프리터(フリ-タ-): 정규직이 아닌, 단기 또는 중장기 아르바이트로 생계를 이어가는 사람을 뜻하는 신조어

- 소비세 3% - 증세의 시작

가족/개인 키워드

- 분중(分衆) - 대중 → 개인 시대

- 가정 내 이혼 - 껍데기 가족

- 온실 속 화초 - 과보호 세대

- 아그네스 논쟁 - 워킹맘 논란

- 젖은 낙엽 - 은퇴 남성의 고립

문화/소비 키워드

- 시티팝 - 버블 시대 BGM

- 해바라기 - 53억 엔 미술품

- 땡큐세트 - 390엔 햄버거(양극화)

- 오픈런 - 소비 광기

한국의 현재와 충격적 유사성

구분	일본(1985-1990)	한국(2020-2025)	격차
자산버블	부동산 3배, 주식 3배	부동산 2배, 주식 2배	접근 중
노동시장	프리터 102만 명(1992)	N잡/긱워커 220만 명	추월
출산율	1.57명 쇼크	0.75명 재앙	최악
가계 부채	GDP 대비 65%	GDP 대비 105%	심각
청년실업	5%	8%	악화

이 시대가 남긴 3대 경고

① 버블은 터지기 전까지 버블인지 모른다

1989년 절정 → 1990년 붕괴(단 1년)

② 출산율은 경제 지표보다 정직하다

호황 속 출산율 1.57 쇼크 → 미래 세대의 거부

③ 프리터의 자유는 착각이었다

102만 프리터* → 30년 후 하류 노인

당신이 꼭 기억해야 할 한 문장

"일본이 5년간 즐긴 버블의 대가는 30년이었다. 한국은 지금 몇 년째인가?"

1985년부터 1990년까지 일본은 물질적 풍요와 문화적 활력이 정점에 달했지만, 그 이면에서는 시스템 균열, 가족 해체, 사회적 양극화라는 문제들이 이미 뿌리내리며 다가올 '잃어버린 시대'를 예고하고 있었다.

다음 장 1991-1995 시스템의 배신 5년: "국가와 기업이 개인을 버린 5년"

---

* 「就業構造基本調査」, は総務庁統計局, 1992.(일본 프리터 수는 총무성 통계국과 내각부 집계 방식이 달라 차이가 크다. 이 책에선 총무성의 자료를 인용한다)

풍요 속 울리는
균열의 전주곡

1989년, 긴자의 밤.

클럽 '줄리아나' VIP룸에서 서른셋 김 씨가 샴페인을 땄다. 돔 페리뇽. 한 병에 첫 월급과 맞먹는 가격이었지만 이젠 눈 하나 깜짝하지 않았다. 옆자리 증권맨이 소리쳤다.

"김 부장, 미나토구 땅이 또 올랐대요. 평당 3억 엔!"

김 씨는 웃으며 잔을 부딪쳤다. 포트폴리오는 매년 30%씩 불어났다. 아내는 셋째를 임신했고, 장남은 내년에 초등학교에 들어간다. 모든 게 완벽했다.

'땅은 절대 배신하지 않는다.' 그 시대의 복음이었다.

같은 시각, 신주쿠역 서쪽 출구.

스물여덟 박 씨는 형광등 불빛 아래 구인 광고판을 올려다보았다. '프리터 환영. 시급 550엔.' 손톱으로 광고지 귀퉁이를 찢어 주머니에 넣었다. 정규직 문은 끝내 열리지 않았다. 서른을 앞두고 구한 다섯 번째 아르바이트. 역 구내를 지나는 샐러리맨 구두 소리가 유난히 크게 울렸다. 윤기 나는 구두, 말끔한 양복, 자신감 넘치는 걸음. 그들과 자신 사이 보이지 않는 유리벽이 있음을 박 씨는 어렴풋이 느꼈다.

그해 일본 합계출산율은 1.57이었다.

신문은 '1.57 쇼크'라 대서특필했지만, 긴자의 네온사인 아래서 그 기사를 읽는 사람은 없었다. 김 씨는 셋째 돌잔치 장소를 물색했고, 박 씨는 편의점 삼각김밥으로 끼니를 때웠다. 이 숫자가 훗날 자신들의 노후를 송두리째 뒤흔들 '복선'임을 누구도 몰랐다.

풍요의 정점에서 균열은 이미 시작되었다.
가장 높은 곳과 가장 낮은 곳에서 동시에.

   두 노인의 비극 #1

모든 비극의 시작, 달러는 내리고 엔화는 올랐다
플라자 합의 1985년 [정책/경제]

플라자 합의(Plaza Accord)는 1985년 9월 G5 경제 선진국들이 모여 미국 달러화 가치를 내리고 일본 엔화 가치를 높이기로 결정한 환율 합의다. 이 합의 직후 엔화는 폭등하여 1년 만에 달러당 120엔대까지 떨어졌다.

엔저(円低)를 기반으로 고속 성장해 온 일본 경제는 곧바로 수출 기업의 타격과 내수 시장 침체에 직면했다. 일본 정부는 경기 방어와 시장 안정화를 명분으로 금리를 전격 인하하는 '저금리 정책'을 펼쳤다. 이것이 결정적인 정책 실패의 서막이었다. 저금리로 시장에 막대한 유동성(엔화)이 범람했고, 이 현금이 생산적인 투자처 대신 '부동산'과 '주식시장'으로 집중되면서 광적인 투기 씨앗을 뿌렸다. 엔고를 등에 업은 일본 자본의 해외 자산 매입과 호화로운 소비 확산은 흡사 국가의 경제 규모가 팽창하는 듯한 착시 현상을 일으켰다.

결론적으로, 플라자 합의는 외부 충격이었으나, 잘못된 통화 정책으로 대응한 일본 정부의 선택은 투기 광기를 가속화하는 버블 경제(Economic bubble)의 서막이 되었다. 일본 국민들은 '싼 돈(저금리 대출)'으로 부동산과 주식을 미친 듯이 사들이기 시작했다. 이로써 '잃어버린 30년'으로 향하는 문이 활짝 열렸다.

'나'는 넘치고, '우리'는 흩어지다

분중 시대 1985년 [개인/가족]

싼 돈이 범람하자, 사람들은 '나만의 것'을 사기 시작했다. 대중(大衆)이 분중(分衆)으로 쪼개지는 순간이었다. 분중이란 대중과 대비되는 개념으로, 버블 경제 절정기 일본 사회의 개인화된 자신감을 보여주는 신조어다. 과거, 집단으로 묶였던 시민들이 성장의 동력을 다양화·개성화에서 찾기 시작했다는 의미다. '분중 시대'의 핵심인 차별화(Differentiation)는 새로운 소비 양식이 되었다. 개인들은 집단적인 유행 대신 자신만의 라이프 스타일을 추구했다. 이는 물질적 풍요 속에서도 정신적 소외감을 느꼈던 개인들의 심리적인 해방구였다. 이에 기업들은 '다품종 소량생산'과 '맞춤형 마케팅'으로 전환했다.

이 분중 문화는 오늘날 한국의 '가심비(가격 대비 심리적 만족도)'나 '취향 공동체' 현상과 궤를 같이한다. 즉, 분중이란 신조어의 등장은 개인의 물질적 해방이 우선시될 때 공동체의 결속이 취향 단위로 쪼개짐을 보여줬다. 일본의 분중 현상이 버블 경제 붕괴 후 장기 침체 속에서 개인화와 파편화를 심화시켰듯이, 장기 저성장에 진입한 한국 사회 역시 이 패턴을 답습할 위험이 있다. 한국에서 '나심비(나의 심리적 만족도)'나 '소확행(소소하지만 확실한 행복)' 등으로 나타나는 개인 중심적인 소비와 취향 공동체는 단순히 트렌드를 넘어, 성장 동력을 잃은 사회에서 개인이 '통제 가능한 영역'을 확보하려는 심리적 각자도생 해법으로도 볼 수 있다.

땅은 배신하지 않는다? 광란의 투기 열풍

땅 짚고 헤엄치기 1986년 [정책/경제]

저금리로 시장에 풀린 막대한 유동성(돈)은 '땅 짚고 헤엄치기'라는 광적인 부동산 투기 심리를 낳았고, 이는 노동이 아닌 운과 탐욕이 지배하는 경제가 되었음을 상징했다.

일본 전국에서 '묻지 마 토지 매입'이 횡행하면서 악질적인 '주민 내쫓기'(地上げ)를 유발했고, 서민들의 최소 주거 안정권이 위협받았다. 자본 시장의 쾌락이, 개인의 '최소 불행 방어선'을 침범한 것이다. 일본의 1986년은 시스템이 실패할 때, 가장 먼저 가진 것 없는 개인의 삶이 파괴된다는 사실을 여실히 보여주었다. 이는 한국 사회에 가장 강력한 경고를 던진다. 부동산 가격 폭등이 '내 집 마련'이라는 한국 사회의 최소 생존권을 무너뜨리는 것과 정확히 같은 원리이기 때문이다.

한편, 이러한 탐욕과 생존권의 충돌은 배우 마부치 하루코가 부동산 업자를 고발한 사건으로 상징되었다. 비록 재판에서는 서민들이 패배했지만, 얼마 지나지 않아 결국 '거품 붕괴'로 지가가 '대폭락'하면서 투기 세력 또한 '파멸'했다. 투기로 쌓아 올린 탐욕이 결국 시스템 붕괴를 통해 종식되었음을 보여주는 사건이다. '나만 잘 벌면 된다'는 마음으로 한국의 부동산 시장을 교란하는 전문 투기 세력에게조차 일본의 이 현상은 큰 시사점을 남긴다.

사랑 없이 사는 부부, 조용한 가족의 붕괴

가정 내 이혼 1986년 [개인/가족]

1986년 베스트셀러가 된 하야시 이쿠의 저서에서 유래한 '가정 내 이혼'은 버블 시대의 가장 은밀하고 파괴적인 사회적 균열을 상징한다. 하야시 이쿠는 이 용어를 통해 애정은 이미 식었으나 자녀 양육, 노부모 부양, 혹은 경제적 자립 능력 부족 등의 문제로 법적 이혼만 미루는 부부의 상태를 날카롭게 지적했다.

일본 사회가 부동산 광기로 풍요를 누리던 시기에, 가족이라는 최소 단위 시스템조차 내부적으로 해체되고 있었음을 드러낸다. 즉, 국가적 부(富)의 성장이 개인과 가족의 최소한의 정신적 행복과 결속을 전혀 담보하지 못했음을 보여주는 증거다.

오늘날 한국 사회가 겪는 비혼(非婚)의 증가나 저출산 문제가 '결혼하지 않음'이라는 선택의 결과라면, 일본의 '가정 내 이혼'은 이미 결혼한 개인이 경제적 족쇄 때문에 불행한 관계를 강제로 유지해야 하는 현실을 보여준다.

비혼은 불행을 회피하는 선택이지만, 가정 내 이혼은 불행에서 벗어날 선택조차 할 수 없는 상태다. 시스템이 개인에게 '최소 불행'마저 보장하지 못할 때, 가족은 감옥이 된다.

정규직 대신 '자유'를 택한 청년들

프리터 1987년 [정책/경제]

프리터는 프리(free)와 아르바이터(arbeiter)의 합성어로, 정규직 대신 단기 또는 중장기 아르바이트로 생계를 이어가는 사람을 뜻하는 신조어다. 이는 학생들이 일시적으로 하는 아르바이트가 아니라, 생업으로 장기간 비정규 노동에 종사하는 계층의 출현을 알렸다.

이들이 정규직 대신 프리터를 선택한 배경에는 버블 경제의 낙관적 풍요가 있었다. 당시에는 기업 면접에만 응해도 교통비(거마비) 명목으로 적게는 1만 엔부터 많게는 5만 엔까지 받을 수 있어, 굳이 조직에 얽매이지 않아도 제법 풍족한 생계가 가능했다.

이들은 '자유로운 삶'이라는 개인의 쾌락과 여가를 택했다. 하지만 그 자유는 착각이었다. 거품이 꺼지자 프리터들은 정규직 전환 기회도, 퇴직금도, 연금도 없이 중년과 노년을 맞이했다.

1987년에 20대였던 프리터 79만 명*중 상당수는 30년 후 하류 노인이라는 새로운 사회 문제의 당사자가 되었다. 한국도 지금 같은 길을 걷고 있다. N잡러, 긱워커(Gig Worker, 배달·운전·프리랜스 등 단기 프로젝트 단위로 일하며 플랫폼을 통해 수입을 얻는 노동자), 플랫폼 노동자. 이름만 바뀌었을 뿐, 프리터의 역사가 반복되고 있다.

---

* 「就業構造基本調査」, 年は総務庁統計局, 1987.

그림 한 점에 수백억 낙찰, 돈 자랑의 끝

반 고흐의 해바라기 1987년 [문화/유행]

광적인 과시적 소비의 끝

1987년, 일본 손해보험회사인 야스다화재보험(現 솜포그룹)이 크리스티 경매에서 빈센트 반 고흐의《해바라기》를 당시 역대 최고가인 3,990만 달러에 낙찰받았다. 이 사건은 버블 경제의 끓어오르는 광적인 유동성이 부동산과 주식 시장을 넘어 문화 예술 분야까지 집어삼켰음을 상징한다. 1980년대 후반은 막대한 자금력을 가진 일본 기업과 부자들이 전 세계의 자산을 광적으로 사들이던 시기였다.《해바라기》구매는 단순한 투자를 넘어, 일본의 국가적 자본력과 문화적 우위를 세계에 과시하려는 집단적인 열망이었다.

이러한 자본의 광적인 흐름과 과시적 집중은 현재 한국의 경제적 딜레마와 맥을 같이한다. 한국 역시 파국적인 거시 지표(민간부채 200.81%, 저성장)에도 불구하고, 경제 활력을 되살릴 근본적 해법 대신, 부채로 쌓아 올린 자본을 수도권 초고가 부동산이나 대형 상징 프로젝트에만 투입하는 전철을 밟고 있다. 일본이 세계 예술품 구매로 국력을 과시했듯, 한국은 '최소 불행'을 보장할 재원을 시스템의 근본적 문제 해결이 아닌, 상징적 과시에 사용하며 위기를 유보하고 있다.

《해바라기》는 경고였다. 경제 시스템이 무너지고 있을 때, 돈은 문제 해결 대신 자랑에 쓰였다. 정확히 3년 후, 일본 경제는 붕괴했다.

390엔짜리 햄버거 세트가 불티난 이유

땡큐 세트 1987년 [문화/유행]

버블 경제 시기, 호황을 누리지 못하는 서민들

맥도날드 땡큐 세트(サンキューセット)는 버블 경제가 한창이던 시기, 호황을 누리지 못하는 서민층을 타깃으로 일본 맥도날드가 선보인 특별 할인 세트였다. 기존 520엔이던 햄버거 세트를 390엔에 판매하며 숫자 39를 'Thank You'로 읽는 언어유희로 명명한 것이 특징이다.

이 현상은 모두가 풍요로웠다는 버블의 신화가 허구였음을 드러내는 가장 명확한 신호다. 사회 전체가 초호화 소비와 투기에 열광하는 동안, 한쪽에서는 최소한의 외식조차 할인에 의존해야 하는 극심한 양극화가 이미 시작되고 있었다. 이는 국가 경제가 '최대 행복'을 노래하던 순간에도, 시스템이 보장해야 할 '최소 생존'의 마지노선이 무너지기 시작했음을 보여준다.

이는 저성장기에 접어든 한국 사회에 강력한 경고를 던진다. 한국 역시 소비 양극화가 심화되면서, '초저가'(다이소, PB 상품) 전략이 부자들의 고가 소비 트렌드와 함께 일상화되고 있다. 일본의 땡큐 세트 유행처럼, 다수의 서민들이 이미 저가 소비에 갇혀 있음을 상징하며, 본격적인 불황(잃어버릴 30년) 진입 시 소비 심리가 급격히 붕괴할 수 있다는 위험을 예고한다.

비바람 막아주니 스스로 큰 줄 아는가?

온실 속 화초 1988년 [개인 / 가족]

온실 속 화초(카이와레족, カイワレ族)는 물질적 풍요 속에서 부모의 과잉 보호 아래 자라나, 모험심이나 사회적 저항성이 부족한 10대들을 지칭하는 용어다. 플라스틱 온실 속 우레탄 모판에서 완벽한 관리하에 성장하는 무순(카이와레)에 비유한 것이다.

버블 시대의 풍요로운 부모 세대가 겪은 불안이 역설적으로 자녀 세대에 대한 과잉 통제와 보호로 발현된 징후였다. 부모들은 자신들이 겪은 조직 생활의 피로와 경쟁의 고통을 아이들에게 대물림하지 않으려 했지만, 그 결과는 사회적 생존력이 취약한 다음 세대의 탄생이었다.

과보호와 저항성 부족은 한국 사회의 심각한 징후이기도 하다. 부채와 저성장에 갇힌 한국 부모 세대는 자녀에게 자산과 교육을 과도하게 몰아주며 불안한 사회에서 생존하길 바란다. 하지만 이는 결국 아이들을 시스템 변화에 취약한 '온실 속 화초'로 만들고, 사회적 이동성을 차단하며 세대 간의 취약성을 고착화시키는 위험을 안고 있다.

아이 업고 출근한 가수, 일하는 엄마는 죄인인가요?

아그네스 논쟁 1988년 [개인 / 가족]

일하는 여성이 잃어왔던 것

'아그네스 논쟁'은 1988년, 가수 아그네스 챈이 방송국에 아이를 데리고 출근한 것을 두고 '일하는 여성이 잃어왔던 것'을 주제로 일본 사회 전체가 격렬하게 논쟁한 사건이다. 여성의 일과 육아 병행이라는 개인적 문제가 젠더와 조직 문화라는 구조적 논쟁으로 확장된 기념비적인 사건인 셈이다.

이 논쟁은 남성 중심의 종신 고용·가족 부양 시스템이 여성의 사회진출과 개인주의 심화라는 시대적 흐름을 감당하지 못하고 내부적으로 균열하고 있음을 드러냈다. 버블 시대의 풍요에도 불구하고, 조직에 대한 피로감과 개인의 삶의 질 문제가 '젠더 갈등'이라는 이름으로 표면화되기 시작한 것이다.

아그네스 논쟁은 한국 사회의 저출산 및 비혼화 경향에 대한 직접적인 시사점을 던진다. 일본이 40년 전 겪었던 '여성의 노동과 육아' 문제는 한국에서 현재 '출산율 0.75명'이라는 파국적 수치로 이어졌다. 조직 중심 사회가 개인의 삶을 존중하지 않을 때, 가장 먼저 가족이라는 최소 단위 시스템이 해체되며 국가의 미래 자체가 불가능해진다는 강력한 경고다. 아그네스 논쟁은 이듬해인 1989년 일본의 첫 성희롱 재판, 여성 잡지 『Hanako』의 약진 등으로 이어진다.

새벽부터 줄 서는 사람들, 그때도 있었다

오픈런 1988년 [문화/유행]

오픈런(開場疾走, 개장 질주) 현상은 1988년 닌텐도 패밀리 컴퓨터 전용 게임《드래곤 퀘스트 3》출시 때 일본 전국에서 본격적으로 일어난 현상이다. 도쿄와 오사카 등 대도시에서 게임을 사기 위해 직장인의 무단결근, 학생의 등교 거부, 그리고 협박 갈취 사건까지 발생하는 집단적 광기를 보였다. 이는 단순한 게임 유행을 넘어, 버블 경제의 구조적 불안과 시스템의 경고음(리쿠르트 사건, 아그네스 논쟁 등)을 대중이 집단적으로 외면하고 문화적 도피처로 몰려들었음을 상징한다. 통제 불가능한 거시적 현실 대신, 통제 가능하고 즉각적인 쾌락을 주는 미시적 콘텐츠에 개인들이 모든 관심과 에너지를 쏟아부은 것이다.

2024년 6월 30일, 일본 오사카의 한 백화점 모습. 한정판 건담 피규어를 추첨 판매하자 4천 명이 넘는 사람들이 새벽부터 줄을 섰다.

이제 오픈런은 2020년대 한국 사회의 '문화적 집중' 현상을 대표한다. 불확실한 시대에 한국의 젊은 세대가 아이돌 굿즈 구매, 한정판 스니커즈 리셀, 명품 오픈런 등에 광적으로 집착하며 사회적 에너지를 소모하는 것은 40년 전 일본에서 시작된 모습과 정확히 일치한다.

새벽 5시, 줄을 서며 묻다:
이것은 소유인가, 생존인가

:

새벽 5시, 도쿄 아키하바라의 겨울 공기는 살을 에는 듯합니다. 손에는 핫팩, 온몸은 두꺼운 옷으로 감쌌지만, 매서운 겨울바람은 뼛속까지 스며듭니다. 제 앞뒤로 수십 명, 어쩌면 수백 명의 사람들이 같은 모습으로, 같은 것을 기다리며 서 있습니다.

목적은 단 하나, 곧 발매될 한정판 건담 피규어입니다.

같이 줄 서 있는 사람들을 유심히 관찰하는 일은 나름 신기하고 재미있습니다. 제 바로 앞에 있는 사람은 벌써 2시간째 혼자서 중얼중얼 애니메이션 대사를 토씨 하나 안 틀리고 읊조리고 있습니다. 제 뒤쪽에선 일명 '일행 새치기(한 사람이 대표로 줄 서 있다가 그 사람 일행이라며 무리 지어 새치기하는 사람들)'로 싸움이 난 모양입니다. 그런 모습들을 살피며 이런저런 생각을 하다 보면 그래도 어느샌가 세상이 조금씩 밝아오기 시작합니다. 기온도 조금씩 올라갑니다. 하루를 일찍 시작한 이들이 바쁜 걸음으로 거리를 오가기 시작합니다. 그렇게 오전 10시가 됩니다.

수십 차례 일본을 오가며, 저는 여러 번 이런 '오픈런'의 풍경 속에 있었습니다. 그리고 그 차가운 아스팔트 위에서 스스로에게 묻곤 했습니다.

"나는 지금 왜 여기에 있는가?"

저는 스스로를 '오타재(오타쿠+아재)'라 생각하는 사람입니다. 애니메이션 셀화를 수집하고, 프라모델을 조립하며, 한정판 피규어에 지갑을 엽니다. 장식장도 없어 매번 샀다가 팔았다가 다시 사는 일을 꾸준히 반복합니다. 남보다 먼저 구매하여 제품을 뜯어보고, 사진을 찍고, 리뷰 글을 올리는 일을 취미로 합니다. 그러니까, 70차례가 넘는 일본 방문은 사업 아이템 발굴을 위한 공부이자, 글을 쓰기 위한 취재이자, 덕질의 여정인 셈입니다.

합리성만 따지면 이렇게 어리석은 짓도 없습니다. 귀한 시간입니다. 게다가 급격한 체력 소모까지. 그 대가는 장난감 로봇 피규어 하나입니다. 온라인 예약도 가능하고, 적당한 웃돈을 주면 얼마든 쉽고 편리하게 구할 수도 있는데, 왜 굳이 이 새벽에 이 고생을 감수하는 것일까요?

저는 누구보다 오픈런이 주는 복잡한 감정을 잘 알고 있습니다. 거기엔 남보다 먼저 정가에 손에 넣었다는 짜릿한 성취감, 누군가에게 보여주고 인정받고 싶은 마음, 그리고 무엇보다 '이것 하나만큼은 온전히 내 것'이라는 작지만 확실한 행복(소확행)의 안도감이 있습니다.

소유 가능한 성취, 통제 가능한 미래

내 집 마련은 요원하고, 노후는 불안합니다. 사회가 제시했던 성공의 사다리는 삐걱거린 지 오래입니다. 그래서 우리는 '소유 가능한 작은 성공'에 몰두하는 것 아닐까요? 희귀 피규어, 한정판 운동화, 소소한 캐릭터 굿즈. 이런 것들은 비록 거대한 성취는 아닐지라도, 지금 여기서 내가 통제하고 획득할 수 있는 '확실한 무언가'입니다. 아파트는 살 수 없어도, 이 건담은 내 노력(과 약간의 운)으로 얻을 수 있습니다. 인생의 미래는 불확실해도, 오늘 새벽의 기다림 끝에는 분명한 '결과'가 있습니다. 그리고 대체로 그 결과는 변수가 거의 없습니다. 완벽하게 공정한 레이스입니다. 그저 남보다 더 일찍, 더욱 오랫동안, 잘 서 있기만 하면 되니까요.

앞서 살펴본 1988년 《드래곤 퀘스트 3》의 오픈런 광풍도 같은 맥락입니다.

그것은 단순한 과거의 해프닝이 아니라, 버블 경제의 구조적 불안 앞에서 사람들이 선택한 '통제 가능한 쾌락'으로의 도피였습니다. 리쿠르트 사건과 아그네스 논쟁으로 요동치던 일본 사회에서, 사람들은 거시적 현실 대신 '게임 카세트를 사는 것'이라는 미시적이고 즉각적인 목표에 집중했습니다.

그리고 지금, 한국의 수많은 팝업 스토어 앞에도 10대부터 30대, 혹은 그 이상의 연령대까지 다양한 사람들이 줄을 서고 있습니다. 1988년 일본인들이 게임 소프트를 사기 위해 직장을 무단결근하고 학교를 거부했던 것처럼, 현재 한국의 젊은이들이 명품 오픈런에, 아이돌 굿즈 구매에, 한정판 스니커즈 리셀에 광적으로 집착하는 이유

                                                      저자 노트 1

도 같은 맥락일 수 있습니다. 통제 불가능한 거시적 현실(취업, 주거, 노후) 대신, 통제가 가능한 미시적 성취(소비, 소유, 인증)에 모든 에너지를 쏟는 것. 네, 저도 그들 중의 일부지만, 한편으론 참 씁쓸합니다.

각자도생에서 함께 도생으로

이 고백이 누군가에게는 '가진 자의 여유'나 '철없는 소비'로 보일 수 있음을 잘 압니다. 하지만 저는 '최소 불행 사회'를 살아갈 한 사람으로서, 이 소비가 단순한 사치를 넘어선 절박한 심리의 반영이었음을 제 경험을 통해 솔직하게 말씀드리고 싶었습니다.

새벽 오픈런 줄에 선 우리는 압니다. 이것이 세상을 바꾸지 못한다는 것을요. 하지만 동시에 느낍니다. 적어도 이 순간만큼은 내가 무언가를 해냈다는 감각, 세상에서 나 홀로 뒤처지지 않았다는 위안을 얻는다는 것을요. 이것은 사치라기보다는 팍팍한 현실 속에서 나를 지탱하는 심리적 보상이자 유일한 생존 방식입니다.

그리고 바로 이 지점에서, 저는 또 다른 질문을 던지고 싶습니다.

새벽 5시에 줄을 서는 그 열정과 끈기가, 만약 세대 간 멘토링 프로그램이나 지역 커뮤니티 공간을 만드는 데 쏟아진다면 어떨까요? 한정판 피규어를 향한 집념이 공적 시스템을 감시하고 개선하는 시민의 목소리로 전환된다면?

각자의 '덕질'이 그저 개인적인 위안에 머무르지 않고, 서로를 연결하는 '연대'가 될 수는 없을까요?

이것은 낭만적인 희망사항이 아닙니다. 이 책이 제안하는 '강제된 연대' 시스템은 바로 이 에너지를 사회적 가치로 전환하는 구체적인 방법들을 담고 있습니다. 개인의 열정이 공동체의 자산이 되고, 각자도생의 절박함이 '함께 도생'의 시스템으로 진화할 수 있는 가능성을 모색하는 것. 그것이 이 책의 여정입니다.

새벽의 차가운 공기 속에서, 저는 여전히 줄을 섭니다. 하지만 이제는 압니다. 이 줄의 끝에 있는 것이 단순한 피규어가 아니라, 우리 시대가 만들어낸 '각자도생'의 깊은 그림자이며, 동시에 그것을 넘어설 수 있는 '작은 단서'일 수도 있다는 것을요.

"당신도 새벽 5시, 어떤 줄에 서 있지 않은가요?"

누구나 고급차 한 대쯤 끌던 시절

시마 현상 1988년 [문화 / 유행]

1988년 닛산이 내놓은 고급 대형 세단 시마(Cima)가 경제 호황에 맞물려 폭발적인 인기를 누리면서 시마 현상이란 말이 등장했다. 시마는 주문 후 최소 반년 이상 기다려야 인수할 수 있을 정도였으며, 이는 버블 시대 신흥 부유층의 상징이 되었다.

이 현상은 '땅 짚고 헤엄치기'로 대변되는 부동산 투기를 통해 축적된 자본이 과시적 소비로 터져 나왔음을 보여주는 가시적 증거였다. 1987년 '반 고흐의 해바라기' 구매가 기업적 차원의 과시였다면, 시마는 버블 경제로 부자가 된 개인의 욕망이 물질로 표출된 상징이었다. 이러한 모습은 부의 불평등이 심화되는 한국 사회의 '영끌 부자', '벼락 부자'들의 명품 및 고가 차량 소비와 같은 모습이다. 자본이 한쪽으로 극단적으로 쏠리는 경제에서, 신흥 부유층은 사치품을 통해 자신의 계층을 과시적으로 증명하고자 하며, 이는 곧 나머지 사회구성원들의 박탈감을 심화시켜 시스템 신뢰 붕괴를 가속화한다.

시마 현상은 1980년대 후반 일본에서 '하이 소사이어티 붐'이라 불린 과시 열풍의 정점이었으며, 당시 일본 사회의 과도한 소비지상주의를 단적으로 보여주었다. 특히 차량을 구입하는 '젊은 신흥 부유층'이 늘어나며 '빠르게 얻은 부'를 과시하는 문화가 확산되는 계기가 되었다. 이와 같은 과열된 소비는 결국 1990년대 초반 버블 경제 붕괴와 함께 장기 침체(잃어버린 30년)의 징후 중 하나로 남았다.

풍요 속의 경고, 아이가 태어나지 않기 시작했다

1.57 쇼크 1989년 [정책/경제]

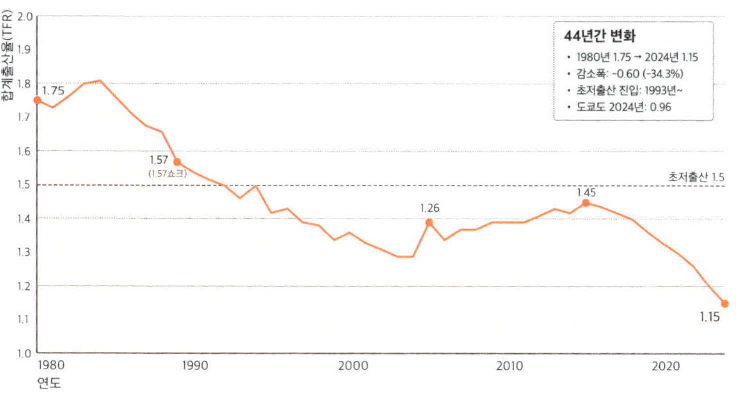

출처. 일본 후생노동성 「인구동태통계」, 국립사회보장·인구문제연구소 「인구통계자료집」

일본의 저출산은 이미 1950년대 중반부터 시작된 구조적 문제였다. 1947~1949년 제1차 베이비붐 직후, 일본의 합계출산율은 1957년 2.04명을 기록하며 이미 인구 대체 수준(2.1명)을 밑돌았다. 일본은 이후 1973년 제2차 베이비붐(2.14명)을 마지막으로, 1974년부터 출산율은 50년간 단 한 번도 대체 수준을 회복하지 못했다.

이러한 배경 속에서 버블 경제가 절정에 달했던 1989년에 합계출산율이 1.57명을 기록하며 사회 전체에 충격을 줬다. 이 통계는 경제적 풍요 속에서도 인구 구조의 치명적인 균열이 심화되었음을 드러내며, 저출산 문제가 단순한 빈곤이 아닌 사회 구조적 문제라는 인식을 확산시켰다.

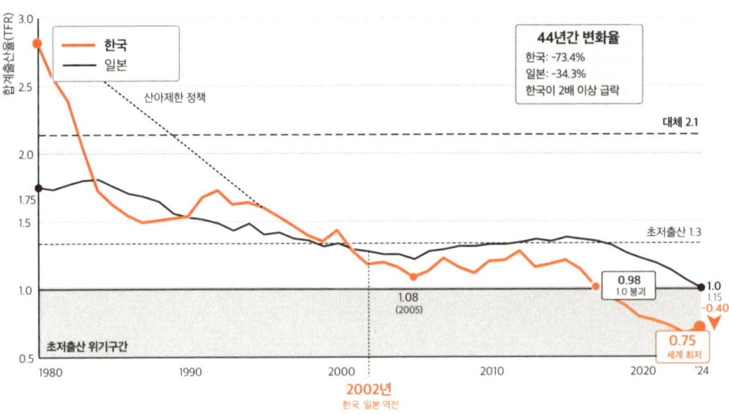

출처. 일본 후생노동성 「인구동태통계」, 한국 통계청 「인구동향조사」(2024년 확정치)
※ 한국은 2018년 세계 최초로 합계출산율 1.0 미만 진입, 2024년 OECD 최저

일본 정부는 1989년부터 저출산 문제에 본격적으로 대응하기 시작했다. 1994년 「엔젤플랜」*을 통해 다양한 대책을 시행하며 출산율 하락을 막으려 노력했다. 하지만 그러한 노력에도 불구하고, 2023년 합계출산율은 1.2명으로 역대 최저치를 기록했으며 2024년에는 출생아 수 70만 명이 무너지는 등 여전히 심각한 인구 감소 문제를 겪고 있다.

일본은 35년간 저출산과 싸웠다. 막대한 예산을 쏟아부었지만,

---

* 엔젤플랜: 저출산 문제에 대응하기 위한 일본 정부의 첫 번째 종합 정책. 1994년부터 2004년까지 10년간 시행되었으며, 자녀 양육 지원 및 여성의 취업과 양육 양립을 위한 환경 조성을 목표로 했다.

출산율은 1.57에서 1.2로 더 떨어졌다. 저출산은 한번 구조화되면 되돌릴 수 없다.

통계청 발표에 따르면 한국의 합계출산율은 2024년 0.75명이다. 일본보다 40% 낮다. 시간이 없다.

난데없이 세금 청구서가 들이닥치다

소비세 3% 도입 1989년 [정책/경제]

일본의 소비세는 상품이나 서비스의 구매자로부터 징수하는 간접세로, 한국의 부가가치세*와 유사한 제도이다. 일본 정부는 고령화와 복지 수요 증가로 재정 기반의 재설계가 필요하다고 판단했다. 결국 재정 수입을 안정화하려는 목적으로 3% 소비세를 도입했다. 그러자 전기, 가스, 교통비, 식음료 등 생활과 밀접한 상품 및 서비스의 가격이 일제히 오르게 되었다. 비록 재정 안정화를 명분으로 내세웠지만, 버블 경제의 정점에 도입된 이 세금은 곧이어 닥칠 불황 속에서 서민들의 소비 여력을 직접적으로 옥죄는 결과를 낳았다. 소비세는 향후 수십 년간 단계적으로 세율이 인상되며 국민 부담이 가중되는, '잃어버린 시대' 재정 정책의 시작을 알리는 신호탄이기도 했다.

---

* 한국은 아시아 국가 중 가장 이른 1977년 7월 1일부터 부가가치세 제도를 도입했다.

미국의 심장부를 사들인 일본 자본의 오만

록펠러 센터 매입 1989년 [정책/경제]

1989년 10월 31일, 미쓰비시 부동산이 뉴욕의 상징인 록펠러 빌딩을 매입했다. 뉴욕 타임스는 이 사건을 "일본인이 뉴욕의 상징을 사다"라고 보도했다.* 미국 언론은 "일본 엔화에 의한 진주만 기습"이라고 표현할 정도로 미국 사회엔 위기감이 고조되었다.

록펠러 빌딩은 시작에 불과했다. 일본 기업들은 뉴욕 주요 건물 19개를 사들였다. 1989년 9월엔 소니가 컬럼비아 영화사를 34억 달러에 인수했다. 부동산을 넘어 할리우드까지. 일본 자본은 미국의 상징마저 집어삼키고 있었다. 이처럼 자산 버블이 극에 달했을 때, 경제 주체들은 자국의 구조적 문제를 간과하고 최고의 번영이 영원할 것이라는 착각에 빠지기 쉽다. 이는 한국 사회 역시 부동산 가격 폭등과 민간 부채 비율 증가라는 리스크를 안고 있는 현시점에서, 과도한 자산 팽창이 언제든지 국가 위기로 전이될 수 있다는 경고를 던진다.

---

* Japanese Buy New York Cachet With Deal for Rockefeller Center, The New York Times, Robert J. Cole Oct. 31, 1989.

버블을 향한 브레이크, 너무 늦었나 빨랐나

기준 금리 인상 1989년 [정책/경제]

앞서 나열한 대로, 1980년대 중반 이후 일본은 저금리 정책과 엔고 현상으로 부동산과 주식시장이 과도하게 팽창하는 '버블 경제'를 겪고 있었다. 이에 일본 정부와 일본 중앙은행은 자산 가격의 비정상적인 폭등을 진정시키고 과열된 경제를 안정시키기 위해 금리 인상이 불가피하다고 판단했다.

1989년 5월, 일본은행은 행동에 나섰다. 2.5%였던 정책금리를 인상하기 시작했다. 그리고 1년간 다섯 차례에 걸쳐 금리를 올렸다. 1990년 8월, 정책금리는 6.0%에 도달했다. 2.5%에서 6.0%. 무려 2.4배의 급격한 금리 인상이 버블 붕괴의 방아쇠를 당겼다.

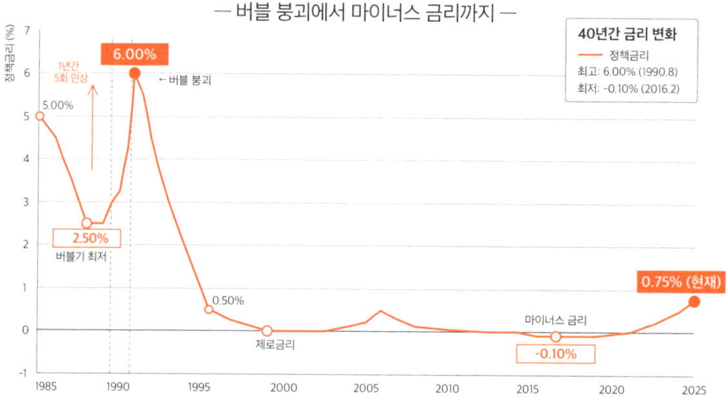

자료. 일본은행(日本銀行, Bank of Japan)

※ 1985-2000: 공정할인율(Official Discount Rate) / 2001년 이후: 기준할인율 및 기준대출금리 (Basic Discount Rate and Basic Loan Rate)

아내 뒤만 졸졸…… 은퇴 후 설 곳 잃은 남편들

젖은 낙엽 1989년 [개인/가족]

젖은 낙엽(濡れ落ち葉)이란, 1980년대 후반 일본에서 등장한 신조어로, 평생 일에만 몰두하다 정년을 맞은 남편이 마치 '빗자루에 달라붙은 젖은 낙엽'처럼 아내 곁을 떠나지 못하고 졸졸 따라다니는 모습을 빗댄 말이다. 이는 오랜 직장 생활 동안 형성했던 사회적 관계망과 역할 상실로 인해 아내에게 전적으로 의존하게 되는 남성의 비자발적 고립을 상징한다. 이전 세대가 은퇴한 남편을 '큰 쓰레기(粗大ゴミ)'로 부르며 존재 자체를 부담스러워했다면, '젖은 낙엽'은 관계 상실로 인한 고독과 역할 부재라는 더 깊은 문제를 드러낸다.

이는 초고령사회와 장기 침체를 동시에 겪는 한국 사회에도 중요한 시사점을 던진다. 통계청 자료에 따르면 한국 남성의 기대수명은 80.6세를 넘었지만, 평균 퇴직 연령은 50대 중반에 머무른다. 이는 약 25년 이상의 은퇴 후 긴 시간을 어떻게 보내야 하는지에 대한 사회적 준비가 부족함을 의미한다. 한국보건사회연구원의 조사 결과, 남성 노인의 사회 활동 참여율은 여성보다 낮고, 고립감은 더 높다.

한편 이 현상은 개인의 노후 준비 미흡 문제를 넘어, 아내에게 예상치 못한 돌봄 부담을 가중시키고, 부부 관계의 갈등 요인이 될 수 있다. 한국 남성은 은퇴 후 평균 25년을 산다. 그 25년을 어떻게 보낼 것인가? 일본의 '젖은 낙엽'이 한국의 미래가 되기 전에, 지금 준비해야 한다.

1989년, 세계를 지배한 일본 경제력의 민낯

1989년 시가총액 기준 전 세계 상위 50개 중 32개가 일본 기업이었으며 상위 1위에서 5위까지가 전부 일본 기업이었다.[*]

1위: NTT(1638억 달러)

2위: 일본흥업은행(714.5억 달러)

3위: 스미토모은행(695억 달러)

4위: 후지은행(670억 달러)

5위: 다이이치칸교은행(661억 달러)

....

사람들은 자본이 갖는 다이내미즘, 그 신화성을 숭상했다. 도쿄의 땅값을 숭상했으며, 번쩍거리는 포르쉐가 상징하는 것을 숭상했다. 그것 이외에는 이 세계에는 이미 신화 따위가 남겨져있지 않았기 때문이다. 그것이 고도 자본주의 사회라는 것이었다. 마음에 들건 안 들건간에, 우리들은 그러한 사회에 살고 있었다.[**]

— 무라카미 하루키, 『댄스 댄스 댄스』, 1988

....

2026년 현재,
세계 시가총액 Top10 기업 순위에 일본 기업은 단 한 곳도 없다.

---

[*] 출처: 1989년 글로벌 시가총액 순위(BusinessWeek, Forbes 등 종합)

[**] 『댄스 댄스 댄스』 무라카미 하루키 지음, 유유정 옮김, 문학사상사, 1989.

2

시스템의 배신 5년

(1991-1995)

"국가와 기업이 개인을 버린 5년"

1991년부터 1995년까지의 5년은, 이전 시기 '행복에 중독'되었던 일본 사회가 '시스템의 배신'이라는 냉혹한 대가를 치른 시기였다. 영원할 것 같던 '땅의 신화'는 정부의 '부동산 대출 총량규제'(1991)라는 극약 처방으로 붕괴했고, 일본은 회복 불가능한 장기 침체의 늪으로 추락했다. 이 시기, 국가와 기업 시스템은 개인의 삶을 지탱하던 최소한의 안전망과 공정성마저 저버렸다.

5년간 붕괴를 증명하는 숫자

지표	1991년	1995년	변화
닛케이지수	23,000	15,000	▼ 35%
부동산 가격	기준(100)	60	▼ 40%
자살자 수	21,084명	22,455명	▲ 6.5%
비정규직	20%	24%	▲ 20%
금융부실채권	40조 엔	100조 엔	▲ 2.5배

5년간의 배신 연대기

1991 버블 완전 붕괴 땅값 40% 폭락 / 중산층 자산 증발

1992 복합 불황 시작 금융+부동산+고용 3중 위기 / 시스템 마비

1993 재취직 빙하기 대졸 취업률 50% / 청년 세대 포기

1994 패러사이트 싱글족 부모집 거주 청년 1,000만 / 자립 불가

1995 도쿄 지하철 사린 옴진리교 테러 / 안전 신화 붕괴

1995 한신 대지진 6,400명 사망 / 국가 무능 노출

세 가지 시스템 붕괴

경제: 금융 시스템 붕괴

• 주택금융전문회사 파산 – 8개사 연쇄 도산

• 금융 빅뱅 – 호송선단 방식* 포기

• 자력구제 – 정부 구제금융 거부

• 부실채권 100조 – GDP 20% 규모

• 디플레이션 – 물가 하락 시작

사회: 고용 시스템 붕괴

• 재취직 빙하기 – 신규 채용 동결

• 종신고용 폐기 – 45세 정리해고

• 연봉제 도입 – 성과주의 시작

• 파견법 개정 – 비정규직 확대

---

* 호송선단 방식: 정부(대장성)가 가장 약한 금융기관도 도산하지 않도록 업계 전체를 보호
하여 함께 이끌고 가는 일본식 금융 규제 방식

- 패러사이트 싱글 – 독립 포기 세대

국가: 공공 시스템 붕괴

- 지진 대응 실패 – 72시간 골든타임 놓침

- 테러 막지 못함 – 지하철 사린 가스

- 복지 축소 – 자조 강요

- 정치 불신 – 무당층 40%

- 공교육 위기 – 이지메 폭발

'잃어버린 세대'의 탄생

- 빙하기 세대(1993-2005 졸업)

- 정규직 취업률: 50%

- 평생 임금 손실: 1억 엔

- 40대 비정규직: 35%

- 미혼율: 남성 25%, 여성 15%

한국 2025년과의 섬뜩한 데자뷰

구분	일본(1991-1995)	한국(2021-2025)	상황
부동산	40% 폭락 시작	폭등 후 조정 국면 진입	경고
청년고용	빙하기 세대 등장	MZ세대 취업난	위험
가계 부채	버블 붕괴 후 급증	민간부채 비율 200.8%	위험
출산율	출산율 1.5명 유지	0.75명	재앙
사회안전	옴진리교 테러	묻지마 범죄 급증	위험

이 시대의 3대 교훈

① 정부는 당신을 구하지 않는다

주택금융 8개사 → 구제금융 거부 → 전부 파산

② 종신고용은 신화였다

45세 명예퇴직 → 재취업 불가 → 하류 전락

③ 재난 앞에 국가는 무력하다

고베 대지진 → 72시간 방치 → 6,400명 사망

1995년의 절망, 2030년의 선택

1부의 마지막은 1995년, 화염과 공포로 끝났다.

고베 대지진과 지하철 사린 테러, '시스템의 배신'은 완료되었다.

하지만 그것은 파국의 서막에 불과했다.

진짜 비극은, 그 거대한 붕괴가 일회성 '사건'으로 끝나지 않고,

이후 30년간 개인의 삶을 파고드는 '일상'이 되어버린 것이다.

이제부터 시작될 30년은 '체념'의 시대다.

희망을 잃은 청년들은 방 안으로 숨어들었고(3장. 청년 고립),

국가는 노인과 아이의 돌봄을 방치했으며(4장. 돌봄 대파국),

마침내 '각자도생'이 유일한 생존 전략으로 제도화된다(5장. 각자
도생 제도화).

프롤로그의 김 회장과 박 씨가 마주한 비극의 본편,

거울 속에 비친 '이미 시작된 파국'이 바로 여기에 있다.

3부의 해법과 4부의 생존 매뉴얼을 만나기 전에,

우리는 진단의 마지막인 '30년의 절망'을 먼저 통과해야만 한다.

2 | 시스템의 배신 5년

다음 장 1996-2005 청년 고립 10년, "공정이 무너지자 희망도 사라졌다"

돈으로 살 수 없는 것들의
붕괴 예고

1991년 새해 첫날.

서른다섯 김 씨는 서재에서 닛케이 지수를 확인했다. 38,915에서 23,000으로. 1년 만에 40%가 증발했다. 그는 담배를 물었다. 손끝이 미세하게 떨렸지만 애써 무시했다.

"일시적 조정이야." 그렇게 믿고 싶었다.

하지만 이듬해에도, 그다음 해에도 숫자는 곤두박질쳤다. 부동산도 3년 만에 반토막 났다. 거래처 사장이 빌딩 옥상에서 투신했다는 소식을 들은 건 장마가 시작되던 6월이었다. 김 씨는 장례식장에서 생각했다. '땅은 절대 배신하지 않는다'던 신화가 거짓일지 모른다고.

같은 해, 서른 살 박 씨는 파견 업체에서 '계약 종료'를 통보받았다.

"구조조정입니다. 어쩔 수 없어요."

담당자는 서류만 내밀었다. 눈도 마주치지 않았다. 박 씨는 짐을 싸며 다짐했다. '다음엔 정규직을 찾아야지.' 하지만 '취직 빙하기'라 불린 시절, 정규직 문은 좀처럼 열리지 않았다. 면접에서 떨어질 때마다, 이력서가 반송될 때마다 자신이 투명 인간이 되는 듯했다. 다시 파견직을 등록했다. 계약직, 계약직, 그리고 또다시 계약직. 반지하 고독사로 이어질 긴 추락의 시작이었다.

1995년 1월 17일, 새벽 5시 46분.

고베가 흔들렸다. 6,434명이 목숨을 잃었다. TV 화면엔 처참하게 무너진 고속도로가 비쳤다. 콘크리트 교각은 종이처럼 꺾였고, 차 한 대가 끝에 아슬아슬하게 걸려 있었다. 몇 미터만 더 갔으면 운전자는 죽었으리라. 서른아홉 김 씨는 화면을 보며 처음 깨달았다. 돈으로 살 수 없는 게 있음을. 두 달 뒤, 옴진리교가 도쿄 지하철에 사린가스를 살포했다. 12명이 죽고 수천 명이 다쳤다. 평범한 출근길은 학살 현장이 됐다. 국가는 국민을 지키지 못했다.

파티는 끝났다. 시스템의 배신이 시작되었다.

　　　　　　　　　　　　　　　　두 노인의 비극 #2

은행 대출이 막혔다, 모든 것이 무너지기 시작했다
부동산 대출 총량규제 1991년 [정책/경제]

1991년 기준, 일본 국내총생산(GDP)이 세계 경제의 15%를 차지했다. 1989년부터 다섯 차례나 연속으로 시행한 일본 중앙은행의 정책금리 인상으로 기준 금리는 6.5%나 되었지만 일본 정부와 경제 전문가들이 우려하는 '경제(주식·부동산) 거품'이 걷히지 않은 것이다. 이에 일본 정부는 '부동산 대출 총량규제'라는 최후의 칼을 들었다.

부동산 대출 총량규제는 지가 급등을 억제하고자 부동산 관련 대출 증가율을 전체 대출 증가율 이하로 억제하도록 지도한 행정 조치다. 사실상 부동산 관련 신규 대출이 전면 금지된 셈이다. 기존 대출도 LTV(Loan-to-Value, 담보가치 대비 대출 한도)가 200%에서 70%로 대폭 축소되었다. 담보가치를 130%나 급작스럽게 낮춘 조치는 부동산 구매 심리에 치명타를 입혔다.

버블 경제 시기엔 대출 경쟁을 벌여가며 저리로 대출받아 부동산 투자에 쓸 것을 강권하던 은행들이 고객에게 갑작스럽게 대출 만기를 통보하거나 대출 자금 회수를 요구하기 시작하자 일본 사회는 '패닉'에 빠지기 시작했다. 이는 버블 경제 '붕괴'로 이어졌다.

한국 역시 폭증한 가계 부채를 잡기 위해 2025년 10월 15일, 서울 전역과 경기 12개 지역이 토지거래허가구역(토허구역) 및 투기과열지구로 지정하고, 무주택자(및 처분 조건부 1주택자)의 주택담보

대출비율(LTV)이 기존 70%에서 40%로 축소된다는 내용이 포함된 '10.15 대책'을 발표하며 일본과 똑같은 정책적 압박을 시작했다.

부동산 대출 총량규제는 버블을 멈추기 위한 극약 처방이었으나, 그 방식은 폭력적이었다. 어제까지 대출을 권하던 시스템이 하루아침에 개인의 자산을 겨누는 칼날로 돌변한 이 사건은, 국가가 개인을 보호하지 않을 수 있다는 '시스템 배신'의 첫 번째 신호탄이 되었다. 이처럼 시스템이 붕괴되면 한국의 '영끌족'들 역시 일본의 '패닉'을 그대로 답습하게 될 것이다.

일본 정책금리와 닛케이 225 지수 추이(1985-1995)
버블 형성에서 붕괴까지, 금리 정책과 주가의 상관관계

시기	정책금리 (공정금리)	닛케이 225 (연말 기준)	주요 경제 이벤트
1985.9	5.00%	13,000pt	플라자 합의(엔화 강세 시작)
1987.2	2.50% (최저)	약 21,000pt	최저 금리로 유동성 극대화 (버블 본격화)
1989	4.25%	38,916pt (역대 최고)	5월부터 5차례 연속 금리 인상 시작
1990	6.00% (최고)	23,849 pt	금리 최고점 도달 후 대폭락 (전년 대비 39% 하락)
1991	4.50%	22.984pt	정책금리 하락 반전, 버블 붕괴 공식화
1992	3.25%	약 17,000pt	정책금리 급격 인하, 지수는 반등 실패
1995	050% (최저)	19.863pt	초저금리 시대 돌입 '잃어버린 10년' 고착화

출처: 일본은행, 닛케이신문

2 | 시스템의 배신 5년

당신의 손실은 당신 책임, '그들'의 손실은 국가 책임?

손실 보전 1991년 [정책/경제]

손실 보전(損失補塡)이란 증권회사가 고객의 매매 손실을 대신 갚는 행위이다. 1991년 버블 경제가 붕괴하자, 다수의 대형 증권사가 시장 혼란 속에서 손실을 본 '큰손(대기업, 권력층 등)'들에게 비밀리에 '손실 보전'을 해주고 있었고, 이 사실이 발각되어 사회적 논란이 되었다. 이러한 행위는 자유시장 경제의 대전제인 '자기 책임 원칙'과 '시장의 공정성'을 정면으로 훼손했다는 점에서 공분을 샀다. 대중에게는 '자기 책임'을 외치면서도, 뒤로는 정치·경제적 힘을 가진 소수 특권층의 손실을 비밀리에 보장해주는 '이중 잣대'를 드러낸 것이다. 이는 시스템이 공정성의 마지노선을 무너뜨리고 특정 계층만을 구제했음을 의미한다. 결국 일본 정부는 「증권거래법」을 개정하여 손실 보전을 법적으로 금지했지만, 이미 신뢰도 붕괴는 걷잡을 수 없이 퍼진 상태였다. 증권사의 손실 보전 사실이 알려지자 일본 사회 곳곳에서 '내 손실을 보전해달라'는 말이 유행했다.

이는 한국 사회에도 경고를 던진다. 경제 위기 때 반복되는 '대마불사 논쟁(大馬不死, 시스템 붕괴를 막기 위해 거대 금융기관이나 기업을 파산시키지 않고 정부가 공적 자금으로 구제해야 하는지에 대한 논쟁)'이나 금융사의 도덕적 해이로 한국 역시 공정성이 무너질 수 있다. 그런 일이 반복된다면 결국 대중이 시스템에 대한 신뢰를 거둘 수 있다.

로봇에게 부모를 맡기시겠습니까?

노인 Z 1991년 [개인/가족]

애정이 없는 간호도 간호라 말할 수 있습니까?

《노인 Z(老人 Z, Oldman Z)》는 1991년 개봉한 일본 애니메이션으로, 《아키라》의 감독으로 유명한 오토모 카츠히로(大友克洋)가 원작 및 각본을 맡은 작품이다. 이 작품은 '고령화 사회'에서 '고령사회'로 진입한 미래 일본을 배경으로 독거노인의 사회적 고립과 간병 문제를 다뤘다.

작품 속에서 일본 후생성은 간병 문제 해결을 위해 최첨단 침대형 간병 로봇 'Z-001호'를 개발한다. 이 로봇은 식사, 배변, 샤워 등 모든 것을 해결해주는 놀라운 기능을 선보이지만, 사실 군사용 테스트기로 제작된 목적을 숨기고 있었고 이내 폭주하여 거대 로봇으로 진화한다. 이는 기술이 인간의 고독과 돌봄 문제를 해결할 것이라는 사회적 믿음이 얼마나 허망할 수 있는지를 풍자한다.

이 작품은 개봉 당시 큰 흥행을 거두지 못했으나, 불과 3년 뒤인 1994년 일본이 고령사회에 진입하면서 '잃어버린 30년'의 장기불황 속에서 꾸준히 재조명된 수작이다.

한국은 2024년 12월 23일 기준으로 65세 이상 인구가 전체 인구의 20%를 넘어서는 '초고령사회'에 공식 진입했다. 이는 일본이 고령사회에서 초고령사회로 넘어간 기간(12년)보다 훨씬 빠른 속도(7년)로, 통계청 예측에 따르면 이러한 추세가 지속될 경우, 2035년에는 65세 이상 인구 비율이 30%, 2050년에는 40%를 초과할 것으로 전망된다.

이러한 수치는 '노노개호', '무연사회', '하류 노인', '치매 머니', '지방 소멸' 등 일본이 버블 경제 붕괴 이후 겪은 '최소 불행 사회'의 가장 큰 축이 한국에서 똑같이 재현될 것임을 예고한다.

이러한 절망적인 시나리오를 뒤집을 수 있는 한국만의 전략과 개인의 생존 자립 방안은 이 책의 3부와 4부에서 상세히 논한다.

고령사회의 단계 정의

구분	65세 이상 인구 비율	사회적 의미(단계)
고령화 사회 (Aging Society)	7% 이상 ~ 14% 미만	노인 인구 비율이 증가하기 시작한 초기 단계
고령사회 (Aged Society)	14% 이상 ~ 20% 미만	노인 인구 비율이 높아져 사회 전체에 영향을 미치는 단계
초고령사회 (Super-aged Society)	20% 이상	노인 인구 비율이 매우 높아져 사회 시스템의 급격한 변화가 요구되는 단계

복합 불황 1992년 [정책/경제]

일본 대표 주가지수(Nikkei 225)가 1989년, 3만 8,957 포인트를 정점으로 1992년엔 1만 4,000 포인트까지 하락했다. 일본의 국내총생산(GDP) 대비 가계와 기업의 민간부채 비율은 이미 208%를 넘었다. 부동산 가격 하락으로 담보가치가 급락하고, 금융기관 부실화가 심화되면서 대형 은행들이 연쇄 부도했다. 1992년 일본은 자산 시장 발(發) 부채 급증, 인구 고령화, 생산구조의 글로벌 분업화라는 삼각 파고가 중첩된 상황에서 '장기불황의 늪(잃어버린 ○○년)'에 빠지기 시작했다.

경제학자 미야자키 요시카즈(宮崎 義一)는 1992년 출간한 책 『복합 불황』*을 통해 이 현상을 복합 불황(combined recession)이라고 정의했다. 그는 일본의 경제 시스템이 더 이상 스스로 회복할 수 없는 지점에 도달했음을 선언했다.

일본은 1992년 민간부채 208%에서 무너졌다. 한국의 민간부채 비율은 2023년 222.7%를 기록했다. 일본이 겪은 삼각 파고가 '자산 붕괴, 부채 폭증, 고령화'였고 한국이 현재 겪는 삼각 파고는 '부동산 거품, 가계 부채, 초고령화'다. 똑같은 구조, 똑같은 경로. 한국의 '복합 불황'은 이미 시작되었다.

---

* 宮崎 義一, 『複合不況—ポスト·バブルの処方箋を求めて』中公新書, 1992.

    2 | 시스템의 배신 5년

흥청망청 화려했던 소비,
남은 것은 빚뿐

카드 파산 1992년 [개인 / 가족]

'카드 파산'은 버블 경제 붕괴가 일본 사회 곳곳에서 본격적으로 체감되기 시작한 1992년에 생겨난 말이다. '맛집이다', '여행이다', '패션이다', '고급 승용차다' 등 일본 전국이 들떠있던 '최대 풍요' 시대의 과시적 소비는 값비싼 청구서로 돌아왔다.*

거품 붕괴의 여파는 기업을 넘어 고스란히 가계로 확산되었고, '남은 것은 파산밖에 없다'고 느끼는 사람들이 급증했다. 이는 단순히 돈을 잃는 것을 넘어, 개인이 감당할 수 있는 부채의 한계선이 무너지고 신용이라는 사회적 자산까지 파탄 나는 것을 의미했다.

이러한 카드 파산의 절망은 현재 한국 사회에서 '영끌(영혼까지 끌어모은 대출)'과 '빚투(빚내서 투자)' 열풍 뒤에 숨겨진 가계 부채 폭탄과 정확히 맞닿아 있다. 과시적 소비와 무분별한 투기가 개인의 신용과 생존권을 위협하며 '최소 불행'의 경계선마저 허물 때, 개인은 시스템의 파국이 아닌 자신의 파산이라는 가장 비극적인 방식으로 그 대가를 치르게 된다는 일본의 생생한 경고다.

---

* 1992년 신어부문 은상 '카드파산' 수상 설명, 자유국민사(自由国民社), 1992.

싸고, 푸짐하고, 맛있는 '곱창전골' 열풍

모츠나베 1992년 [문화/유행]

모츠나베(もつなべ)는 모츠(소, 돼지, 닭의 내장)에 부추와 양배추를 넣고 끓이기만 하면 되는 소박한 요리로, 1992년 불황 속에서 일본 전국적으로 큰 붐을 일으켰다.

이는 버블 경제 시기에 미식, 맛집, 고급 요리를 추구하던 것과는 정반대 양상이었다. '싸고, 영양가 풍부하고, 맛도 좋다'는 요리의 기본 가치로 돌아간 것이다. 모츠나베의 유행은 화려한 과시적 소비가 끝나고 '불황형 소비'가 시작되었음을 상징하며, '돈을 쓰지 않고도 최소한의 만족을 얻을 수 있는 방식'을 찾는 사회적 움직임이었다. 이는 화려한 소비가 더 이상 미래를 약속해주지 않을 때, 개인이 생존을 위해 본능적으로 선택하는 '생존형 가성비' 소비를 보여준다.

마찬가지로 한국에서도 장기불황과 고물가 속에 초저가 생활용품점 '다이소'의 연 매출이 4조 원을 돌파하고, 한국의 5대 저가커피 브랜드(메가커피, 컴포즈커피, 빽다방, 더벤티, 맘모스커피)의 매장 수가 2020년 약 3,000개 미만에서 2025년 연말 기준 1만 개를 넘어설 정도로 빠르게 성장했다. 중고거래 플랫폼 '당근마켓'과 '번개장터'는 창립 이래 첫 흑자를 기록하며 전성시대를 맞이했다.

한국의 소비가 바뀌었다.

'최대 행복의 추구'에서 '최소 불행을 막는 생존 전략'으로.

사람들의 입은 열린 쓰레기 봉지처럼 쓰레기들을 쏟아냈다.[*]

1993년 일본에서는 장기 불황 속에서 정치인, 관료, 그리고 기업의 부패 구조가 갈수록 심화하고 있었다. 특히 지방자치단체의 공공사업을 업체끼리 담합하여 입찰업체를 사전에 정하는 '담합 사건'이 발각되면서 전국적인 공분을 샀다. 이때 관련 업체들은 지방자치단체장의 뜻을 "하늘의 소리(天の声)로 들었다"라고 변명했는데, 이는 권력층의 부패와 책임 회피를 상징하는 파렴치한 변명으로 일본 시민들을 경악하게 했다.

이 사건은 국가가 보장해야 할 '최소한의 공정 경쟁'과 '윤리적 책임의 경계'가 지도층의 탐욕으로 무너졌음을 보여줬다. 시스템의 핵심인 '공정성'이 붕괴하자, 개인은 정부의 정책은커녕 공공사업 자체도 믿을 수 없게 되었고, 시스템 불신이 심화되는 결과를 낳았다.

---

[*] 『목욕탕』, 다와다 요코, 최윤영 역, 책읽는수요일, 2023.

검소함에서 찾은 새로운 가치

청빈의 사상 1993년 [문화/유행]

일본의 문학가이자 평론가인 나카노 코오지(中野孝次)는 1993년 6월 출간한 『청빈의 사상(淸貧の思想)』에서 정치인, 관료, 재벌뿐 아니라 일반 서민들까지 돈과 물질만을 우선시하며 물욕 덩어리가 되어가는 풍조를 비판했다. 그는 금전 만능주의에 대한 안티테제로서 조용하고 침착한 어조로 검소함이 미덕이라는 정반대의 사상을 설파했다. 버블 경제가 빠르게 붕괴하던 시점과 맞물려 이 책은 1993년 베스트셀러가 되었다. 이는 대중이 과소비를 통한 '최대 행복' 추구가 결국 자신의 '최소 불행'조차 지켜주지 못했음을 깨닫고, 물질적 욕망으로부터 스스로 거리를 두며 새로운 정신적 가치를 찾기 시작했음을 의미한다. 버블 시대의 허영심과 과시욕이 얼마나 허무한 것이었는지에 대한 집단적 성찰이 시작된 것이다. 즉, '더 많이 가지는 것'이 행복을 보장하지 않는다는 깨달음 속에서, 사람들은 '덜 잃는 것', 즉 불행을 최소화하는 삶의 방식으로 눈을 돌리기 시작했다.

한국 사회의 IMF 외환 위기 직후 '무소유' 사상이 유행했던 것처럼, 불황이라는 거대한 시스템의 실패는 개인의 소비 패턴뿐 아니라 삶을 대하는 정신적 태도의 근본적인 변화까지 요구했음을 보여주는 사례다. 이러한 '청빈'에 대한 갈망은 오늘날 한국 사회의 '미니멀리즘' 열풍이나 불필요한 소비를 줄이는 '요노(YONO)' 현상과도 맞닿아 있다.

싸야 팔린다, 소비 패러다임의 대전환

가격 파괴 1994년 [정책/경제]

1994년, 엔화 가치는 여전히 높지만 물가는 내려가지 않는 복합적인 불황이 장기화·심화할 조짐을 보였다. 이런 시기에 용단을 내리고 '가격 파괴'를 기치로 내건 것은 당시 다이에(Daiei) 유통 그룹의 나카우치 이사오 회장이었다. 다이에 그룹의 '가격 파괴'는 메이커 주도 가격 체계에 도전하여, 대량 매입이나 유통 효율화 등의 방법으로 상품을 싸게 제공하는 것을 목표로 했다. 나카우치 회장은 "이것은 가격 파괴가 아니라 단지 정상화일 뿐이다"라고 말했지만, 이 움직임은 1994년 당시 일본의 생활 물가 하락 최대 공로자라는 평가받았다. 이후 일본에선 '오픈 프라이스 제도'가 도입되는 등 가격 파괴가 유통업계의 일상이 되었다.

이러한 가격 파괴의 확산은 소비자들이 더 이상 '비싼 것'에서 가치를 찾지 않고, 불황 속에서 '최소한의 경제적 생존'을 위한 소비 패턴을 구축하기 시작했음을 의미한다. 대중의 관심이 '어떻게 하면 비싼 것을 살까'에서 '어떻게 하면 돈을 아낄까'로 이동했음을 보여주는 결정적인 경제 현상이었다.

한국 역시 고물가 장기화 속에서 '짠테크'와 '무지출 챌린지'가 유행하는 등, 소비를 통한 만족 대신 생존을 위한 방어적 지출로 돌아섰다. 결국 '가격 파괴'는 30년의 시차를 두고 한국 사회가 '최대 행복 사회'에서 '최소 불행 사회'로 변모하는 단면을 보여준다.

그녀들의 꿈은 왜 '계약직'이어야 했나

계약 스튜어디스 1994년 [정책/경제]

'계약제 객실 승무원'이란 수년간의 유효기간 계약직으로 일한 뒤 정사원으로 이행하는 항공사의 고용 형태를 말한다. 이는 객실 승무원의 급여체계를 낮추는 것을 목적으로 1994년 일본항공(JAL)이 도입했으며, 이후 다른 대형 항공사들도 잇달아 채택했다. 이는 여성의 높은 선호도(선망성)를 이용해 고용 안정성이 낮은 비정규직을 확산시키는 부조리한 현실을 드러낸 사건이다.

이 제도는 정년이 보장되는 종신 고용 형태가 붕괴하고, 고용 불안정성이 청년 세대에게 전가되는 '취직 빙하기'의 상징이 되었다. 이는 기업들이 구직자들의 절박함을 어떻게 악용했는지 보여주는 결정적인 사례다. 기업들은 평생직장이라는 '행복'을 주지 못하는 대신, 최소한의 일자리를 미끼로 청년들에게 저임금과 고용 불안정을 감수하게끔 만들었다.

한국에서도 이와 유사하게 여성 구직자들이 선호하는 특정 직군, 특히 항공사 객실 승무원 분야에서 '2년 계약직 후 퇴사'가 관행처럼 이어져 왔다. 특히 외국계 항공사들이 한국의 기간제법(최대 2년 계약 후 정규직 전환 의무)을 역이용하여, 정확히 2년만 근무하게 한 뒤 계약을 종료하는 방식으로 정규직 전환 의무를 회피해왔다. 이는 1994년 일본항공의 '계약 스튜어디스'가 시간의 시차를 두고 한국에 재현된 고용 불안정성의 대표적인 단면이라 할 수 있다.

해고 대신 '투명 인간' 만들기

창가 신세와 책상 빼기 1994년 [정책 / 경제]

나는 월급을 받는 유령이었다. 가장 치명적인 구조조정은 해고가 아니라, 살아있는 사람을 투명 인간으로 만드는 일이었다.

창가 신세 또는 창가족(窓際族)이란 조직에서 일거리 없이 한직으로 내몰린 직원을 일컫는 말이다. 1977년 홋카이도신문 칼럼에 『창가 아재(窓際おじさん)』라는 말이 실리며 유래되었다. 고도 경제 성장기와 버블 경제 시기에 구인난에 허덕이던 기업들은 '종신고용제'를 내세우며 사원을 모집했다가 1990년대 초 버블 경제가 붕괴를 맞이했다. 위기에 처한 기업들은 구조조정을 통한 몸집 줄이기에 열을 올렸고, 이전에 종신 고용했던 직원 중 일부를 일방적으로 해고하며 인력 감축하는 방법을 쓸 수 없자 '이름뿐인 직함'을 주고 실질적인 업무는 할당하지 않는 편법으로 직원을 압박했다. 구조조정의 칼날이 정면으로 향하지 못하자, 회사들이 시간을 무기 삼아 직원을 말려 죽이기 시작한 셈이다.

해가 잘 드는 창가 자리는 언뜻 보면 관리직 자리에 적합해 보였지만, 실제로는 석양이 드는 데다 출입도 불편하고 에어컨이나 난방이 잘 닿지 않는 위치였다. '창가족'의 자리를 창가에 배치한 것은, 겉으로는 마치 진짜 관리직인 듯한 모습으로 위장하는 목적도 있었다. 표면적으로는 우대해주고 있는 듯한 모습으로 체면치레하게끔 대우해주는 척하지만, 실제로는 냉대해서 스스로 회사를 그만두게끔 압박하는 게 본심인 '일본식 모순'이 담겨 있었다. 이런 창가 신세의 등장은 일본의 종신고용 문화가 경제 위기를 만났을 때 조직이 얼마나 비인간적일 수 있는지 보여주는 상징적인 현상으로 남았다.

한편, 불황이 장기화하기 시작하자 '성과주의'가 정착해 종신고용제가 사라지게 된 이후로는 이런 모습도 볼 수 없게 되었다. 창가에 안주하는 것도 허용되지 않고 대표적인 사내 괴롭힘 행태인 '퇴출방'으로의 배정을 통한, 보다 압박이 심하고 암묵적인 퇴직 권장이 주를 이루게 된 것이다.

불과 5년 뒤, 일본 기업들 사무실에서나 볼 수 있었던 이런 착잡한 모습이 한국에서 똑같이 되풀이되었다. 1997년 국제통화기금(IMF)은 차관의 대가로 한국 기업들의 '구조조정'을 강요했고, 그 결과 1999년 2월 통계청 기준 무려 181만 명의 실업자가 발생했다. 이때 구조조정의 희생양이 된 사람들 다수가 '정리해고' 또는 '명예퇴직(희망퇴직)' 형태로 직장을 그만두게 되었다. 정리해고는 경영상의 이유로 구조조정을 단행한 기업이 다수의 근로자를 일방적으로 해고하는 것을 의미한다. 명예퇴직(名譽退職, voluntary resignation)은 정년을 다 채웠거나 징계로 인한 퇴직이 아닌, 근로자가 스스로 신청하여 직장을 그만두는 것을 말한다. 외환위기 당시 명예퇴직자 중엔 '자발적인 퇴직'이 아닌 '간접적인 해고' 사례가 많았는데 주로 '명예퇴직 권고가 주 내용인 인사과 면담', '기존 업무와 전혀 관련이 없는 직무 교육 실시', '유배나 다름없는 지역으로의 전환 배치' 등으로 근로자에게 압박을 주어 스스로 명예퇴직을 선택할 수밖에 없게끔 만든 것이다.

보호 범주	핵심 보호 대상 및 내용	사용자 의무 및 처벌(주요 예시)
직장 내 괴롭힘 금지	「근로기준법」 (2019년 신설)	직장 내 지위 우위를 이용한 정신적/ 신체적 고통 및 불리한 처우 금지
연령 차별 금지	「고령자고용촉진법」	모집·채용, 임금, 퇴직·해고 등 고용 전 단계에서 합리적 이유 없는 연령 차별 금지
성차별 및 모성보호	「남녀고용평등법」	성별, 결혼, 임신 등을 이유로 한 부당 해고 및 차별 금지
장애인 차별 금지	「장애인고용촉진법」	장애를 이유로 한 부당한 차별 금지
인간 존엄성 침해 구제	국가인권위원회 (NHRCK)	근로자의 '인간의 존엄'을 침해하는 행위에 대해 조사 및 구제 조치 권고

이른바 '책상 빼기'라는 행태도 만연했다. 앞서 언급한 방법으로 명예퇴직하지 않은 직원의 책상을 복도로, 심한 경우엔 화장실 입구에 놓아 모멸감과 수치심을 일으키게 한 것이다. 경제 위기 앞에서 인간의 존엄성이 어디까지 파괴할 수 있는지 보여준 극단적 사례다.

사회적 요구를 반영하여, 2019년에 「근로기준법」이 개정되면서 '직장 내 괴롭힘 금지' 조항이 신설되었다. 이는 근로자를 보호하는 가장 직접적이고 강력한 법적 장치로, 직장 내 괴롭힘을 엄격히 금지하고 사용자에겐 피해자 보호 및 가해자 징계 의무가 부여된다. 아울러 「국가인권위원회법」에 따라 근로자의 '인간의 존엄' 침해 행위를 조사하고 구제 조치를 권고할 수 있다. 또한 「남녀고용평등법」, 「장애인고용촉진 및 직업재활법」 등에 의해 성별, 결혼, 장애 등을 이유로 한 부당 해고나 차별 역시 위법 행위다.

일자리가 사라졌다, 통째로 버려진 세대

취직 빙하기와 잃어버린 세대 1994년 [정책 / 경제]

'취업 빙하기'는 잡지 《취업 저널》에서 만들어낸 신조어로 버블 경제 붕괴 후 장기불황으로 인한 일본의 심각한 취업난을 일컫는 말이다. 특히, 1993년부터 2005년 사이에 학교를 졸업하고 취직 활동에 임했던 세대는 취업 빙하기 세대 또는 로스제네 세대(ロスジェネ 世代·잃어버린 세대)라고 불렸다.

1994년, 일본 기업의 신규 채용 비율이 격감하면서 정사원(정규직)이 되지 못하고 비정규직이 되는 사람이 속출하는 등 취업난이 본격적으로 사회문제가 되었다. 이후 1990년대 후반부터 2000년경에 금융 불안과 IT 거품 붕괴까지 겹쳐 고용 환경이 더욱 나빠진 시기를 '초빙하기'라고 부르기도 했다.

이는 한국의 IMF 위기 이후 세대와 그 고통의 궤를 같이한다. 한국 역시 1997년 외환 위기 이후 대규모 정리 해고와 함께 평생 고용의 신화가 붕괴했으며, 이후 비정규직 중심의 노동시장 재편이 가속화되었다. 그 결과, 현재 한국의 청년들은 심화된 경쟁과 고물가 속에서 결혼, 출산, 내 집 마련 등을 포기하는 'N포 세대'로 불리며, '잃어버린 세대'가 겪었던 고통을 시간차를 두고 재현하고 있다. 결국 취업 빙하기는 국가 경제가 추락할 때 청년 세대가 지불해야 할 가장 값비싼 대가이며, 이는 한국의 미래에 대한 강력한 경고로 작용한다.

12살, 어린 소녀의 절규,
"동정 대신 돈을 달라!"

동정한다면 돈을 줘 1994년 [개인/가족]

"동정할 거라면 돈을 줘(同情するならカネをくれ)"*라는 말은 드라마 속에서 어린 소녀(아다치 유미)가 눈물 흘리며 악을 쓰듯 내뱉는 대사다. 이는 최고 시청률 30%를 기록한 닛폰 TV 인기 드라마《집 없는 아이(家なき子)》의 명대사로 1994년 일본 사회를 강타했다.

거대한 불행 앞에서 어리고 순수한 소녀가 내뱉은 이 한마디는 단순한 유행어를 넘어, 장기 불황에 지친 일본 사회의 경쟁적이고 냉혹한 현실에 대한 가장 명료한 비판이었다. 이 명대사는 '최소 불행 사회'에서 돈이 갖는 가치를 극명하게 보여준다. 사회 시스템이 붕괴하고 안전망이 사라지면, 따뜻한 위로와 도덕적인 지지는 아무런 쓸모가 없다. 모든 불행을 개인의 책임으로 돌리는 사회에서, 생존과 존엄성을 지키기 위해서는 오직 '구체적인 자원(돈)'만이 유효한 방어 수단이 된다는 냉소적 인식이 담겨 있다.

한국도 마찬가지로, 성장 신화가 붕괴하고 빈부격차가 심화된 사회에서 '위로보다 보상'을 요구하는 세대적 목소리가 있다. 공허한 희망 대신 실질적인 생존 자원을 요구하는 이 대사는 '각자도생'의 시대에 개인이 국가와 사회에 던지는 가장 솔직하고 날카로운 요구다.

---

* 『家なき子』日本テレビ, 1994.

잘 사는 것보다 '잘 죽는 법'을 고민하다
대왕생 1994년 [문화 / 유행]

사람은 반드시 죽습니다.

'태어나서 다행이다'라고 생각하며 죽는 것이 대왕생입니다.(人は必ず死にます。その時に生まれてきてよかったなと思って死ぬことが大往生)[*]

대왕생이란 일본의 방송작가이자 탤런트인 나가로쿠스케(永六輔)가 1994년 4월에 출간한 에세이 『대왕생(大往生)』의 제목에서 유래했다.

이 책은 불교에서 말하는 '조금도 괴로움이 없는 왕생, 평안하게 죽는 일'을 의미하는 대왕생을 주제로 나가로쿠스케가 직접 전국을 여행하며 일본의 여러 노인으로부터 노화, 질병, 죽음에 관한 생생한 이야기를 수집해 엮은 작품이다. 젊은 사람이 지닌 특유의 유머와 상냥함으로 죽음과 노인이라는 테마를 밝게 표현해 1994년에만 200만 부가 판매되는 밀리언셀러가 되었다.

「대왕생」의 유행은 물질적 풍요가 아닌 정신적 위안을 찾고, 노년의 고통과 죽음의 공포를 함께 나누며 인간적 공감을 얻으려는 사회적 열망의 증거다. 이는 한국 사회 역시 초고령화와 함께 노인 빈곤율이 OECD 최고 수준에 달하고, '존엄사' 및 '웰다잉(Well-Dying)'에 대한 논의가 뜨거워지는 현상과 궤를 같이한다.

---

[*] 永六輔, 『大往生』, 岩波書店 1994.

무너진 도시, 끊어진 삶의 길

고베 대지진 1995년 [정책 / 경제]

고베 대지진(효고현 남부 지진, 한신·아와지 대지진)은 1995년 1월 17일 오전 5시 46분에 발생한 진도 7의 지진으로, 효고현 남부를 중심으로 큰 피해(사망자 6,434명, 피해액 10조 엔)가 발생한 대재앙이었다. 이 대지진은 단순히 인명 및 재산 피해를 넘어, 일본은 안전하다고 믿었던 사회 시스템이 얼마나 취약한지 드러내며 안전 신화 붕괴의 서막을 알렸다.

도시가 멈췄을 때, 당신은 어디로 가는가?

라이프 라인 1995년 [정책 / 경제]

'라이프 라인(Lifeline)'이란, 생활에 필수인 전기, 가스, 수도, 도로 등을 가리킨다. 이러한 공급이 끊기는 것을 '라이프 라인 차단'이라고 하며, 지진이나 태풍 등의 자연재해로 인프라가 손상되면 정지될 수 있다. 1995년 고베 대지진으로 전기, 가스, 수도, 전화, 식량, 유통 등 생명을 지탱하는 시스템 즉, 라이프 라인이 모두 마비되어 피해를 가중했다. 따라서 대지진 후 재건 과정에서 중점적으로 논의된 것이 '재해 발생 시에 이 라이프 라인을 어떻게 유지할 것인가'였다.

한국은 「재난 및 안전관리 기본법」으로 라이프 라인 시설을 포함한 국가 핵심 기반 시설의 관리 및 재난 대비를 위한 법적 근거를 제공하고 있다. 그러나 '국가정보자원관리원 화재 사고'를 겪으며 대한민국의 라이프 라인 전반에 걸친 관리 부실이 도마 위에 올랐다. 사고는 2025년 9월 대전광역시 소재의 국가정보자원관리원 전산실에서 발생했다. 이로 인해 정부 전자시스템 다수 마비, 119 긴급출동 신고 시스템 장애, 우체국 금융·보험 업무 마비 등이 발생했다.[*] 이는 행정 및 금융 서비스가 대부분 전산망을 통해 이루어지므로, 디지털 라이프 라인의 마비가 국민 생활에 얼마나 광범위하고 즉각적인 영향을 미치는지 보여준 사례였다.

---

[*] 장애 정부전산시스템 709개…"1등급 40개 중 25개 복구", 연합뉴스, 2025.10.09.

   2 | 시스템의 배신 5년

출근길 지하철 독가스 테러, 일상을 파괴한 광신도

옴진리교 1995년 [개인/가족]

옴진리교(オウム真理教)는 마쓰모토 지즈오(가명 아사하라 쇼코)를 교주로 존재했던 일본의 신흥종교단체다. 초기엔 요가 모임에 불과했으나, 점차 신자들의 모든 재산을 시주하게 하고 교주의 머리카락 등을 고가에 상품화하는 등 사이비적인 형태로 교단을 확대했다. 이 과정에서 탈주 신자 살해 등 1988년부터 1994년까지 6년간 5명이 살해되고 30명이 넘는 실종자가 발생하는 등 이미 심각한 범죄 집단으로 변모했다.

정점은 1995년 3월 20일에 발생한 도쿄 지하철 사린 사건이었다. 옴진리교가 도쿄 지하철 차량 내에 신경 가스인 사린을 무차별 살포하여 14명이 사망하고 6,300여 명이 부상을 입은, 세계에서 보기 드문 대도시권 화학무기 테러였다.

이 사건은 일본 사회에 '안전은 일상 속에 있다'는 믿음마저 산산조각 내며 극단적인 불안과 공포를 안겨주었다. 국가의 안전 시스템이 지진에 무너진 데 이어, 평범한 출근길마저 테러 집단에 의해 유린당할 수 있다는 현실은 시스템 밖에서 각자도생해야 하는 붕괴된 사회의 냉혹함을 상징적으로 보여주었다. 소설가 무라카미 하루키는 당시 이 사건을 접하고 관련자들을 인터뷰하여 르포 형식의 책 『언더그라운드』를 집필, 출간했다.

재난과 테러 앞에
'안전 국가'는 없었다

안전 신화 1995년 [정책 / 경제]

1995년은 안전한 줄만 알았던 일본의 '안전 신화'가 천재지변과 테러로 완벽히 붕괴해버린 혼란의 해였다.

1월 17일 진도 7.3의 고베 대지진이 발생하여 빌딩과 고속도로가 무너지며 6,000명이 넘는 희생자가 발생했다. 대지진이 발생한 지 2개월 후인 3월 20일 오전 8시경에는 도쿄 지하철 사린 사건이 발생했다. 옴진리교가 지하철 차량 내에 화학병기인 신경가스 사린을 무차별 살포하여 14명이 사망하고 6,300여 명이 중경상을 입는 세계 사상 유례없는 테러 참극이었다. 한 해에 두 차례나 안전 신화가 붕괴한 충격은 일본 사회를 근본적으로 뒤흔들었다.

같은 시기 한국에서도 고도 경제 성장 과정에서 등한시했던 안전이 대참사로 돌아오는 사건이 두 차례나 연달아 발생했다. '성수대교 붕괴 사고'(1994.10.21.)와 '삼풍백화점 붕괴 사고'(1995.06.29.)다. 두 나라 모두 고도 성장 과정에서 등한시했던 안전 시스템의 취약성이 한꺼번에 드러났다는 공통점을 갖는다.

싸구려 잡화점의 기묘한 성공 공식

돈키호테와 저가 보증 상품 1995년 [문화/유행]

주식회사 돈키호테(ドン·キホ-テ)는 일본 주요 도시에서 종합 할인 매장을 전개하는 회사로, 장기 경기 침체기에 크게 성장했다. 1978년 잡화점 '도둑시장'에서 시작된 돈키호테는 정신없는 음악, 그리고 마치 보물찾기를 하는 듯 좁은 공간에 상품을 꽉 채워 진열하는 독특한 방식으로 인기를 끌었다. '득템'의 즐거움을 준, 이 정신없고 과부하된 공간은 역설적으로 통제 불가능한 현실의 혼란을 잊게 해주는 '불황기 소비의 아수라장'이자, '미로형 심리 해방구'로 기능했다.

돈키호테 매장에는 저가 보증 상품(ロ-プライス 商品) 딱지가 붙은 제품이 있는데, 이는 타 매장에서 단 1엔이라도 더 싸게 판매되는 제품이 있으면 차액을 지급해주는 일종의 최저가 보장 제도다.[*]

이러한 돈키호테의 성장은 불황 속에서 소비자들이 가격 대비 만족도를 최우선 가치로 두기 시작했음을 보여준다. 더 이상 브랜드 명성이나 비싼 가격에 의존하지 않고, 최소한의 비용으로 최대의 생존 효율을 추구하는 초저가 소비 트렌드가 일본 사회에 깊숙이 자리 잡았음을 상징하는 현상이다.

---

[*] 『유통혁명에 대한 파천황한 도전!』 야스다 다카오 지음, 히로미, 1997.

무너진 도시, 야구로 다시 일어서다

야구장 밖 모든 나무에 팬들이 올라가 경기를 보고 있었다. 팬들은 무언가가 보상되는 순간을 바라며 기도하는 것 같았다.[*]

한신·아와지 대지진이 일어난 1995년, 고베시를 본거지로 하는 프로야구팀 오릭스 블루웨이브는 〈힘내자 고베(がんばろうKOBE)〉라는 슬로건을 걸고 매 경기 전력을 다했다.

대지진의 재해로부터 8개월이 지난 9월 17일, 우승까지 단 1승을 앞둔 상황에서 롯데와의 고베 홈경기가 열렸다. 감독과 선수들은 고베에서 우승해 팬들(대다수가 대지진 피해자들)에게 우승컵을 선물하고 싶어 했다. 팬들 또한 당일 경기장 안팎에 무수히 많이 운집해있었다.

하지만, 팀의 에이스였던 투수 히라이 선수가 뜻밖의 5실점을 하며 고베는 롯데에게 역전패했다. 본거지인 고베에서의 우승은 그렇게 환상으로 끝났다. 그때 실의에 빠져 있던 히라이 선수에게 경기장 안팎에 모여 있던 관중들이 야유 대신 기립 박수를 보내기 시작했다. 히라이 선수의 귓가에 '고마웠다'라는 소리와 함성이 들려왔다.

이틀 뒤인 9월 19일, 오릭스 블루웨이브는 세이부와의 경기에서 승리하며 프로야구 리그에서 우승했다.

---

[*] '힘내라 KOBE'로부터 30년, 마음에 새겨진 패전【해설】, NHK, 2025.01.24.

싸워라 소년이여, 세기말 불안을 위로한 신화

신세기 에반게리온 1995년 [문화 / 유행]

넌 죽지 않아. 내가 지키니까

《신세기 에반게리온(新世紀エヴァンゲリオン)》은 1995년 10월부터 1996년 3월까지 총 26화로 제작 방영된 애니메이션이다. 안노 히데아키가 감독 및 각본을 맡았다. 거대 로봇이 등장하는 애니메이션이지만 기독교 신화와 유대 신화, 이슬람 신화에서 모티프를 가져와 복잡하고 심오한 세계관을 형성했다.

작품 내 특유의 우울한 분위기가 버블 경제 붕괴로 인한 장기불황과 고베 대지진, 옴진리교 테러 사건 등으로 침울했던 당시 일본 사회와 겹쳐 그야말로 폭발적인 신드롬을 일으켰다. 정체불명의 '사도'라는 외부 위협 앞에서 어른들(기성 시스템, NERV 등)의 불투명한 결정에 휘둘리며 극심한 심리적 압박감을 겪는 10대 주인공들의 모습은, 버블 붕괴와 연이은 재난 속에서 기성세대에 대한 불신과 미래에 대한 불안감을 느끼던 당시 젊은 세대의 심리를 깊숙이 파고들었다.

이에 《신세기 에반게리온》은 일본 애니메이션 역사에서 《우주전함 야마토》, 《기동전사 건담》에 이어 '제3차 애니메이션 붐'을 일으켰다고 평가받았다. 소년이여 신화가 되어라, 라는 말은 전 세계의 수많은 '오타쿠'를 양산했다.

오타쿠 문화의 성지인 아키하바라(Akihabara) 전경. 현실의 절망을 피해
'애니메이션' 속 가상 세계로 도피한 청년들이 만든 거대한 문화적, 경제적 성지다.

전자기기 상점 위주로 번성했던 도쿄 지요다구 아키하바라(Aki
habara) 일대엔 이 작품의 성공으로 관련 파생상품 전문 상점이 속
속 등장했고, 관련 이벤트 등이 열리면서 애니메이션, 비디오 게임
을 비롯한 서브컬처(Sub-Culture) 산업의 중심지가 되었다. 아키하
바라의 변모는 서브컬처가 하위문화를 넘어 경제적, 사회적 영향력
을 갖게 되었음을 상징적으로 보여준다. 《신세기 에반게리온》은 이
후 등장하는 수많은 서브컬처 작품에 깊은 영향을 미치며 '세카이
계* 장르를 형성하는 등, 단순한 흥행을 넘어 문화사적으로 중요한
이정표를 세웠다.

---

* 세카이계(セカイ系) 장르란 주인공과 히로인 등 개인적인 관계의 문제가 세계의 운명과
  같은 거대한 문제와 직접적으로 연결되는 일본 서브컬처 장르다.

라디오 회관에서 만난,
도쿄를 떠나본 적 없는 청년

밤 10시 이후의 아키하바라

저는 70여 차례 일본을 방문하는 동안, 도쿄에선 주로 아키하바라역 앞의 '안심 오야도'라는 캡슐 호텔을 이용했습니다. 캡슐 호텔의 멤버십 카드에 기록된 것만 150번 이상 방문이니, 대략 '반년' 정도를 캡슐 호텔에서 생활한 셈입니다. 다른 호텔보다 저렴하고 무척 편리한 위치에 있다는 점도 이 캡슐 호텔을 애용하게 된 큰 이유이지만, 무엇보다도 '사람 냄새'가 나기에 좋았습니다.

한낮의 아키하바라는 시부야, 신주쿠 못지않게 활기 넘칩니다. 대로변부터 골목 안쪽까지 피규어, 만화, 게임을 찾는 수많은 인파로 넘실댑니다. 화려한 간판, 촘촘하게 붙어 있는 상점마다 제각각 흘러나오는 애니메이션 주제곡들, 양손 가득 쇼핑백을 들고 행복한 표정을 짓고 있는 세계 각국에서 온 오타쿠들, 전단지와 티슈를 나눠주며 호객 중인 메이드 카페의 종업원들까지. 그러나 모든 상점이 문을 닫는 밤 10시가 넘으면, 그 붐비던 아키하바라엔 거짓말처럼 적막이 깔립니다. 그럴 때, 저는 밀려드는 고독과 외로움을 뿌리치고 캡슐 호텔의 2층 라운지로 돌아갑니다.

휴게 라운지엔 낮 동안 거리에서 볼 수 없었던 류의 사람들이 하나둘 모여들기 시작해 각자 1인 테이블 위에 앉습니다. 노트북으로 구직 플랫폼에 접속해 몇 시간째 자기소개서를 고치는 청년, 알아볼 수 없는 낙서가 가득한 노트를 펼쳐 놓고 빛바랜 전표 뭉치를 만지며 혼잣말을 중얼거리는 노인, 바로 옆에 있는 화장실 위치를 반복해서 묻는 어르신 그리고 노숙자까지…….

그들은 모두 이 책에서 다룰 '프리터', '하류 노인', '무연사회'의 얼굴을 하고 있었습니다.

편의점 도시락 두 개

저는 일정을 끝내고 캡슐 호텔로 들어가는 길에 가끔 아키하바라역 앞 세븐일레븐 편의점에서 도시락 두어 개와 간식을 삽니다. 7, 8년 전 캡슐 호텔 라운지에서 혼자 한창 도시락을 맛있게 먹고 있다가 반대편 테이블에 앉아 그 모습을 빤히 바라보고 있던 노숙자와 눈이 마주친 이후부터였습니다.

지하 공용 욕실에서 샤워를 마치고, 편의점에서 사온 음식을 들고 2층으로 올라갑니다. 엘리베이터 문이 열리고 넓지도 크지도 않은 30평 남짓 라운지가 한눈에 들어오는 순간, 안쪽 구석 화장실 문 바로 앞 테이블에 앉아 있는 사람을 발견합니다. 천천히 다가갑니다. 생색내지 않습니다. 보답을 바라지도 않습니다. 우쭐대는 표정 따위도 짓지 않습니다. 그저 제가 할 수 있고, 하고 싶은 일이기에 저는 담담한 낯으로 그에게 도시락과 과자가 들어 있는 편의점 봉투를 내밀 뿐입니다.

그날도 마찬가지였습니다. 그 청년을 마주치기 전까지는.

[2024년 봄] 8년 단골 가게의 새 알바생

아키하바라역 전자상가 쪽 개찰구를 나오면 '라디오 회관'이라는 거대한 간판을 단 건물이 서 있습니다. 이 건물은 아키하바라의 역사 그 자체입니다. 저는 이곳 3층의 한 피규어 상점의 8년 차 단골이며, 사장님과도 친합니다.

2024년 봄, 그 가게에 새로운 아르바이트생이 들어왔습니다.

키가 크고 선한 인상의 훤칠한 청년이었습니다. 그는 항상 잇몸을 드러내고 환하게 웃고 있었습니다. 제가 가게에 들어서면 밝은 목소리로 "어서 오세요!"를 외치고, 진열대를 살피고 있으면 어느새 다가와 "이 제품 정말 구하기 힘든 건데, 방금 들어왔어요. 어때요?"하고 권하기도 했습니다.

제가 한국 사람인 것을 안 뒤부턴, 서툰 한국말로 말을 걸기 시작했습니다.

"아-안녀-엉하-쎄-요!"(2007년 방영 드라마 《프로포즈 대작전》의 유행어)

"점심 잘 먹었어?"

"이거 인기 마나요. 괜느차나?"

그렇게 그 가게를 오갈 때마다 일본인인 그는 한국어로, 한국인인 저는 일본어로 서로 몇 마디씩 나누는 사이가 되었습니다. 저는 그를 '밝고 성실한 청년'이라고만 생각했습니다. 퇴근 후엔 또래 친구들과 무리를 지어 하라주쿠나 기치조지(吉祥寺)의 어느 이자카야에서 활기차게 웃고 떠들고 하는 그런 모습을 상상하면서 말이죠.

[2024년 가을] 캡슐 호텔 라운지에서 우연히 마주치다

그러던 어느 날 평소처럼 '편의점 봉투'를 들고 캡슐 호텔 2층 라운지로 올라갔다가, 낯익은 얼굴을 발견했습니다.

라디오 회관 피규어 샵의 바로 그 청년이었습니다.

저자 노트 2

"에-, 안녕하-세-요!"

그는 저를 알아보고 반갑게 인사했습니다. 여전히 웃는 얼굴이었고, 한국어 발음도 많이 좋아졌습니다. 여기엔 어쩐 일이냐고 묻자 그가 대답했습니다.

"오늘 집에 일이 좀 있어서요. 여기서 자고 바로 라디오 회관으로 출근하려고요."

우리는 그날 저녁 늦게까지 대화를 나눴습니다. 인스타그램 아이디와 라인 아이디도 교환했습니다.

21살 프리터의 일상

그는 자신을 21살이라고 소개했습니다. 엄마와 사이타마현에서 단둘이 살고 있다고, 고등학교 졸업 후엔 아르바이트를 전전하며 살고 있다고 했습니다.

"근데 아키하바라는…… 진상 손님이 너무 많아요. 특히 외국인들이요."

그는 피곤한 표정으로 말했습니다. 손님들은 대화 중에 본인들 마음에 안 들면 소리를 지르고, 물건을 던지고, 이를 제지하는 점원의 말을 못 알아듣는 척 무시하는 일이 일상이라고 했습니다. 망가진 물건을 가져와 다짜고짜 환불을 해달라고 하는 일도 예사라고 했습니다.(이 책에서 다룰 '점원 괴롭힘'의 현장입니다.)

"그래서……, 조만간 그만두려고요."

여전히 웃고 있었지만, 그날 따라 유독 얇아진 웃음 가면 뒤엔, 지쳐 있는 그의 진짜 얼굴이 보였습니다.

[2025년 봄] 모네 특별전과 Canal Cafe

바로 다음 도쿄 방문 때, 저는 그에게 미리 연락해 약속을 잡았습니다. 그 시점에서 그는 이미 일을 그만둔 상태였습니다.

우리는 함께 우에노 공원의 국립서양미술관에서 열린 '모네 특별전'을 보러 갔습니다. 그리고 이치가야의 '카날 카페Canal Cafe'로 데려가 식사했습니다.

카날 카페는 도쿄 한복판의 큰 호숫가에 위치한 아름다운 대형 카페로, JR선을 타고 가다 보면 창밖으로 누구나 그 모습을 쉽게 볼 수 있습니다. 도쿄에 사는 사람이라면 누구나 알고 있을 테고, 가격도 비싸지 않아 젊은 사람이라면 다들 데이트 장소로 한번은 방문했을 곳입니다.

그는 이곳을 처음 방문했다고 말했습니다. 전철에서 '창밖 풍경으로만' 보던 곳이라고요.

"왜? 여자친구가 없어?"

"없어요. 없었어요. 한 번도."

"흠, 다른 그냥 친구는?"

"친구 없어요."

"일도 그만뒀고, 그럼 요즘 뭐 하고 지내?"

"아무것도요. 그냥 집에 있어요."

그는 담담하게 대답했습니다.

"1년간 아르바이트로 돈은 잘 모았어?"

"네, 제법 모았어요."

저는 그에게 대학 진학이나 전문 기술을 배울 수 있는 학원을 권했으나, 그가 그다지 내키지 않아 해서 이번엔 여행을 권했습니다.

"그럼 돈도 있고 시간도 있을 때, 여행을 가 보는 건 어때? 유럽이나 아프리카 같은 곳 말이지."

"히에? 유럽이요? 저, 도쿄 밖에도 나가본 적이 없어요."

"응? 한 번도?"

"네. 한 번도요."

그는 태어나서 단 한 번도 도쿄를 벗어나본 적이 없다고 했습니다. 그 흔하디흔한, 도쿄역에서 한 시간이면 갈 수 있는 하코네 온천 여행조차 가본 적이 없다고 했습니다. 정작 외국인인 저는 하코네에 단골 호텔과 단골 온천장이 있을 정도로 자주 갔는데 말입니다. 다음에 같이 가자고 했더니, 그는 정말이냐고 뛸 듯이 기뻐했습니다.

"요즘은 뭐 하고 지내?"

"집에서 틱톡이요. 그걸로 모바일 게임 중계하고 포인트도 받아요."

이제 갓 스무 살을 넘기고, 키도 크고, 인상도 좋고, 잘 웃는 청년이었습니다. 그런데도 그는 친구도 여자친구도 없고, 외출도 거의 하지 않는다고 했습니다. 어머니와 단둘이 살지만 서로 대화는 한마디도 하지 않는다고도 덧붙였습니다.

책을 쓰는 내내 생각난 얼굴

이 책 『최소 불행 사회』 원고를 퇴고하는 과정에서, 저는 수없이 많은 키워드를 반복해서 읽고 공부했습니다. 그중에서도 특히,

프리터.

은둔형 외톨이.

초식남.

무연사회.

이 단어들을 마주할 때마다 저는 그 청년의 얼굴이 계속 떠올랐습니다.

밝게 웃으며 "아-안녀-엉하-쎄-요!"를 외치던 그 얼굴.

진상 고객들에게 치이고 캡슐 호텔 라운지에서 피곤한 표정으로 앉아 있던 그 모습. 그렇게 혼잡한 곳에서 일하는데도 최저임금만 받는다고 체념하듯 말하던 어깨.

"친구 없어요"라고 담담하게 말하던 그 목소리.

이 책에서 분석한 '잃어버린 30년'의 그림자는, 차가운 통계나 과거의 기록이 아니었습니다. 그것은 바로 지금, 제 단골 가게에서 웃으며 인사하던 그 청년의 얼굴을 하고 있었습니다.

키워드는 차가운 숫자였지만, 그 청년은 따뜻한 사람이었습니다.

 저자 노트 2

통계는 추상적이었지만, 그의 고립은 구체적이었습니다.

조만간 도쿄에 갈 예정입니다. 그 청년에게 연락해서 함께 커피라도 한 잔 함께 해야겠습니다. 잘 지내는지 물어봐야겠습니다. 아직도 사이타마 집에서 틱톡만 하고 있는지 궁금합니다. 그가 여전히 웃고 있을지, 아니면 이미 웃음조차 잃어버렸을지, 저는 알 수 없습니다.

하지만 한 가지는 압니다.

그는 통계가 아니라 사람입니다.

프리터가 아니라 이름이 있는 청년입니다.

고립이 아니라 누군가의 아들이고, 누군가의 좋은 친구가 될 수 있는 존재입니다.

이 책이 말하는 '최소 불행 사회'는,

바로 그런 청년이 혼자가 아니라고 느낄 수 있는 사회입니다.

시스템이 그를 외면하지 않고,

누군가 그에게 손을 내밀고,

그가 다시 웃을 수 있는 사회입니다.

먼저, 어쩌다가 일본엔 그 청년 같은 친구가 넘쳐나게 되었는지 2부에서 더욱 본격적으로 파헤쳐 봅니다.

연결 키워드 프리터, 은둔형 외톨이, 무연사회, 초식남, 점원 괴롭힘, 하류 노인

1부의 마지막 1995년은 화염과 공포로 끝났다.

고베 대지진과 지하철 사린 테러, '시스템의 배신'은 완료되었다.
하지만 그것은 파국의 서막에 불과했다.

진짜 비극은, 그 거대한 붕괴가 일회성 '사건'으로 끝나지 않고,
이후 30년간 개인의 삶을 파고드는 '일상'이 되어버린 것이다.

이제부터 시작될 30년은 '체념'의 시대다.

희망을 잃은 청년들은 방 안으로 숨어들었고(3장. 청년 고립),
국가는 노인과 아이의 돌봄을 방치했으며(4장. 돌봄 대파국),
마침내 '각자도생'이 유일한 생존 전략으로 제도화된다(5장. 각자
도생 제도화).

프롤로그의 김 회장과 박 씨가 마주한 비극의 본편,
거울 속에 비친 '이미 시작된 파국'이 바로 여기에 있다.

3부의 해법과 4부의 생존 매뉴얼을 만나기 전에,
우리는 진단의 마지막인 '30년의 절망'을 먼저 통과해야만 한다.

2부

거울 속 한국: 이미 시작된 파국

1996-2025

3

청년 고립 10년

(1996-2005)

"공정이 무너지자 희망도 사라졌다"

1996년부터 2005년까지 일본의 10년은 1990년대 초반 '시스템의 배신'이 남긴 충격이, 사회 전체를 만성적인 무력감으로 물들인 시기였다. 대지진과 테러의 상처가 채 아물기도 전에, 일본 사회는 구조개혁의 성과 없이 사방이 꽉 막힌 듯한 '폐색감'(1996)과 '일본열도 총 불황'(1998)이라는 긴 터널에 갇혔다. 일본은 회복 불가능한 장기 침체의 늪으로 추락했고, 이 시기는 '노력해도 보상받지 못하는' 공정성의 붕괴와 함께 개인의 삶을 지켜주는 국가 시스템이 제 기능을 상실했음을 드러냈다. 국가와 기업은 공정성과 책임을 포기했고, 그 공백 속에서 청년들은 '작은 행복'이라는 이름의 고립된 방어막을 치기 시작했다.

청년 절망의 10년

지표	1996년	2005년	충격
청년 실업률	6%	10%	▲ 67%
비정규직 비율	25%	33%	▲ 32%
평균 연봉	467만 엔	437만 엔	▼ 6.4%
니트족	10만 명	85만 명	▲ 2배
자살자 수	23,104	32,552명	▲ 40.9%

10년간의 사회 변화

1997 **자살 3만 명 시대** 금융위기 → 중년 자살 폭증 / 사회적 살인

1998 **학교 붕괴** 교실 붕괴 + 이지메 / 공교육 포기

2000 **은둔형 외톨**이 히키코모리 100만 / 청년 실종

2003 **연봉 300만 엔 시대** 중산층 붕괴 / 전국민 하류화

2004 **패배한 개** 30대 미혼 여성 / 결혼 거부

2005 ↓ **하류사회** 계층 이동 불가 / 희망 상실

청년 세대의 3대 포기

노동: 정규직 포기

- 프리터 – 417만 명(청년 4명 중 1명)

- 니트(Not in Education, Employment or Training) – 85만 명

- 넷카페 난민 – 5,400명

- 워킹푸어 – 연봉 200만 엔 이하

- 블랙기업 – 과로사 일상화

관계: 연애/결혼 포기

- 초식남 – 연애 무관심 남성
- 패배한 개 – 30대 미혼 여성
- 패러사이트 싱글 – 부모 집 기생
- 혼밥족 – 1인 식사 일상화
- 무연사회 – 고립사 증가

미래: 계층 상승 포기

- 하류사회 – 중산층 70% → 40%
- 격차고착 – 부모 소득 = 자녀 소득
- 학력 무용 – 대졸 = 고졸 임금
- 희망격차 – 노력 무의미
- 사토리 세대 – 달관의 청년들

한국 MZ세대와 충격적 일치

현상	일본(1996-2005)	한국(2016-2025)	심각도
청년 포기	프리터 417만	니트족 54만	진행
연애 포기	초식남 등장	비연애 60%	심각
결혼 포기	미혼율 25%	미혼율 33%	추월
출산 포기	1.3명대	0.75명	최악
내 집 포기	임대 거주	영끌 파산	심각

'사토리 세대'의 충격적 선택

포기한 것들

출세 / 결혼 / 자가용 / 명품 / 해외여행 / 인간관계

선택한 것들

최소 생활 / 작지만 확실한 행복 / 혼자 있기 / 취미 몰입

"큰 꿈은 큰 실망을 낳는다"

이 시대가 증명한 진실

① 노력해도 계층은 바뀌지 않는다

대학 → 프리터 → 워킹푸어 → 하류 노인

② 혼자가 더 안전하다

무연사회 → 고독사 → 그래도 혼자

③ 작은 행복이 최선이다

소확행 → 미니멀 → 사토리(달관)

2005년의 체념, 2025년의 현실

"일본 청년이 10년간 포기한 것을

한국 청년은 5년 만에 포기했다"

1996년부터 2005년까지의 10년은, '노력하면 보상받는다'는 중산층 신화가 공식적으로 붕괴하고, 시스템에서 이탈한 개인들이 '작은 행복'과 '자기 책임'이라는 이름 아래 고립되어 가는 '하류사회'의 서막이었음을 보여준다.

다음 장 2006-2015 돌봄 대파국 10년 "당신의 가족을 누가 돌볼 것인가"

흔들리는 마지막 보루,
가족

3월, 졸업 시즌.

쉰 살 김 회장은 장남의 대기업 입사 축하 파티를 준비했다. 스물두 살 장남은 일류 대학 졸업 후 대형 건설사에 합격했고, 열아홉 딸은 의대 본과 진학을 앞두고 있었다. 김 회장은 흐뭇했다. 버블 붕괴 상처는 조금씩 아물었고 자산도 회복되고 있었다. 시스템이 흔들려도 '우리 가족'은 괜찮으리라 믿었다.

그날 저녁, 그는 막내 방문 앞에 섰다. 노크해도 대답이 없었다. 열여덟 막내는 대학 입시에 실패한 뒤 석 달째 방에서 나오지 않았다. 형은 대기업, 누나는 의대. 그 그늘 아래서 막내는 조용히 무너져 갔다. '히키코모리'(은둔형 외톨이). 뉴스에서나 보던 단어가 자기 집 이야기가 될 줄은 몰랐다. 김 회장은 문 앞에 도시락을 두고 돌아섰다. 차마 문을 열 수 없었다. 아들 얼굴을 보면 무슨 말을 해야 할지 몰랐다.

같은 시각, 신주쿠의 한 넷카페.

마흔다섯 박 씨는 한 평짜리 칸막이 안에서 컵라면 뚜껑을 열었다. 젓가락 대신 이쑤시개 두 개를 꺼냈다. 주소가 없어 취직이 안 됐고, 취직이 안 되니 집을 구할 수 없었다. 악순환이었다. 그는 가끔 '맥도날드 난민' 틈에 섞여 밤을 지새웠다. 햄버거 하나로 버티는 밤. 가족? 연락 끊긴 지 10년이 넘었다. 친구? 전화할 돈도, 받아 줄 사람도 없었다.

그해, 책 『하류사회』가 베스트셀러에 올랐다.

김 회장도 그 책을 샀지만 몇 페이지 읽다 덮었다. 자신과 전혀 상관없는 이야기 같았으니까.

하지만, 물질적 안전망과 정서적 안전망. 둘 다 무너지고 있었다. 김 회장은 아직 몰랐다.

막내의 침묵이 '우리 가족만은 괜찮다'는 신화에 생긴 첫 균열임을.

노력해도 소용없다, 사방이 막힌 느낌

폐색감 1996년 [정책 / 경제]

폐색감(閉塞感)이란 사방이 온통 꽉 막힌 느낌을 말한다.

1996년 당시 이 단어가 일본 사회 전반에 깊이 공감을 얻은 것은 구조개혁의 성과 없이 불황만 장기화되고, 고베 대지진의 후유증까지 겹쳐 국가 시스템의 한계가 명확해졌기 때문이다. 이는 국민들이 '도무지 노력해도 나아지지 않는다'는 집단적 무력감을 느끼며, 사회 전체가 정체(停滯)의 늪에 빠졌음을 상징한다. 특히 오키나와 고교생들이 호소한 '세계의 변화 밖에 놓여 있는'듯한 폐색감은, 극악의 취업난과 저성장에 빠진 본토의 젊은이들에게 큰 공감을 샀다. 당시 일본 정부는 이 '폐색감'을 해소하기 위해 천문학적인 돈을 쏟아부었으나, 근본적인 구조개혁 없이 재정 지출만 늘려 국가 부채를 급증시키는 결과를 낳았고 결국 장기 침체를 막지 못했다.

이러한 '노력해도 나아지지 않는다'는 집단적 무력감과 시스템 신뢰의 붕괴는 현재 한국 사회의 청년 세대가 겪는 취업난, 양극화 심화와 맞물려 '헬조선', 'N포세대' 같은 신조어로 나타나는 상황과 매우 유사하다. 결국 폐색감은 사회적 역동성이 사라지고 국가가 미래 세대에게 희망을 제시하지 못할 때 나타나는 심리적, 경제적 위기의 징후라 할 수 있다.

가족과 국가가 모두 실패한 증거

원조 교제 1996년 [개인/가족]

원조 교제(援助交際)는 1996년 일본 사회를 관통한 청소년 성매매를 포장한 용어다. 이것은 개인의 도덕적 타락이 아니라, 경제 위기 속에서 가족과 국가 모두가 청소년을 방치한 시스템 붕괴의 징후였다.

버블 붕괴 이후 가정 경제가 무너졌다. 부모 세대는 자신의 생존도 버거운 상황에서 자녀의 최소한의 필요조차 채워주지 못했다. 동시에 국가의 청소년 안전망은 작동하지 않았다. 학교는 입시 경쟁 시스템으로만 기능했고, 복지는 '정상 가정'만을 전제로 설계되어 있었다. 가정도 학교도 국가도 책임지지 않는 공백 속에서, 청소년들은 생존을 위해 가장 극단적인 사적 거래로 내몰렸다. 성 매수자들은 이를 '원조'라 포장하며 착취의 본질을 희석시켰다. 언론은 '용돈벌이', '명품 소비'라는 프레임으로 현상을 왜곡했고, 사회는 피해자인 청소년을 비난하는 데 급급했다. 정작 시스템의 책임을 묻는 목소리는 들리지 않았다.

1996년 원조 교제는 '최소 불행 사회'의 안전망이 완전히 붕괴했을 때 가장 취약한 계층에게 무슨 일이 벌어지는지를 보여주는 극단적 사례다. 금전적 가치가 모든 윤리적 보호막을 압도해버린 이 현상은, 개인의 문제가 아니라 공동체가 책임져야 할 시스템 실패의 증거였다. 단지 과거만의 이야기가 아니다. 안전망 없이 각자도생으로 내몰린 사회에서, 가장 약한 고리는 항상 이런 식으로 먼저 무너진다.

크고 확실한 행복은 포기했습니다

소확행 1996년 [개인/가족]

소확행(小確幸)이란 작지만 확실한 행복(小さいけれども確かな幸福)의 약칭으로 무라카미 하루키가 레이먼드 카버의 단편소설《A Small, Good Thing》에서 따와 만든 신조어다. 가령 '갓 구운 빵을 손으로 찢어 먹을 때', '서랍 안에 반듯하게 정리된 속옷을 바라볼 때'처럼 일상에서 느끼는 사사로운 즐거움을 뜻한다. 본래 버블경제 호황기에 물질 만능주의에 대한 반대 개념으로 제시되었으나, 정확히 10년 뒤인 1996년, 장기 불황과 대형 재난의 후유증 속에서 시대의 주류 라이프 스타일로 재조명되었다. 국가 시스템과 기업이 '경제적 성공'이나 '평생 고용'이라는 최대 행복의 약속을 파기하면서, 개인은 더 이상 거시적인 목표나 욕망에 매달릴 수 없게 되자 '최대 행복의 불가능성'을 인정한 젊은 세대가 택한 불가피한 생존 전략이었다.

이는 검소한 삶을 지향하는 것을 넘어, 미래에 대한 기대를 외면(Self-denial)하고 일상을 축소함으로써 불행의 크기 자체를 최소화하려는 극도의 방어적 행보다. 결론적으로 소확행은 '최소 불행 사회'를 살아가는 청년들이 고안해낸 슬프고도 현실적인 각자도생 매뉴얼의 한 형태다. 한국의 'N포 세대'가 결혼, 출산, 내 집 마련 등 거대한 삶의 목표를 '포기'함으로써 생존을 모색하는 모습과 정확히 일치한다.

내 손으로 만드는 작은 세계의 위안

정원 가꾸기와 프라모델 조립 1996년 [개인/가족]

1996년, 일본 전국에서 정원 가꾸기 열풍이 불었다. '원예'보다 세련된 이미지의 '가드닝'은 정원뿐 아니라 베란다 같은 작은 공간에서도 꽃과 식물을 키우는 문화로 확산했다. 이 붐은 일본이 장기 불황을 겪기 시작한 시기와 정확히 일치한다. 외부의 복잡하고 경쟁적인 사회에 에너지를 쏟는 대신, 통제 가능한 '작은 세계'를 만들려는 심리였다. 노력해도 보상받지 못하는 취업 빙하기, 구조조정으로 인한 실업의 현실에 지친 개인에게, 정원 가꾸기는 '노력에 비례한 확실한 결과(꽃, 채소)'를 얻을 수 있는 활동이었다.

이러한 '통제 가능한 작은 세계에 대한 투자' 심리는 2020년대 한국과 중국의 건담 프라모델(건프라) 열풍으로 이어진다. 건프라 조립은 복잡하고 예측 불가능한 사회 대신, 작은 부품들을 조립하여 예측 가능한 완제품을 만드는 '통제된 성취' 경험을 제공한다. 완성한 모델을 인터넷 커뮤니티에 공유하며 작지만 확실한 인정을 받는다.

'정원'이든 '건프라'든, 외부 세계와의 접촉을 차단하고 개인의 안전지대로 숨어드는 심리적 고립의 일종이다. 거대 행복(경제적 성공)을 포기하는 대신, 최소한의 자기 만족(성취감)을 지키려는 불황형 소비 심리의 대표적 사례다.

교토시의 한 원예 전문점 모습(위)과 건담 프라모델 조립 모습(아래).
통제 불가능한 현실 대신, 통제 가능한 작은 세계에 몰입하는 개인들.
불황기 심리적 방어 기제가 만들어낸 소비 트렌드다.

남이 아닌 나를 위한 위로

나 자신을 칭찬해 주고 싶다 1996년 [개인 / 가족]

일본의 육상 선수 아리모리 유코는 1996년 애틀랜타 올림픽 마라톤에서 연속 메달(동메달)을 획득했다. 경기 후 그는 "메달 색깔은 구리일 수도 있지만요. 처음으로 저를 스스로 칭찬하고 싶습니다(自分で自分をほめたい)"라고 말해 큰 감동을 주었다. '처음으로'라는 말이 암시하듯, 그동안 그는 타인의 평가(금메달, 국가적 영광)에 의해서만 자신을 판단해왔다.

이 발언이 전국적 공감을 받은 것은, 당시 일본 사회가 국가적 영광이나 거시적 성공에서 더 이상 위안을 얻지 못하고, 개인의 고군분투와 작은 성취에 가치를 두기 시작했음을 보여준다.

취직 빙하기와 시스템 불신 속에서 '노력은 배신하지 않는다'는 희망이 무너진 젊은 세대에게, 이 발언은 '타인의 인정' 대신 '자기 긍정'으로 스스로를 지키는 생존 전략이 되었다.

어느 육상 선수의 "자기 자신을 칭찬해 주고 싶다"는 말은 하나의 시대를 상징했다. 거대한 불행 앞에서 스스로를 지키는 '가장 작은 단위의 위로'가 절실했던 시대를.

포기를 모르는 청소년들의 뜨거운 위로

슬램덩크 1996년 [문화/유행]

강백호는 계속 천정을 보고 있었다.

시끄럽게 귀를 울리는 함성이 남의 일처럼 들려서, 더욱 분했다.[*]

『슬램덩크(SLAM DUNK)』는 1990년부터 1996년까지 연재된 농구 만화로, 아시아 전역에서 대히트했다.

이 만화가 장기 불황과 시스템 불신이 심화되던 일본 사회에서 폭발적인 공감을 얻은 핵심은 '정통 청춘 드라마'의 서사였다. 취업 빙하기로 미래가 막히고 사회에 대한 의욕을 상실한 청년들에게, 이 만화는 재능보다는 노력과 의지로 성장하며 뜨거운 공동체(팀)를 이루는 모습을 보여줬다.

이는 경제적 성공이라는 '최대 행복'이 불가능한 시대에, 독자들이 스포츠 만화라는 비경제적 영역을 통해 '노력은 배신하지 않는다'는 최소한의 자기계발적 동기를 찾고 심리적 위안을 얻으려 했음을 상징하는 문화 현상으로 평가된다.

『슬램덩크』는 '하면 된다'는 구시대적 가치가 사회에서는 무너졌지만, 만화 속에서는 유효하다는 대리만족을 제공함으로써 절망적인 시대에 젊은 세대의 정신적 생존을 도운 일종의 '문화적 라이프라인' 역할을 했다.

———

[*] 이노우에 다케히코, 『슬램덩크(신장재편판)』, 대원씨아이, 2018.

금융위기와 각자도생 시대의 서막

일본판 빅뱅과 한국의 IMF 외환위기 1997년 [정책/경제]

1997년은 인터넷 보급과 함께 신자유주의가 세계의 흐름이 된 시기였다. '일본판 빅뱅'은 하시모토 내각이 제창한 대규모 금융 제도 개혁의 총칭이다. 도쿄 시장을 뉴욕, 런던과 대등한 국제 금융 시장으로 만들려 했으며, 이는 금융 시장의 경쟁과 불안정성을 심화시켜 개인의 삶에 구조적 압박을 가했다. 같은 시기 한국을 비롯한 대다수 아시아 국가들은 '1997년 아시아 금융위기'를 겪었다. 한국 정부는 IMF에 구제금융을 요청하며 국가 시스템의 파산을 공식화해야 했다. 이 두 사건은 '국가가 더 이상 개인의 경제적 안정을 책임지지 않는다'는 냉혹한 현실을 각인시켰다.

새로운 금융 자본주의의 물결 앞에서 개인은 자신의 미래에 대한 '경제적 책임'을 국가로부터 떠맡게 되었다. 평생직장이 사라지고 공적 연금의 불확실성이 커지자, 개인은 자신의 노후까지 스스로 관리해야 하는 '자기계발적 의무'를 지게 되었다. 이러한 위기는 국가적 실패를 개인의 금융 지식 부족 탓으로 돌리는 사회 분위기를 조성했으며, 이는 곧 생존을 위한 재테크와 투자 유행으로 직결되었다. 즉, 금융 위기는 '최대 행복'을 위한 노력을 '최소 불행'을 유지하기 위한 '강제적 의무'로 바꾼 분기점이었다.

인간이 문제다, 분노한 자연의 역습

모노노케 히메 1997년 [문화 / 유행]

《모노노케 히메(Princess Mononoke)》는 1997년 개봉한 스튜디오 지브리의 애니메이션으로, 개봉 당시 일본 영화 사상 최고의 흥행을 기록했다. 작품은 자연을 원령(모노노케)으로 상징화하여 근대 합리주의와 인간 문명의 탐욕에 대척하는 존재로 그렸다.

이러한 문명 비판적인 주제 의식은 감독 미야자키 하야오의 개인적인 신념과 깊이 연결되어 있다. 1941년생인 그는 어린 시절, 일본이 중국에서 저지른 만행과 미군 공습의 참상을 모두 목격하며 자국에 대한 강한 혐오감을 가졌다고 고백한 바 있다.[*] '어리석은 전쟁을 한 나라에 태어나 버렸다'는 그의 뿌리 깊은 반전(反戰) 및 반(反)국가주의적 성향은,《모노노케 히메》가 인간의 탐욕으로 상징되는 '근대 합리주의'를 정면으로 비판하는 철학적 기반이 되었다.

이 작품이 불황과 재난의 후유증으로 시스템에 대한 불신이 만연했던 1997년에 큰 공감을 얻은 것은, 경제적·기술적 진보라는 '거대 행복'의 약속이 오히려 사회적·환경적 불행을 초래했다는 대중의 잠재된 인식을 건드렸기 때문이다. '자연에 대한 사랑과 경외'라는 메시지는, 개인의 노력만으로는 해결할 수 없는 거대 시스템의 실패에 지친 대중의 갈망을 담았다. 지친 이들이 문명사회 밖 순수하고 비합리적인 가치에서 심리적 위안과 해방감을 찾으려 한 것이다.

---

[*] 熱風 2013.07. 特集憲法改正 "憲法を変えるなどもってのほか" 宮崎駿

거대한 악에 맞서 싸우는 영웅, 게임에서 찾은 희망

파이널 판타지 7 1997년 [문화 / 유행]

머지않아 역사에 경의를 표하지 않는 이들에게

이 별을 넘기게 될 것이다.

《파이널 판타지 VII(FINAL FANTASY VII)》은 1997년 출시된 롤플레잉 게임이다. 흥행에 크게 성공하며 서브컬처가 불안을 흡수하는 주요 통로가 되었음을 증명했다. 게임의 서사는 '신라 컴퍼니'라는 거대 기업이 생명 에너지(마황)를 무분별하게 착취하며 세상을 파괴하는 것에 맞서는 영웅들의 이야기다. 장기 불황 속에서 이익만을 추구하는 기업과 금융 시스템에 대한 젊은 세대의 분노와 불신을 대변하며 폭발적인 공감을 얻었다. '역사에 경의를 표하지 않는 이들(탐욕적인 시스템)'에게 희망 없는 세상을 넘기지 않겠다는 서사는, 현실에서 무력감을 느끼는 청년들이 가상 속의 영웅을 통해 대리적인 '저항과 통제감'을 경험하며 불안과 분노를 해소했던 문화적 소비 행태를 상징한다. 특히 주인공이 상실된 정체성과 트라우마에 맞서는 과정은, 무너진 사회 속에서 자신의 좌표를 잃어버린 청년 세대의 심리를 그대로 투영했다. 이처럼 거대한 저항의 서사 이면에 개인의 내면적 고뇌를 깊이 다룬 것이야말로, 단순한 오락을 넘어선 거대한 문화적 현상이 된 이유다. 서브컬처 대작들이 대중적 불안을 흡수하여 거대 시장을 형성했음을 보여주는 사례다.

끝나지 않는 불황, 일본 전체가 침몰하다

일본 열도 총 불황 1998년 [정책/경제]

전국적으로 경기가 침체, 한층 불황이 짙어지고 있다.

일본 열도 총 불황이라고 해도 과언이 아니다.

1998년은 아시아 금융위기의 여파와 거품 붕괴 후유증이 겹치며 일본 열도 총 불황(日本列島総不況)이라는 표현이 현실화된 해다. '잃어버린 10년' 중 경제 상황이 특히 심각했던 시기로, 대도시와 지방의 구분 없이 일본 전체에 경기 침체가 확산되었고, 기업 도산과 실업률 악화가 심각한 사회문제를 야기했다.

이렇게 위기 상황을 악화시킨 것은 금융 시스템의 자기 보전 본능이었다. 금융기관들은 부실채권 처리와 자기자본비율(BIS 규제) 유지를 위해 '대출 기피(貸し渋り)' 현상을 보였다. 이는 금융 시스템이 자신을 보호하기 위해 건전한 중소기업에 대한 자금 공급마저 차단한 행위다. 결과적으로, '시스템의 자기 보전 본능'이 경제 전체의 자금 흐름을 막아 성장을 저해했고, 재무 상태가 비교적 건전했던 기업들까지 연쇄 도산시키는 '최악의 실업'으로 이어졌다.[*]

이 현상은 국가나 금융 시스템이 국민의 '최소 불행' 유지를 포기하고 시스템 생존만을 최우선했다는 냉혹한 현실을 각인시킨 결정적 사례이다.

---

[*] "일본열도는 총체적 불황", 조선일보, 동경=박정훈기자, 1998.08.19.

위기의 주범은 누구인가? 책임지지 않는 사람들

모럴 해저드 1998년 [정책/경제]

모럴 해저드(Moral hazard), 즉 도덕적 해이는 원래 보험 용어였으나, 1998년 일본에서는 부실 금융기관 처리와 주택 금융 전문회사의 재정자금 투입을 둘러싸고 경영자의 경영 윤리 결여가 지적되면서 큰 사회 문제로 떠올랐다.

시스템의 실패가 단순히 경제적 비효율에 그치지 않고, 경영층의 '도덕적 해이' 때문이었다는 사실은 국민들에게 정부와 기업 시스템에 대한 근본적인 신뢰를 붕괴시켰다. 특히 위기를 초래한 장본인들이 책임을 지지 않는다는 인식은 공공의 윤리적 안전망이 더 이상 존재하지 않는다는 절망감을 확산시키는 결정타였다.

이는 국가 위기가 경제적 문제를 넘어 윤리적 문제임을 보여주며, 개인들이 공적 시스템에 대한 기대를 완벽히 단념하고 각자도생의 길로 들어서게 만든 중요한 분기점으로 작용했다. 이는 경제 위기의 고통은 서민과 중소기업에 전가하면서, 정작 위기의 주범인 기득권층은 시스템의 보호를 받는다는 극심한 불공정을 드러냈다. 이러한 도덕적 붕괴는 단순한 분노를 넘어, 경제 회복에 필요한 사회적 자본(신뢰) 자체를 파괴하는 결과를 낳았다. '자력구제'는 선택이 아닌, 시스템에 의해 강요된 유일한 생존 전략이 되었다.

불안한 시대, 지친 마음을 달래는 법

힐링 1998년 [개인/가족]

1998년에 일본 사회에서 '치유(힐링) 붐'이 광범위하게 확산되었다. 이 현상은 단순히 육체적 피로를 해소하는 데 그치지 않고, 장기간의 불황과 예측 불가능한 미래가 주는 구조적 스트레스에 대응하는 집단적인 심리적 방어 기제였다. 버블 경제 붕괴 후 10년이 흐르면서, 국가나 기업이 개인의 최소한의 행복을 책임져주지 못한다는 절망감이 대중에게 깊이 자리 잡았다.

사람들은 더 이상 통제 불가능한 거시 경제나 사회 시스템에 기대지 않았다. 대신, 통제 가능한 '자신의 내면'으로 시선을 돌렸다. 음악, 아로마 테라피, 명상, 캐릭터 상품 소비 등 미시적인 활동을 통해 심리적 안정감을 확보하려 했다. 와카야마현이 '힐링'을 테마로 지방 박람회를 개최한 것 역시, 이러한 시대적 정신적 갈증을 정책적으로 흡수하려는 움직임을 보여준다.

이는 '최소 불행 사회'를 살아가는 개인의 정신적 마지노선 지키기 전략이다. 한국 사회도 저성장과 치열한 경쟁 속에서 '갓생(God+生)' 트렌드나 명상 및 심리 상담 앱의 폭발적인 성장과 같은 형태로 유사하게 나타나고 있다. 외부의 압박이 강해질수록, 개인은 자신의 정신 건강을 지키는 행위를 생존을 위한 필수 소비로 여기는 경향이 더욱 강화된다.

학교 붕괴란 아이들이 교실 안팎에서 제멋대로 행동해 교사의 지도에 따르지 않고 수업이 정상적으로 진행될 수 없는 등, 학교가 집단교육의 기능을 할 수 없는 상태가 계속되는 상황을 말한다. 학급 붕괴, 교실 붕괴 등으로도 표현되며, 1990년대 후반부터 주로 일본 초등학교의 실상을 고발하는 언론 보도를 통해 널리 퍼졌다.[*]

1999년 일본 문부성 연구는 이 붕괴의 원인이 학생 개인이 아닌, 이미 무너진 '가정'에 있음을 명확히 지적한다.[**] 연구가 지목한 원인들은 '유아기 부모-자녀 관계의 부재', '부모가 돈으로 사랑을 대변하는 태도', '과도한 조기교육과 수험 스트레스', '부모의 미숙함' 등이었다. 이는 장기 불황 속에서 부모 세대가 경제적 생존에 내몰리며 자녀와의 정서적 유대를 상실하고, 그 불안이 가정 파괴로 이어진 시대적 병리 현상이다. 즉, 경제 시스템의 붕괴가 가정이라는 1차 안전망을 파괴하고, 그 책임이 다시 학교라는 2차 공공 시스템으로 전가된 것이다.

'학교 붕괴' 현상이 충격적인 이유는, 그것이 '공교육 시스템'이라는 사회 최후의 보루가 마비되었음을 알리는 신호이기 때문이다. 가정이 흔들릴 때, 학교는 학생을 보호하고 사회화하는 '최소한의

---

[*] 学校」が意味を失った?, 朝日新聞, 1997.04.15.
[**] 출처: 일본 국립 교육 정책 연구소(National Institute for Educational Policy)

안전망’ 역할을 해야 한다. 하지만 교사의 권위가 무너지고 교실이 통제 불능 상태가 되었다는 것은, 이 안전망마저 작동을 멈췄음을 의미한다. 이는 국가 시스템이 미래 세대의 불행을 최소화하는 ‘최소 불행’조차 지켜주지 못하는 상태에 이르렀음을 보여주는 명백한 징후였다.

일본의 ‘학교 붕괴’는 20여 년의 시차를 두고 한국 사회의 ‘교권 추락’ 현상으로 정확히 재현되고 있다. 2023년 ‘서이초 교사 사망 사건’을 기점으로 폭발한 한국의 교권 붕괴 현상은, 과도한 입시 경쟁, 공교육 불신, 그리고 ‘내 아이’의 이익만을 극단적으로 추구하는 부모들의 악성 민원이 결합된 결과다.

이는 하버드 대학의 사회학자 로버트 퍼트넘(Robert Putnam)이 지적한 ‘사회적 자본(Social Capital)의 고갈 현상’과 직결된다. 부모와 교사, 혹은 부모와 부모 간의 신뢰라는 공동체적 자산이 고갈된 사회에서, 공교육은 협력의 장이 아닌 ‘내 아이의 성공’을 위한 이기적 경쟁의 장으로 변질된다. 이 과정에서 교사는 교육자가 아닌 ‘교육 서비스 제공자’로 전락하며, 악성 민원은 시스템을 마비시키는 무기가 된다(악성 민원에 대해선 다음 장의 2007년 ‘몬스터 페어런트’에서 상세히 다룬다).

이에 대한 해법은 단순히 교사의 권한을 강화하는 법적 조치에만 있지 않다. 2000년도에 노벨경제학상을 수상한 제임스 헤크먼(James Heckman) 교수는 근본적인 해법이 ‘유아기 비인지적 능력(non-cognitive skills)’에 대한 사회적 투자에 있다고 강조한다. 그가 연구한 '페리 프리스쿨 프로젝트(Perry Preschool Project)'는 유아기에 공감 능력, 자제력, 사회성 등 비인지적 능력을 체계적으로 교육받은 아이들이 성인이 되었을 때 범죄율, 실업률, 복지 의존율이 현저히 낮다는 것을 입증했다. 이는 1999년 일본 문부성 보고서가 지적한 '유아기 관계의 부재'와 '훈육 부족'이 '학교 붕괴'의 핵심 원인임을 경제학적으로 증명한 것이다.

제임스 헤크먼의 '예방적 투자'가 장기적인 근본 해법이라면, 1999년 '학교 붕괴'를 현장에서 진단했던 교육 평론가 오기 나오키(尾木直樹)는 저서 『학급 붕괴 어떻게 볼 것인가』(「学級崩壊」をどうみるか, 1999)에서 당장 실행할 수 있는 해법을 제시한다. 그는 '붕괴하는 가정에 기대하지 말고' 학교와 지역사회가 '육아의 사회화'에 나설 것을 촉구했다. 이는 문제를 가정의 실패로만 돌리는 것이 아니라, 공교육 시스템 내부의 변화를 통해 해법을 찾는 방식이다. 그가 제안한 '황금의 일주일(새 학기 관계 형성 프로그램)', 학급당 학생 수 감축, 교사와 학생 간의 수평적 파트너십 구축 등은 지금 당장 교실이라는 '최소 단위의 현장'에서부터 신뢰를 회복하려는 구체적인 노력이다. 이는 법적·제도적 보호를 넘어, 파괴된 관계를 복원하는 '사회적 처방'이 여전히 유효한 대안이 될 수 있음을 시사한다.

불황 속에 표류하는 민주주의

무당층, 관료 vs 시민 2000년 [정책/경제]

무당파(無黨派)란 어느 정당에도 속하지 않는 사람이나 어느 정당도 지지하지 않는 사람을 말한다. 공직 의원이나 단체장이 당파에 속하지 않은 경우는 주로 무소속이라고 한다. 무당층(無党派層)이란 유권자 중 지지 정당을 가지지 않는 층을 말한다.

일본의 정치학자이자 와세다 대학교 총장인 다나카 아이지(田中 愛治)는 무당층을 애초에 정치적 무관심으로 투표하러 가는 일도 적은 '정치적 무관심층', 정치에 관심은 있지만 지지 정당을 갖지 않는 '정당 거부층', 과거엔 지지 정당이 있었지만, 현재는 아무 정당도 지지하지 않는 '탈정당층'의 3가지로 분류했다.[*] 1960년대만 해도 일본에서 무당층은 전체 유권자의 10% 내외로 간주되어왔다. 이 무당층이 조금씩 늘어나기 시작해, 2000년대에는 선거에 따라 과반을 보이는 경우도 나타났다. 2000년 11월, 도치기현 지사 선거에서 무당파인 후쿠다 아키오가 5당(자민·민주·공명·자유·보수) 추천으로 출마한 현직 지사를 꺾고 당선되는 기염을 토했다.

한편, 2020년대 중반 기준 대한민국에서 투표권을 가진 시민 중에 약 25~29%가 무당층인 것으로 집계되고 있다.

---

[*] 堀江湛, 『政治学·行政学の基礎知識（第2版）』 一藝社、2007.

방 안에 갇힌 100만 명의 청년들

은둔형 외톨이 2000년 [개인/가족]

은둔형 외톨이란 직장이나 학교에 가지 못하고 집에 틀어박혀 가족 외에는 교류가 없는 상황 또는 그러한 생활을 하는 사람을 가리킨다. 국립국어원에선 조금 순화하여 폐쇄은둔족이라 명명했으나 은둔형 외톨이란 표현을 더 많이 쓴다.

원래 '히키코모리'라는 말은 일본에서 1970년대부터 1980년대까지 등교 거부 아동이 방에서 나오지 않거나 집에서 나오지 못하게 된 상황을 표현한 것이었다. 당시 등교를 거부하던 아동이 세월이 흘러 고령화, 장기화하게 되면서 등교 거부와는 별개의 문제로 분리돼 '사회에 발을 들여야 할 시기가 된 젊은이들 문제'로 재정의되었다. 아사히신문 데이터베이스에 따르면, 은둔형 외톨이는 1997년에 증가 조짐이 보이다가 2000년 들어 그 수가 폭발적으로 증가했다. 가장 최근 공식 집계는 15~64세 중 146만 명이 은둔형 외톨이인 것으로 밝혀져 사회에 큰 충격을 주었다.* 은둔형 외톨이의 기준을 '자기 방 또는 집에서 나오지 않거나, 근처 편의점이나 취미 용무 외출만 하는 상태가 6개월 이상 계속되고 있는 사람'으로 한정했을 때 나온 수치였다.

은둔형 외톨이가 되는 가장 큰 이유는 과거의 상처, 트라우마다. 가정폭력, 학교에서의 집단 따돌림 피해 경험, 사회생활에서 받은 충격, 기대와 현실과의 괴리, 정신질환, 사회성 및 사교성 저하를 주

---

* 은둔형 외톨이 추산 146만 명 ⋯ 내각부 조사, 요미우리 신문, 2023.04.01.

요 원인으로 본다. 여기에 더해 한국에선 불경기로 인한 20대 청년들의 지나치게 긴 취업 준비 기간과 그로 인한 스트레스도 원인으로 꼽힌다.

한국과 일본 모두 저출산 문제와 초고령화 문제가 심각한 상황에서 한창 일할 연령대의 적지 않은 인구가 사회 활동을 포기하는 건, 국가적으로 매우 큰 손해다. 도쿄대학 연구진에 따르면, 평균적으로 은둔형 외톨이 한 사람당 1억 5천만 엔(약 14억 원)의 사회적 손실이 발생한다.

은둔형 외톨이 문제를 해결하기 위해선 가장 먼저 정부 차원의 정확한 실태 파악이 이뤄져야 한다. 면밀한 조사를 통해 상황을 정확히 인지한 뒤에 트라우마 치료 센터 확대를 통해 정신적 치료가 필요한 사람들에게 체계화된 치료 서비스를 제공하고, 공공일자리 우선 선발, 사회 복귀 지원금(격려금) 등 사회참여 기회를 적극적으로 부여해야 한다.[*] 은둔형 외톨이 문제를 개인의 문제로만 치부하여 방치하거나 자가 극복에만 맡기기엔 노동인구 및 소비인구 감소로 인한 사회적 피해가 더 클 수 있으므로 정부뿐만 아니라 각 가정과 지역, 직장과 학교에서 지속적인 관심과 노력이 필요하다. 이에 대한 저자의 해법은 3부 '단절 세대 간 의무 멘토링 프로그램 법제화'에서 자세히 다룬다.

---

[*] 은둔형 외톨이 밖에 나오면 적립금 준다…서울시 전국 최초 도입, 한겨레, 2025.06.11.

가장 안전해야 할 곳의 폭력

가정폭력 2001년 [개인/가족]

가정폭력(DV, Domestic Violence)은 친밀한 관계에서 발생하는 모든 형태의 폭력(신체적, 정신적, 성적, 경제적)을 의미한다. 일본에서는 주로 남성 가해-여성 피해의 구도로 인식되며, 2001년 4월에야 「배우자로부터의 폭력 방지 및 피해자 보호에 관한 법률」이 제정되어 국가가 사적 영역으로 간주되던 불행에 개입하기 시작했다.

한국은 일본보다 앞선 1998년 「가정폭력방지 및 피해자보호 등에 관한 법률」을 시행했다. 1983년 '한국여성의전화'* 상담으로 사회적 공론화가 시작되었지만, 실제 법 제정까지는 1996년 가정폭력에 시달리던 딸을 위해 사위를 살해한 친정어머니 사건 같은 극단적 비극을 거쳐야 했다. 1970년대 페미니즘 운동의 영향으로 일찍이 관련 법을 마련한 미국, 유럽과 비교할 때, 급속한 경제 성장 과정에서 개인의 안전이 후순위로 밀렸던 한일 양국의 구조적 문제를 보여준다.

---

* 한국여성의전화: 폭력 피해 여성들을 돕기 위해 설립된 국내 최초의 여성폭력 전문 상담 기관으로 1983년 6월 상담전화를 개통했다.

열심히 일해도 가난하다, 중산층의 몰락

연수입 300만 엔 시대 2003년 [정책/경제]

'연수입 300만 엔 시대'란 UFJ 종합연구소(현 미쓰비시UFJ리서치&컨설팅) 소속 경제 애널리스트인 모리나가 다쿠로가 2003년에 출간한 저서 『연봉 300만 엔 시대를 살아가는 경제학(年収300万円時代を生き抜く経済学)』에서 주장한 일본 경제학 용어다. 버블 경제 붕괴 이후 노동자의 수입, 임금이 계속 하락해 많은 일본 국민의 연간수입이 300만 엔 정도 되는 시대를 의미한다. 모리나가 다쿠로는 구조개혁의 결과로 일본 내에서 발생하고 있는 '계급사회의 결과'라며 대다수의 국민 수입이 떨어지고 생활이 어려워지고 있는 반면 극소수 국민의 수입은 이전보다 훨씬 증가하고 있다고 지적했다.

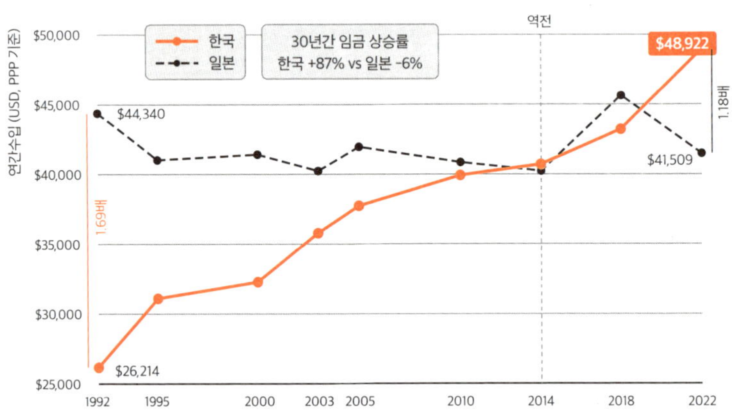

출처. OECD Average Annual Wages (구매력평가 기준, USD)

포퓰리즘을 막는 방패인가 도구인가

매니페스토 2003년 [정책/경제]

"매니페스토는 거짓말하지 않겠다는 책임선언입니다."*

버블 붕괴 이후 일본 유권자들은 정치인의 공약을 믿지 않았다. "이번에도 또 거짓말이겠지."

공약 불이행이 반복되면서 시스템에 대한 신뢰가 무너졌고, 신뢰 붕괴는 포퓰리즘의 온상이 되었다.

2003년, 일본은 '매니페스토(Manifesto)'를 본격 도입했다. 매니페스토란 구체적인 목표 수치, 재원 조달 계획, 달성 기한, 실행 과정을 투명하게 공개하는 '책임 선언'이다. 투명성이 신뢰를 회복할 수 있다는 희망이 보였다.

2009년, 일본의 민주당은 매니페스토를 전면에 내세워 54년 만에 정권교체에 성공했다. '증세 없는 복지'를 약속하며 자녀 수당, 고교 무상교육, 고속도로 무료화 등을 공약했다. 하지만 집권 1년 차에 목표 재원 16조 엔 중 3조 엔만 확보했고, 결국 일본 역사상 최대 규모인 44조 엔의 국채를 발행했다. 총리들은 "매니페스토를 실천하지 못했다"고 공개 사죄했지만, 민심은 돌아서지 않았다. 2012년, 일본의 민주당은 고작 3년 만에 정권을 잃었다.

매니페스토의 실패는 명확한 교훈을 남겼다. 투명성은 필요하지

---

* 한국매니페스토실천본부 소개말

만 충분하지 않다. 재원 없는 구체적 공약은 오히려 더 큰 불신을 낳는다. 무엇보다, 공약을 평가할 수 있는 유권자의 지식이 없다면 매니페스토도 포퓰리즘의 포장지가 될 뿐이다.

한국은 2006년 시민사회 주도로 매니페스토 운동을 시작했지만, 20년이 지난 지금도 선거 공약은 검증 없이 남발된다. 일본의 경험은 묻는다. 투명성만으로는 부족하다면, 무엇이 더 필요한가?

이 책 3부에서 제안하는 '투표권 면허제도'는 바로 그 해답이다.

공약을 평가할 수 있는 시민의 지식을 시스템으로 보장하는 제도.

투명성과 투표권 시험제 둘 다 없다면, 매니페스토도 결국 배신의 도구가 될 뿐이다.

싱글 여성들의 당당한 외침

패배한 개 2004년 [개인/가족]

30대, 여성, 미혼, 자식 없음 = 패배한 개

'패배한 개'란, 칼럼니스트 사카이 준코(酒井 順子, 1966-)가 2003년에 출간한 에세이『패배한 개의 울부짖음(負け犬の遠吠え)』에서 나온 말이다. 2000년대 초반, 아직 일본에선 '결혼과 육아가 여성의 행복'이라는 낡은 가치관이 뿌리 깊게 박혀있었다. 그와 동시에 결혼보다는 일, 가정보다는 보람을 추구하며 직업에 열중하는 여성 또한 1980년대 이후 꾸준히 증가하고 있는 상황. 여성으로서 '결혼 및 자녀 양육'과 '직장에서의 성취'를 둘 다 추구하기에는 여전히 요원했다. 이런 상황에 다소 자학적이기까지 한『패배한 개의 울부짖음』은 정공법적이고 직설적인 스타일로 공감을 불러일으키며 베스트셀러가 되었다. '패견'이라는 말 또한 붐이 되어 자신을 패견이라고 당당하게 지칭하는 여성들이 많았다. '30대, 여성, 미혼, 자식 없음 = 패배한 개'라는 이 책의 핵심이자 테마는 '승리'가 결혼과 출산에 있다는 사회적 프레임을 역설적으로 사용하며, 이를 통해 여성들이 처한 딜레마와 사회적 낙인을 공론화했다. 또한 사아키 준코는 결혼 대신 커리어에 집중하거나 싱글 라이프를 즐기는 것이, 타인에게 동정받아야 할 '불쌍한' 선택이 아니라 자발적이고 즐거운 선택임을 강조한다.

'부자'는 옛말, 그들은 '부유층'이라 불린다
부유층 2005년 [정책/경제]

'부유층(富裕層)'은 2005년, 같은 해에 유행한 '하류사회'라는 단어와 동전의 양면처럼 등장한 신조어다. 한자어 富(부유할 부), 裕(넉넉할 유)에서 알 수 있듯 '부유하고 넉넉한 계층'을 의미하지만, 그 속뜻은 하류사회의 등장만큼이나 날카롭다. 이 단어는 '연수입 300만 엔 시대'에 갇혀버린 다수의 봉급생활자와는 정반대로, 근로소득 없이 자본소득만으로 생활하는 사람들의 등장을 공식화한 용어다. 즉, 노동이라는 고단한 경제 게임의 룰 자체에서 벗어나, 오직 돈이 돈을 버는 자본 증식 시스템에 성공적으로 탑승한 이들을 지칭한다.

이 단어가 유행한 배경에는 절묘한 언어적 '신분 세탁'의 의미가 숨어 있다. 기존에 쓰던 '부자(金持ち, 가네모치)'라는 단어는 버블 시대의 탐욕, 부동산 투기꾼, 졸부 같은 부정적 이미지를 강하게 품고 있었다. '하류사회'가 냉혹한 현실이 된 마당에 대놓고 '가네모치'를 언급하는 것은 사회적 위화감과 박탈감을 자극하는 일종의 '불온한' 단어가 된 것이다. 이에 반해 '부유층'은 감정이 거세된, 마치 인구통계학적 분류 용어처럼 들린다. 언론과 마케팅 업계가 격차 사회의 현실을 직접적으로 자극하지 않으면서도, 이들을 '프리미엄 시장', '럭셔리 VVIP' 등 새로운 소비 주체로 호명하기 위해 찾아낸 탁월한 언어적 타협점이다. 부유층이라는 용어는 곧바로 한국에도 수입되어 자산 양극화의 현실을 반영하는 일상어가 되었다.

귀여움에 빠진 사람들, 현실에서 로그아웃

모에 2005년 [문화/유행]

모에(萌え)란 어떤 대상에 대한 강한 애착심, 정열, 욕망 등의 기분을 나타내는 말이다. 2005년 일본에선 '모에 애니메이션'이 급증했다. 하마긴 종합 연구소(Hamagin Research Institute, Ltd.)는 애니메이션이나 게임, 만화와 여기서 유래된 파생상품인 굿즈, 피규어 등을 모두 합한 관련 산업의 시장 규모가 2005년 당시 이미 888억 엔에 이른다고 산출했다.

2005년《스즈미야 하루히의 우울》등 모에 애니메이션이 큰 인기를 얻어, 도쿄의 아키하바라와 나카노 브로드웨이, 오사카의 덴덴타운 등에는 애니메이션 관련 매장이 폭발적으로 증가했다. 또한 애니메이션 작품의 배경이 된 장소로 '성지순례'를 떠나는 이들도 많았다.

일각에서는 일본에서 서브컬처(subculture) 수요가 폭발적으로 증가하는 양상을, 출산율 하락과 미혼율 상승과 연관해 해석하는 시각도 존재한다. 저출산으로 영유아 층을 겨냥한 시장이 축소되는 한편, 미혼율 상승으로 취미에 사비를 쓸 수 있는 사람이 늘어난 것이 모에 산업의 성장을 뒷받침했다는 주장이다. 저출산과 미혼율 상승이 동시에 진행 중인 한국에서도 20~30대의 젊은 층의 서브컬처 수요가 폭발적으로 증가해 관련 산업군이 비약적으로 성장하는 중이다. 2026년 국내 서브컬처 시장 규모는 최소 5,000억 원으로 추산된다. 일본이 20년 전 겪은 현실 도피가, 한국에서 똑같이 재현되고 있다.

더 이상 중산층은 없다, 모두가 추락하는 사회

하류사회 2005년 [정책/경제]

당신은 스스로를 어떤 계층이라고 생각하는가?

상류인가 중류인가, 아니면 하류인가?

구분	하류 계층(2005)의 특징	기존 하층민과의 차이
소득/ 재산	낮거나 안정적이지 않음 (비정규직, 프리터 다수)	낮지만, 이에 좌절하거나 분노하지 않음
소비/ 생활	현재의 소소한 만족(소확행)을 중시하며, 소비에 무관심	미래를 위한 저축이나 고액 소비(주택, 차)에 관심 없음
의식/ 욕망	계층 상승 욕구가 없음. 노력해서 더 나은 삶을 살아야 한다는 의욕 자체가 소멸됨	노력해도 되지 않는다는 체념을 넘어, 아예 노력할 필요를 느끼지 못함

하류사회(下流社会)는 컬처스터디스연구소(culture studies 研究所)를 설립한 일본의 사회학자 미우라 아츠시가 2005년에 출간한 책 『하류사회 - 새로운 계층 집단의 등장』을 통해 일본 사회에 본격적으로 퍼진 용어다. 이는 일본에서 경제 구조적으로 중산층이 붕괴하고 하류층이 대규모로 형성되기 시작했다는 객관적인 진단이자 자성이다.

미우라 아츠시는 『하류사회』에서 '당신은 하류인가'라는 제목으로 머리말을 시작해 1장 중류화에서 하류화로 시작해 '계층화로 인한 소비자의 분열', '연간수입 300만 엔으로는 결혼할 수 없다!', '나만의 개성을 찾는 것이 하류이다?'를 거쳐 마지막 장에서 하류사회를 막기 위한 '기회악평등'을 제창했다. 미우라 아츠시는 '하류화'가 누구에게나 일어날 수 있는 사회 전체의 현상이며, 이를 극복하기 위해서는 '개인의 심리적, 의식적 변화'와 더불어 '사회적 관계 자본의 복원'이 중요하다고 주장했다.

버블 경제가 본격적으로 시작되어 최고의 호황을 누리기 시작했던 1985년으로부터 20년이 지난 2005년, 일본은 계층 이동의 사다리가 사라졌음을 사회 전체가 인식하게 되었다. 미우라 아츠시는 '하류사회'라는 절망적인 현실 앞에서, 사회 시스템이 '노력하면 성공한다'는 거짓된 희망 대신, 적어도 '누구나 실패할 권리를 가질 수 있도록' 하는 새로운 공정의 개념인 '기회악평등'을 제시한다.

『하류사회』는 '노력하면 보상받는다'는 '중산층 신화'가 무너진 한국 사회에서 젊은 세대가 겪고 있는 'N포 세대', '달관 세대' 현상이 등장한 배경과 그들의 특성을 10년 앞서 정확히 꿰뚫었다.

하류 계층의 주요 특성(출처: 미우라 아츠시,『하류사회』, 2005.)

특성	상세 내용
최소 소비 합리화	낭비 없는 생활을 미덕으로 삼으며, 저렴한 상품을 선호한다. 이는 '가난해서 못 쓰는 것'이 아니라, '최소한의 것으로 만족하며 사는 것'으로 심리적으로 합리화된다.
현재 지향적 삶	미래를 위한 장기적인 투자(결혼, 육아, 주택 마련)보다는 현재의 만족(취미, 여가, 대인관계)에 집중한다.
타인과의 연대 상실	계층 이동에 대한 관심이 적으며, 자신과 다른 계층에 대해 무관심하며 사회 전체 변화에 대한 관심도 낮다.
외모와 개성의 중시	경제적 능력보다는 개성 있는 외모와 패션, 라이프스타일을 통해 자신을 표현하는 데 집중한다.

④

돌봄 대파국 10년

(2006-2015)

"당신의 부모를 누가 돌볼 것인가"

2006년부터 2015년까지의 10년은, 이전 시대에 뿌려진 '시스템 불신'과 '개인의 고립'이라는 씨앗이 마침내 '돌봄과 노동의 대파국'이라는 참혹한 열매를 맺은 시기였다. '격차 사회'(2006)라는 냉정한 진단 아래, 사회는 공식적으로 양극화를 인정했지만, 국가와 시장은 노동 및 노후 보장이라는 최소한의 안전망마저 포기했다. '사라진 연금'(2007) 사태와 대규모 '파견 끊음'(2009) 사태는 이를 상징하며, 동일본 대지진(2011)은 국가 시스템의 무력함을 극명하게 증명했다. 이 시기, 개인의 삶을 지탱하던 '생존 경계선' 자체가 사라지기 시작했다.

대파국의 증거들

지표	2006년	2015년	변화
65세 이상	20%	26%	초고령
비정규직	33%	40%	불안정
연금 수급률	95%	78%	붕괴
1인 가구	27%	35%	고립
지방 소멸 위험	30%	50%	절반

10년간 덮친 파도

2007 사라진 연금 연금 기록 5,000만 건 분실 / 노후 불신

2008 리먼 쇼크 파견 대량 해고 / 파견촌 등장

2009 파견촌 도쿄역 텐트촌 / 노숙자 5,000명

2010 무연사회 NHK 다큐《고독한 가족의 나라》방영
／고독사 3만 명

2011 동일본 대지진 사망 2만 명 / 원전 폭발

2015 하류 노인 노인 빈곤율 35% / 노후 파산

트리플 붕괴

노동 붕괴: 인간의 도구화

- 파견 절벽 – 리먼쇼크 → 10만 명 즉시해고

- 블랙기업 – 월 200시간 잔업

- 과로사 – 연간 200명

- 워킹푸어 – 정규직도 빈곤

- 명목뿐 관리직 – 잔업비 없는 착취

돌봄 붕괴: 가족의 한계

- 노노개호 – 노인이 노인 간병(75세가 95세를)

- 개호살인 – 연간 50건

- 영케어러 – 10대 간병인 17만 명

- 인지증 – 치매 300만 명

- 대기노인 – 특양 52만 명 대기

안전 붕괴: 국가의 무능

- 원전 사고 – 체르노빌급 7등급

- 귀가 난민 – 500만 명

- 제염작업 – 30년 예상

- 소문 피해 – 후쿠시마 차별

- 정부 불신 – 정보은폐 발각

한국이 맞이할 10년 후

위기	일본 (2006-2015)	한국 (2026-2035 예상)	위험도
노노개호	54%	60% 예상	더 심각
노인빈곤	35%	43% 현재	이미 최악
파견노동	40%	36% 현재	접근중
1인가구	35%	34% 현재	거의 동일
지방소멸	896곳	228곳 중 130곳	가속중

충격적 통계: 노노개호의 비극

간병 현실(2015년 일본 기준)

- 간병하는 사람 나이: 평균 69.7세

- 간병받는 사람 나이: 평균 82.3세

- 간병 기간: 평균 10년

- 간병 비용: 월 50만 원

- 간병 살인: 2주에 1건

한국 2026년: 이미 시작됨

10년이 남긴 상처

① 정규직도 안전하지 않다

정규직 → 명목관리직 → 과로사 / 우울증

② 복지는 없다, 가족도 한계다

부모 간병 → 퇴직 → 빈곤 → 공멸

③ 재난 앞에 국가는 거짓말한다

원전 안전 → 폭발 → 30년 오염

2015년의 지옥, 2035년 한국의 미래?

"일본이 10년간 겪은 지옥을

한국은 압축해서 겪을 것이다.

대비하지 않으면, 더 참혹할 것이다."

　　2006년부터 2015년까지의 10년은, 돌봄과 노동이라는 인간 생존의 기본 축이 국가 시스템과 시장 모두로부터 외면당하며, 개인이 '최소한의 인간다운 삶'이라는 경계선마저 스스로 지켜내야 했던 고통의 시대였음을 보여준다.

다음 장 2016-2025 각자도생 제도화 10년 "혼자 살아남으려 할수록, 함께 무너진다"

사라지는 안전망,
다가오는 현실

:

2008년 9월 15일, 리먼 브라더스가 파산했다.

쉰두 살 김 회장은 증권사 직원 전화를 받았다. "회장님, 포트폴리오가…" 40%가 또 증발했다. 전화를 끊고 창밖을 내다봤다. 저녁노을에 물든 도쿄 스카이라인은 아름다웠으나 눈에 들어오지 않았다. 남은 돈은 60억 엔. 풍요롭던 시절 3분의 1도 안 되게 쪼그라들었다.

장남은 건설사에서 승승장구했다. 스물넷, 입사 2년 만에 대리가 됐다. 딸은 대학병원 인턴 과정을 밟고 있었다. 다행이었다. 적어도 두 아이는 제 길을 갔다. 하지만 막내는 여전히 방 안에 있었다. 스무 살. 은둔 2년 차. 이젠 말을 걸어도 대답조차 없었다.

더 무서운 건 뉴스였다. '연금 고갈 임박', '노노개호(老老介護) 급증'. 80대가 80대 배우자를 간병하다 함께 쓰러지는 시대. 돈이 있어도 돌봐줄 사람이 없으면 소용없음을 김 회장은 어렴풋이 깨닫기 시작했다.

같은 해, 마흔일곱 박 씨는 도쿄 변두리 반지하로 이사했다.

4평. 창문은 지면보다 낮아 눈앞엔 행인 발목만 보였다. 구두, 운동화, 하이힐. 그들이 향하는 곳에 박 씨는 갈 수 없었다. 연금? 납입 기간이 부족해 수령액이 얼마 안 됐다. 저축? 없었다. 가족? 물론 없었다. 그는 가끔 TV에서 '무연사(無緣死)'—연고 없는 죽음—특집을 봤다. 특수청소업체가 부패한 시신을 수습하는 장면은 남 얘기 같지 않았다.

2011년 3월 11일, 오후 2시 46분.

땅이 다시 흔들렸다. 동일본 대지진. 진도 9.0. 쓰나미. 후쿠시마. TV는 검은 파도가 마을을 집어삼키는 장면을 생중계했다. 집, 차, 사람이 종이배처럼 떠내려갔다. 원전이 폭발했다. 거대한 자연 앞에서 사유재산권은 휴지 조각에 불과했다.

쉰다섯 김 회장은 오랜만에 막내에게 연락했다. 아니, 문자를 보냈다. 전화는 받지 않을 테니까.

—괜찮니?

답이 왔다. 스물셋이 된 막내의, 5년 만의 첫 응답이었다.

─네.

단 한 글자. 하지만 김 회장 눈시울이 붉어졌다.

두 노인의 비극 #4

그날 밤, 박 씨는 반지하 창문으로 새어 드는 달빛을 바라봤다. 도호쿠에서 수만 명이 죽었다. 그들에겐 가족이, 집이, 삶이 있었다. 그런데 파도 한 번에 전부 사라졌다. 나는? 가족도 집도 삶도 없다. 그런데 아직 살아 있다. 그게 다행인지 불행인지 박 씨는 알 수 없었다.

국가, 시장, 가족. 세 안전망이 모두 흔들렸다.

태어날 때 결정된다? 희망마저 불평등한 사회
격차 사회 2006년 [정책/경제]

격차 사회(格差社会)란 야마다 마사히로 교수가 2004년 저서 『희망 격차 사회』로 제시한 개념이다. '1억 인구 모두가 중산층' 신화가 완전히 붕괴하고, 소득·교육·고용 등 삶의 모든 영역에서 격차가 고착화되어 사회 전체가 극단적으로 양극화되었음을 의미한다.

야마다 교수는 단순한 경제적 불평등을 넘어 '희망의 격차'에 주목했다. 저성장 사회에서 개인의 노력만으로는 더 이상 계층 상승이 불가능하며, 태어난 환경이 미래를 결정짓는 '결정론적 사회'로 회귀했다는 것이다. 이는 프랑스 사회학자 부르디외가 지적한 문화 자본·사회 자본의 세습이 일본에서도 구조화되었음을 보여준다. 야마다 교수는 이러한 격차가 결혼 기피, 저출산, 사회적 고립, 범죄 증가로 이어지며, 일본 사회가 고착된 계층 구조에 대응할 복지 시스템조차 부재하다고 비판했다.

이 진단은 10~15년 뒤 한국의 현실을 정확히 예견했다. IMF 이후 급격한 양극화 속에서 '수저계급론'이 등장했고, N포 세대의 좌절이 심화되었다. '노력해도 희망이 없다'는 집단적 무력감은 저출산과 사회적 고립을 가속화한다. 일본의 격차 사회 진단은 한국에게 공정한 기회 보장을 위한 시스템 재구축이 긴급한 과제임을 경고한다.

육아 지원금 월 5천 엔 2006년 [정책/경제]

2005년을 기준으로 일본은 출생아보다 사망자 수가 많아지기 시작했다.

기존에 여러 지원 정책에도 불구하고 저출산 문제가 해결되지 않고 고착화, 심화되자 일본 정부가 더 적극적인 정책을 펼치기 시작했다. 2006년부터 만 0~3세 어린이 전원에게 월 5,000엔의 유아 수당(乳児手当)을 지급하기로 한 것이다. 일본 정부는 특별회계 고용보험 적립금 1,000억 엔 등을 저출산 대책비에 긴급 투입, 유아 수당과 함께 자녀가 많을수록 세액공제 혜택을 더 많이 부여하

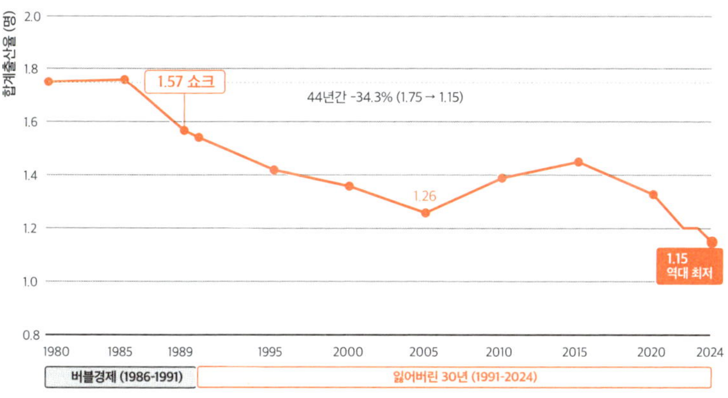

일본 합계출산율 변화 추이 (1980-2024)
버블 붕괴 후 장기 저출산 고착화

출처. 일본 후생노동성 「인구동태통계」

고 불임여성 치료비 지원, 남성 육아 휴직 장려 등의 각종 정책을 시
작했다. 그러나, 일본 정부의 이러한 노력에도 불구하고 후생노동성
인구동태 통계와 총무성 통계국 발표 자료에 따르면 일본의 합계
출산율은 2006년 당시 1.32명에서 20년 지난 2024년 기준 1.15명
으로 오히려 더 낮아졌다.

태어나는 아이보다 죽는 노인이 더 많아졌다

데스 크로스 2006년 [정책/경제]

일본 인구는 2010년 1억 2,800만 명(128,058,000명)을 정점으로 감소세에 접어들었으며, 특히 최근 몇 년간 그 감소 속도가 더욱 빨라지고 있다.[*] 출생아 수보다 사망자 수가 많아져 인구가 줄어드는 현상을 자연 감소(Natural Decrease)라고 하며, 출생아 수와 사망자 수가 교차하여 자연 감소가 시작되는 시점을 상징적으로 '데스 크로스(Death Cross)' 또는 '인구 데드 크로스'라고 부른다. 이는 금융 시장에서 약세장 신호인 '데스 크로스'에 빗댄 표현이다.

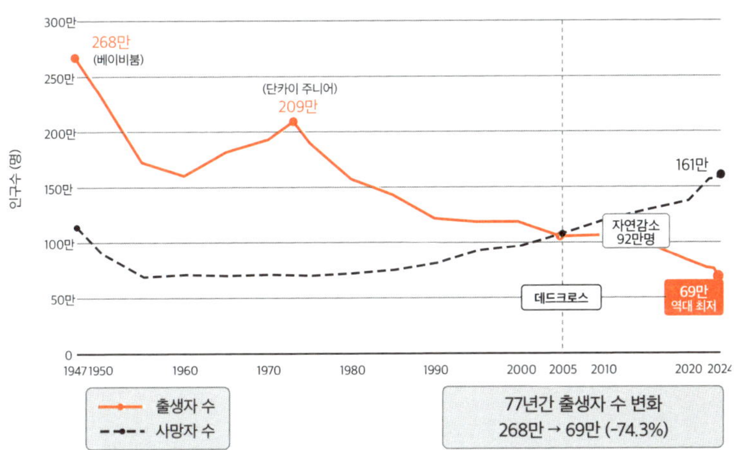

출처. 일본 후생노동성 「인구동태통계」

---

[*] 『인구추계』 일본 총무성 통계 집계국, 2025.09.19.

한 국가의 총인구가 감소하기 시작하는 시점은 '자연 감소'와 '사회적 감소'를 모두 고려해야 한다. 사회적 감소는 순이동 인구(입국자 - 출국자)가 마이너스인 경우를 말한다. 일본은 2010년에 인구 정점 (128,058,000명)을 찍은 후 계속 감소하고 있다. 자연 감소 추세가 사회적 이동 증가 등으로 상쇄되지 못하고 결국 총인구 감소로 이 어졌음을 보여준다.

사라진 연금 2007년 [정책/경제]

2007년 일본 사회는 연금 기록 문제로 인해 크게 요동쳤다. 이는 정부가 관장하던 공적 연금 기록에 오류나 미비 사항이 광범위하게 발견된 문제였다. 사회보험청의 부실하고 무책임한 연금 관리 실태가 드러나면서, 주인을 알 수 없는 국민연금 납부 기록이 5,000만 건 이상에 달한다는 충격적인 사실이 밝혀졌다. 이에 일본 시민들의 노후 불안이 극대화했고, 이를 '사라진 연금(消えた年金) 사건'으로 불렀다. 정부의 미온적인 대처와 시스템에 대한 불신은 곧바로 정치적 위기로 이어졌다. 당시 제1차 아베 신조 정권은 이 사태의 여파로 국민적 분노를 샀고, 그해 2007년 참의원 선거에서 여당인 자민당이 참패하는 결정적인 원인이 되었다.

한국 사회의 연금 불신과 교훈

일본의 '사라진 연금' 사태는 현재 한국의 국민연금 고갈 논란과 공공 시스템의 신뢰 문제를 돌아보게 하는 거울이다. 연금 재정의 불확실성이 심화되는 상황에서, 국가 시스템의 비효율성과 부패가 드러날 경우, 한국 역시 집단적 불안에 빠질 수 있다. 특히 '개인이 평생 납부한 돈조차 보장받지 못한다'라는 사실은 청년들에게 미래에 대한 국가의 약속이 언제든 파기될 수 있다는 절망감을 안길 수 있다.

집 대신 PC방, 도시의 그림자가 된 사람들

넷카페 난민 2007년 [개인 / 가족]

넷카페(PC방) 난민이란 정착할 집이 없어 숙식 장소로 PC방을 이용하는 사람들을 일컫는 신조어다. 조금 더 구체적으론, 그동안 지내던 자택이나 기숙사에서 생활비 고갈, 월세(주거비) 체납, 해고로 인한 기숙사 퇴실 등의 사유로 24시간 영업하는 PC방이나 만화방 등에서 밤을 지새우며 주로 일용직 파견 노동으로 불리는 고용 형태로 생활을 유지하고 있는 사람들을 가리킨다.

일본 후생노동성이 2007년 8월 이들에 대한 첫 조사 결과를 발표했는데 조사에 따르면 PC방 난민 수는 5,400명이었고, 연령대는 20대와 50대가 가장 많았다. 고용 형태는 비정규직이 절반이지만 실업자나 정규직도 다수 포함되어 있었다. 빈곤 문제를 다루는 NPO 법인 '모야이(もやい)'는 이 조사에는 이미지 저하 등을 우려한 업주들이 실태를 축소하여 응답했을 확률이 높다며 실제 PC방 난민은 정부 조사 결과보다 몇 배 이상이 될 거라 주장했다.

한국은 2009년 국가인권위원회가 사단법인 한국도시연구소에 의뢰해 결과를 낸 '비주택 거주민 인권상황 실태조사'를 통해 서울(서울역·영등포역), 대전, 대구 등 세 지역에서만 '비주택'에서 잠을 청하는 사람이 3,289명이라고 발표했다. 이는 노숙인을 제외한 수치다. 보고서에선 이러한 사람들을 '비주택 거주민'이라고 칭했다.

내 아이만 귀한 부모들의 갑질

몬스터 페어런트(악성 민원 학부모) 2007년 [개인/가족]

"교사가 된 걸 후회하고 있어요"[*]

2000년대 중반 일본에서 생겨난 신조어인 '몬스터 페어런트(monster parent)'란, 학교나 교육기관에 상식을 넘는 불합리한 요구나 보상 및 배상 청구를 반복하는 학부모를 일컫는 말이다. 이들은 '성적을 올려달라' '특별 취급을 해달라' 같이 이기적인 요구를 하거나 학교 규칙을 무시한 요구를 한다. 또한 사소한 일로 학교를 몰아세우고 사과나 대응(보상)을 집요하게 구하며 법적인 수단을 들어 학교나 교사를 협박하는 등의 행태를 보여 일본 사회에서 큰 문제가 되었다.

한국 사회는 2010년대 중반부터 학교에 불공평한 편애를 요구하거나 교권을 침해하는 학부모에 대해 본격적으로 인지하기 시작했다. 특히 2023년 '서울 서이초등학교 교사 사망 사건'이 발생하고 해당 내용이 MBC PD 수첩에서 방영[**]된 2023년 8월에 들어서야 시민들에게 널리 퍼져 '악성 민원 학부모'가 사회적인 문제로 논의되기 시작했다.

한편, 2025년 10월 7일 OECD가 발표한 '교원·교직 환경 국

---

[*] "교사 된 걸 후회하고 있어요"… OECD 1위 21%로 OECD 평균의 2배, 조선일보, 2025.10.11.

[**] MBC PD 수첩 1387회, 지금 우리 학교는: 어느 초임 교사의 죽음, 2023.08.22.

제 비교 조사(TALIS, Teaching and Learning International Survey) 2024' 결과에 따르면, 한국 교사들은 교직을 단점보다 장점이 많은 직업이라 생각하지만(한국: 76.9%, OECD: 73.9%), '교사가 된 것을 후회하는 교사'의 비율은 21%로 조사 대상국 중 동의 비율이 가장 높았다.[*] 한국 교사 56.9%가(OECD 평균 41.6%) '학부모 민원 대응'이 주요 스트레스 요인이라고 답했다. 결론적으로 몬스터 페어런트 문제 해결은 개별 교사의 노력만으로는 불가능하며, 국가가 교육의 공공성을 회복하고 교사의 교육권 및 생활지도를 보호하는 강력하고 실효성 있는 법적·제도적 시스템을 구축해야 한다.

몬스터 페어런트 대처 방안

구분	핵심 대처 방안	주요 내용
제도적 대안 (국가/학교 차원)	민원 창구 일원화	교사 개인 연락처 소통 금지, 학교/교육청 민원 전달 조직에서 기관 차원 대응
	교권 침해 제재 강화	침해 학부모에게 특별 교육/과태료 부과, 아동학대 허위 신고에 대한 처벌 강화
	법적 보호/지원 확대	정당한 생활지도는 아동학대로 보지 않도록 면책 범위 명시, 변호사 등 전문 인력 지원
	인력 확충	민원 처리 및 행정 업무 지원을 위한 전담/보조 인력 배치
개인적 대안 (교사 차원)	기록/증거 확보	학부모와의 모든 소통 내용을 객관적으로 기록/녹음하고 관리자에게 보고
	전문가적 자세 유지	교육적 관점과 근거로 명확히 선 긋기, 무리한 요구 단호하게 거절
	심리적 안정 관리	스트레스 관리 및 심리 상담/치유 프로그램 적극 활용

---

[*] 『TALIS 2024 결과(Results from TALIS 2024)』, 한국교육개발원, 2025.10.10.

"분위기 파악 좀 해!", 숨 막히는 상호 감시

눈치가 없다 2007년 [문화 / 유행]

일본에서 KY는 '쿠우키가 요메나이(空気を読めない)'의 줄임말로, 주변 상황이나 분위기를 제대로 파악하지 못하는 사람을 지칭하는 속어로, 2007년경 주로 여자 고등학생들 사이에서 빠르게 퍼져나가 사회 전반의 유행어가 되었다.

이 신조어의 폭발적인 유행은 불황이 장기화되면서 개인 간의 긴장과 사회적 압박이 극한에 달했음을 보여주는 사회적 징후다. 공적 신뢰가 무너지고 경제 안전망이 희미해지자, 개인은 생존을 위해 섬세한 '자기 검열'과 '순응'을 강요받기 시작했다. 불필요한 마찰을 피하고, 집단 내에서 자신을 지키기 위해서는 타인의 기분을 상하게 하거나 흐름을 깨는 행동(KY)을 극도로 경계해야 했기 때문이다. 즉, KY라는 딱지는 '고립되는 것에 대한 공포'를 집단적으로 표출한 것이며, 동시에 '우리는 이토록 피곤하게 눈치 보는데, 너는 왜 편하게 행동하느냐'는 상호 감시와 분노의 표현이기도 하다.

사회적 긴장감은 2010년대 후반 한국에서 '넌씨눈(너는 씨X 눈치도 없냐'의 줄임말)'이라는 형태로 격화되어 나타났다. 이는 일본의 KY보다 훨씬 과격하고 공격적인 표현으로, 타인에 대한 '적의'와 '분노'를 노골적으로 드러내며 관계를 단절시킨다. 한국 사회의 압박과 경쟁 스트레스가 폭력적인 형태로 표출되며, 최소 불행을 지키기 위한 개인의 감정 노동 부담이 극에 달했음을 시사한다.

내 고향에 세금을, 기부인가 세테크인가

고향사랑기부제 2008년 [정책/경제]

내 세금으로 미래의 고향을 만든다.

2008년 일본은 대도시와 지방 간 세수 격차 완화를 위해 고향 납세제도를 도입했다. 자신이 태어난 고향이나 응원하고 싶은 지역에 기부하면 세액공제와 특산품을 받는 구조다. '유유자적한 시골'에 대한 도시민의 낭만적 동경과 맞물려 2024년에는 1조 2,727억 엔을 돌파했다.

한국도 2023년 같은 제도를 도입했다. "10만 원 기부하면 13만 원 혜택"이라는 슬로건으로 2024년 879억 원을 모금했다.

하지만 본질적 문제는 남았다. 특색 있는 답례품을 가진 일부 지자체로만 기부금이 몰리면서, 정작 소멸 위기에 놓인 가난한 농어촌은 외면받는다. '지역 균형 발전'이라는 명분은 '답례품 쇼핑'으로 변질되었고, 대부분 지자체에서는 모금액보다 운영비가 더 크다.

결국 이 제도는 국가가 지방 소멸 문제를 개인의 자발적 기부에 떠넘긴 셈이다. 지역도, 개인도, 각자도생해야 하는 시대. 세금마저 '기부'라는 이름으로 재포장된 이 풍경은, 국가 시스템의 책임 방기를 상징한다.

75세부터는 다른 노인입니다

후기 고령자 2008년 [개인/가족]

2008년, 이미 초고령사회에 진입해 있던 일본은 「신의료제도」를 시행하며 75세 이상 노인을 후기 고령자(後期高齡者)로 별도 구분했다. 이는 평균수명 증가로 노년층 내부에서도 건강 수준과 빈곤 문제의 격차가 커지자, 건강 수준이 낮고 취약한 75세 이상을 분리하여 관리할 필요성이 대두된 것이다. 국가가 노년층 전체를 포괄할 수 없게 되자, 정책적으로 가장 취약한 계층인 후기고령자만을 분리함으로써 '최소한의 복지'를 보장하려 한 시도인 것이다. 2025년 한국 역시 초고령사회에 진입하며 빈곤층 후기고령자의 복지 문제가 시급한 과제로 떠올랐다.

일본의 전기 고령자와 후기 고령자

구분	전기 고령자	후기 고령자
연령 기준	65세 이상 ~ 75세 미만	75세 이상
건강/활동성	상대적으로 건강하고 활동적이며, 사회 참여율이 높음	상대적으로 건강 수준이 낮고 의료 수요가 높음
주요 이슈	노년층으로의 이행기 및 은퇴 후 삶의 설계	장기 간병 및 의료비 부담, 빈곤 문제
일본 정책 도입	2000년대 고령화 심화에 따라 구분 시작	2008년 신의료제도 시행 시점부터 별도로 관리(주요 논란의 대상)
복지/관리 초점	건강 증진, 사회 참여 유도	의료비 지원, 간병 시스템 등 생존 및 치료 중심의 목시

하루아침에 해고! 길거리로 내몰린 사람들

파견 끊음, 취업 취소 2009년 [정책/경제]

2008년 리먼 사태로 촉발된 세계 금융위기에 따른 불황이 일본을 덮쳤다. 고용 시장에서 가장 먼저 피해를 받은 것이 파견 노동자였다. 불황을 틈타 파견 측(사측)이 급격하게 파견 노동자의 계약 해지나 계약 갱신을 중지(파견 중단)해 파견 노동자의 대량 해고로 이어졌다. 이를 파견 끊음(派遣切り)*이라 한다. 후생성 발표에 따르면 2009년 3월 말 실업자가 된 파견 노동자는 약 8만 5천 명으로 알려졌으며 일부에선 40만 명을 넘었을 것이라는 전망도 나왔다. 파견 노동자는 직장뿐만 아니라 사측이 제공하던 거처에서도 쫓겨났기 때문에 집과 직장을 모두 잃은 파견 노동자에게 무료 급식 등을 제공하는 '파견촌'이 등장했다. 이 시기엔 내정절(内定切り)이란 말도 등장했다. 입사가 확정된 사람들의 취업 결정, 즉 내정을 취소(内定切り)하는 것을 의미한다.

파견 끊음과 내정절은 경제 위기 앞에서 '비정규직 노동자'와 '청년들'이 가장 먼저 버려지는 '소모품'이자 '완충재'였음을 적나라하게 드러냈다. 이는 단순히 일자리를 잃는 것을 넘어, 사회 시스템이 개인의 최소한의 생존 기반마저 보호해주지 못한다는 잔인한 현실을 증명한 사건이었다.

---

* 파견 끊음(派遣切り): 파견 계약을 해지(파기)하여 일방적으로 해고하는 것.

감기 걸렸다고 응급실로?

편의점 진료 2009년 [개인/가족]

편의점 진료란 마치 편의점에서 쇼핑하듯 병원의 응급 외래를 안이하게 이용하는 행태를 비난하는 신조어다. 응급 진료가 필요 없는 경증 환자가 오직 자신의 사정을 이유로 시간 외에 응급실을 이용하는 상황을 뜻한다. 이런 행위는 개인의 이기심이 공공 시스템에 미치는 악영향을 극명하게 보여준다. 경증 환자로 인해 의사의 피로도가 증가하고, 정작 응급의료가 필요한 중증 환자의 대응이 늦어져 의료 붕괴로 이어질 가능성이 심각한 사회문제로 대두되었다.

한국 사회에서도 응급실 과밀화와 소위 '응급실 뺑뺑이' 문제로 나타나며 의료 시스템의 지속 가능성을 위협하는 현실적인 문제다. 한정된 응급 의료 자원이 불필요하게 소모되면서, 정작 생명이 위급한 환자들이 골든타임을 놓치는 비극이 발생할 수 있다. 이는 의료진의 번아웃을 가속화시키고 필수 의료 붕괴를 앞당기는 요인이 되기도 한다. 이는 '최소 불행'이라는 개념과 맞닿아 있다. 장기불황 속에서 자신의 불행을 최소화하려는 개인의 절박함이 응급실이라는 공적 자원을 사유화하는 모순을 낳는다. 궁극적으로 이 행위는 시스템 자체의 붕괴를 초래하여 모두의 '최소 불행'마저 보장받지 못하게 만든다. '내 불행만은 막고 보자'는 심리가 의료 현장의 고립과 단절을 심화시켜, 결국 자신이 진짜 위급한 상황에 처했을 때 필요한 도움조차 받지 못하게 되는 부메랑으로 돌아올 수 있다.

최악만은 막자, 국가 목표의 전환

최소 불행 사회와 기본소득 2010년 [정책/경제]

2010년은 일본의 정치가 '개인의 불행 총량'을 더 이상 방치할 수 없는 국가적 리스크로 공식화한 해다. 간 나오토 총리가 중의원 본회의 시정방침 연설에서 제시한 '최소 불행 사회 실현(最小不幸社会の実現)' 이념은 단순한 슬로건이 아니었다. 이는 실업, 질병, 빈곤, 재해, 범죄 등 사회의 기능적 안정성을 해치는 '불행의 원인'을 국가가 조직적으로 최소화하겠다는 선언이었다.

1. 자기 책임 신화의 붕괴와 국가의 의무

이 이념의 등장은 '노력하면 보상받는다'라는 중산층 신화와 '개인의 삶은 스스로 책임진다'라는 시장주의 원칙이 붕괴했음을 정부가 공식적으로 인정한 사건이다. 특히 2009년 '파견촌' 사태로 드러난 대규모 실업과 '무연사회' 충격은, 개인이 아무리 노력해도 피할 수 없는 구조적 불행이 존재하며, 이는 결국 사회 전체의 비용으로 돌아온다는 것을 증명했다.

2010년 7월 11일 참의원 선거는 이러한 근본적인 인식을 바탕으로 자민당의 '자기 책임 원칙' 대 민주당의 '최소 불행 원칙'이라는 극명한 이념 대결 구도를 형성했다. 선거 결과 민주당이 승리했다는 사실은 다수의 유권자가 개인의 자유로운 실패보다 국가에 의한 불행의 긴급 통제를 선택했음을 의미한다.

2. 불행의 '하한선' 설정과 기본소득의 기능적 역할

'최소 불행 사회'의 논의는 필연적으로 '불행의 하한선(Safety Net)'을 어디에 설정할 것인가에 집중되었다. 일본 정부는 최소 불행 상태를 유지할 기능적 처방으로 '부분적 기본소득' 제도를 함께 논의했다.

이는 기본소득이 이념적 이상향이 아닌, '고립되어 국가 행정력 밖으로 이탈하는 사람'을 막고, '사회적 생존'을 위한 최소한의 물리적 기반을 제공하여 사회 시스템의 붕괴 속도를 늦추는 현실적이고 기능적인 도구로 인식되었기 때문이다. 연간 3만 명이 넘는 고독사, 그리고 호적상으로만 존재하는 '이름뿐인 고령자'가 복지 시스템을 마비시키는 것을 목격한 일본 정부에게 '사회적 불행 최소화'는 국가 기능의 마비가 오기 전에 취해야 할 가장 시급한 명령이었다.

일본이 2010년에 '최소 불행 사회'를 이념으로 제시하며 국가 개입을 시도했을 때, 그 사회는 이미 고독사, 빈곤, 행정 시스템 마비라는 붕괴 징후가 만연한 상태였다. 이 일본의 경험은 현재 한국 사회에 깊은 시사점을 던진다. 사회적 불행을 개인의 몫으로 치부하는 관성을 방치할 경우, 한국 역시 필연적으로 마주할 '잃어버릴 30년'을 답습하는 과정에서 더 치명적인 위기에 직면할 수 있다. 불행의 사회적 비용이 '자기 책임'을 넘어 '미래 세대의 삶'을 침해하기 전에, 사회구성원들이 체험할 불행에 대한 최소한의 기능적 긴급 처방은 국가 시스템의 연착륙을 위해 지금 당장 선택해야 할 핵심적인 정책적 경로다.

'라떼'는 끝났다, 아빠도 육아한다

육아하는 남성 2010년 [정책 / 경제]

익멘(イクメン)이란 꽃미남에 육아를 더한 신조어로 일본에서 육아를 즐기고 적극적으로 임하는 남성을 가리키는 말이다. 일본 후생노동성이 남성 육아 휴직 촉진을 위해 '익멘 프로젝트'라는 표현을 사용하면서 2010년대 일본 사회에 빠르게 퍼져나갔다. 직장에서의 남성 육아 휴직 독려뿐만 아니라 육아하는 남성을 겨냥한 기발한 육아용품들이 개발, 출시되면서 '익멘 응원 도구'라는 것도 등장했다. 2010년 일본 정부는 2017년까지 남성의 육아 휴직 사용률 10%를 목표로 내걸었는데 2024년도에 40.5%를 넘어 성과를 올렸다. 이에 일본 후생노동성은 2025년부터 '익멘 프로젝트'를 '공육 프로젝트'로 변경했다. 공육(共育)은 공동육아의 줄임말로 '함께 기르는 사회'를 목표로 한다.

한국의 육아 휴직제도는 1987년 「남녀고용평등법」으로 제정된 후, 2018년 자녀의 출생 순서에 상관없이 같은 자녀에 대하여 부모가 순차적으로 육아 휴직을 하는 경우 두 번째 육아휴직자에게 최초 3개월 동안 200만 원을 상한으로 통상임금의 100%를 지급하도록 개정되었다. 쉽게 말해, 한 아이의 육아를 위해 부부가 모두 육아 휴직을 하더라도 두 번째 육아 휴직자에게 3개월간 통상임금을 지급해야 한다는 뜻이다. 2024년 한국 남성의 육아 휴직률은 역대 최고치인 31.6%로 2020년 이래 꾸준히 증가하고 있다.

가족도 친구도 없다, 홀로 아무도 모르게 죽어간다

무연사회 2010년 [개인/가족]

혼자 죽는 노인·연애 포기한 젊은이… "일본, 기댈 곳이 없다"[*]

무연사회(無緣社会)란, 1인 가구 증가로 가족의 유대나 인간관계가 희박해지고 있는 일본 사회의 일면을 나타내는 말로 특히 독거노인을 지칭하는 경우가 많다. 2010년 1월 NHK 스페셜에서 방영한 《무연사회-'무연사' 3만 2천 명 충격-》[**]편이 방송되어 일본 사회에 경종을 울렸다. 회사를 퇴직해 일자리를 잃은 뒤 조직의 연결고리가 끊어지고, 지역 내 이웃 간의 유대도 희박하고, 가족 간의 관계가 옛날과 달리 변하고 있는 등 마지막엔 고립되어 죽는다. 이런 사람들이 2009년 기준 연간 32,000명이나 된다는 내용이다. 더욱 놀랍고 가슴 아픈 건, 고독사가 노인만의 문제가 아니라는 점이다. 이미 고독사는 30대의 젊은 세대로까지 번지고 있으며, 아동학대로 방치된 영유아의 고독 사망도 꾸준히 늘어나고 있었다.

이런 세태를 사업 기회로 파악한 이들은 고독사를 앞둔 당사자를 겨냥한 상품을 개발·판매하고 있다. 신변 정리나 유품 정리, 화장 등을 전문으로 하는 특수 청소업, 공동묘지, 말벗(유료 전화), 보

---

[*] 부연사회 가난과 고독에 빠진 일본 보고서, 이코노미 조선, 2010.7.6.
[**] 無緣社会～"無緣死" 3万2千人の衝撃～, NHKスペシャル, 2010.1.31.

증인 대행 등 무연 비즈니스가 급속도로 팽창하고 있다. 일각에선 이런 비즈니스를 향해 '고독'마저 상품화하냐는 비판이 끊이질 않는다.

돈 때문에 죽지도 못한다
소재 불명 고령자 2010년 [개인/가족]

고령자 소재 불명 문제란 다수의 고령자가 호적상으로는 존재하고 있지만, 실제로는 생사 또는 실제 거주지 확인되지 않는 상황 등을 말한다.

2010년 8월에 발표된 후생노동성 조사에 의하면, 85세 이상 연금 수급자 중 3%가 부정 수급 의심 대상자라고 한다. 이미 사망했지만 주민 등록이 말소되지 않은 사례에 대해서 연금 급부의 부정 수급이나 시체유기 등 복수의 문제가 발각되고 있다.

2010년 7월, 도쿄도 내 남성 최고령자이며, 도쿄도 아다치구에 주민표가 있던 1899년 출생의 '111세 남성'이 자택에서 백골화한 상태로 발견되었다. 해부 결과 30년 전에 사망한 것으로 밝혀졌다. 이 남성의 유족 공제 연금이 가족에게 지급되고 있었고 결국 8월에 장녀와 손자가 사기 용의(연금의 부정 수급)로 긴급 체포되었다.

2020년대 들어 한국에서도 가족 등이 고령 사망자의 사망 신고를 하지 않은 채 연금을 부정하게 수급받는 사례가 늘고 있다. 2025년 9월 국민연금공단에 따르면, 2020년 이후 이런 부정 수급 사례를 5년간 연평균 약 40건을 적발했으며 금액은 9억 원을 초과했다.

우리는 가족이라는 이름의 고독 속에 산다
고독한 가족의 나라 2010년 [개인/가족]

지금 이 나라에서 무슨 일이 일어나고 있다.[*]

2010년 연말, 아사히신문은 특집 《고독한 가족의 나라》를 통해 일본 사회에 구조적 경고를 던졌다. 개별 사건들—고독사, 연금 부정 수급, 방치된 아동—은 우연이 아니었다. 이것은 '표준가족'이 붕괴하고 '개인이 가족 단위가 되는 사회'로의 시스템적 전환이었다.

특집은 다양한 현상을 포착했다. 90대 부모를 돌보는 고령의 독신 자녀, 경제력 없이 부모에게 얹혀사는 중년 패러사이트, 대화 상대가 없어 유료 말벗 서비스를 이용하는 고령 독신자, 가족의 역할을 대신하는 각종 대행 비즈니스. 이들은 모두 '최소한의 인간관계' 조차 돈으로 사야 하는, 혹은 그마저 포기한 사람들이었다.

아사히신문의 전망은 더욱 암울했다. 2030년에는 50~60대 남성 4명 중 1명이 혼자 살며, 50세 남성 3명 중 1명은 미혼일 것이라고 예측했다. 그리고 이 미래는 일본만의 것이 아니라 한국과 중국 등 아시아 각국이 곧 마주할 현실이라고 경고했다.

특집은 명확한 결론에 도달했다. 사회적 고립 문제는 더 이상 약자 보호 차원의 복지 이슈가 아니다. 이것은 가족제도 붕괴를 넘어 사회와 국가 붕괴로 이어질 수 있는 시스템의 총체적 실패다. 아사

---

[*] 家族に頼れる時代の終わり「孤族の国」 아사히신문, 2010.12.26.

히신문은 긴급 대책이 필요하다고 촉구했다.

하지만 일본은 그 후 15년간 별다른 대책을 내놓지 못했다. 아니, 정확히는 온갖 대책을 내놓고 막대한 공적 자금(세금)을 투입했지만 2020년대 중후반까지 노인 빈곤, 고독사, 은둔형 외톨이, 노인 간병, 지방 도시 소멸, 출산율 하락 문제 중 어느 것 하나 해결하지 못했고, 상황은 더 악화되었다.

그리고 일본의 그 과거는 지금 한국에서 답습되고 있다.

이 책의 3부와 4부에서 이 문제를 적극 다룬다.

모든 것이 멈췄다. 거대한 재앙 앞에서

동일본 대지진 2011년 [정책/경제]

2011년 3월 11일 금요일 오후 2시 46분, 일본 미야기현 앞바다에서 일본 관측 사상 최대 규모인 진도 9.0-9.1의 거대 해역 지진이 발생했다. 이 지진은 평균 10m, 최대 높이 40.1m에 달하는 거대한 지진 해일(쓰나미)을 동반하여 태평양 연안 지역을 궤멸시켰다. 일본 경찰청 발표에 따르면, 사망자와 실종자는 18,434명에 달했으며, 파괴되거나 반파된 건축물은 40만 채 이상이었다. 40만 명이 넘는 피난민이 발생했고, 800만 가구의 정전과 180만 가구의 단수가 이어졌다. 이 수치는 선진국 일본의 현대적인 도시 인프라가 한순간에 마비될 수 있음을 보여준 충격적인 증거였다. 직접적인 피해액은 16조 9,000억 엔으로, 세계은행으로부터 역사상 최악의 재산 피해를 기록한 자연재해로 기록되었다.

동일본 대지진의 진정한 충격은 '재난의 규모'가 아닌 '국가 시스템의 신뢰 붕괴'에 있었다. 그동안 일본 국민들이 절대적으로 믿어왔던 '국가가 관리하는 최소한의 안전(Minimum Safety)'이 일순간에 무너졌다. 특히 후쿠시마 제1 원자력 발전소 사고는 인간이 통제할 수 있다고 믿었던 과학 기술과 국가의 위기 대응 능력에 대한 모든 신뢰를 파괴했다. 이 사건 이후, 일본 국민의 의식 속에는 '국가도 개인의 생명을 보장하지 못한다'는 냉혹한 인식이 영구적으로 자리 잡으며, 일본을 '예측 불가능한 불행 사회'의 영역으로 밀어 넣었다.

보이지 않는 공포, 이웃마저 적이 되다

소문 피해 2011년 [개인/가족]

소문 피해란 아무런 근거 없이 널리 퍼진 유언비어나 과도한 불안감으로 인해 본래 벌어져서는 안 될 경제적, 사회적 불이익이 발생하는 현상을 뜻한다. 이 개념은 2011년 동일본 대지진 이후 발생한 후쿠시마 제1 원자력 발전소 사고의 여파 속에서 일본 사회를 강타하며 심각한 사회적 문제로 부상했다.

후쿠시마 사고 이후, 방사성 물질이 유출될 수 있다는 사실 때문에 소비자들은 '건강에 악영향이 있을 수 있다'는 극도의 두려움에 사로잡혔다. 당시 일본 정부가 안전기준을 충족한다고 반복적으로 발표했음에도 불구하고, 보이지 않는 위협(방사능)에 대한 공포는 공적 시스템의 투명성 및 신뢰성에 대한 근본적인 의구심을 낳았다. 사람들은 국가가 말하는 '최소 안전'을 더 이상 믿을 수 없다고 판단했고, 과학적 근거를 뛰어넘는 과잉 방어적 회피 심리가 사회를 지배하기 시작했다.

이러한 집단적 불안은 두 가지 치명적인 형태로 나타났다.

첫째, 경제적 불이익이다. 후쿠시마 지역은 물론, 실제 안전기준을 충족했거나 심지어 방사능 유출과 무관한 다른 지역에서 생산된 농축산물, 생선, 공산품까지도 과도하게 기피되었다. 시민들은 혹시 모를 불행을 피하려고 안전한 제품까지 거부하는 '제로 리스크(Zero-Risk)'를 요구했고, 생산자들은 막대한 경제적 손실을 입었다.

둘째, 사회적 차별이다. 피난민들은 이미 재난으로 삶의 터전을 잃은 피해자였음에도 불구하고, '방사능에 오염되었을지 모른다'는 근거 없는 유언비어 때문에 주변으로부터 차별적인 취급을 받았다. 피해자가 오히려 사회적 오염원으로 취급받으며 따돌림을 당하는 이 현상은, 구조적 불행에 대한 집단적 불안이 어떻게 사회적 약자를 향한 잔인한 폭력으로 전이되는지를 여실히 보여주었다.

'소문 피해' 현상은 결국 '최소 불행 사회'조차 무너진 단계에서 나타나는 현상을 간접적으로 보여준 대표적인 사례다. 재난이 국가 시스템의 한계를 드러내고 신뢰를 파괴했을 때, 개인은 이성적인 판단 대신 가장 원초적인 불안과 공포를 기반으로 '나만은 불행을 겪지 않겠다'는 방어적 이기심을 발동한다. 이 과정에서 유언비어는 불신 속에 사회적 결속을 완전히 파괴하는 위험 회피 도구로 사용된다.

한국 역시 '광우병 사태', '메르스(MERS) 사태', 최근의 '식품 안전 문제' 등에서 공공기관의 정보 불투명성과 깊은 사회적 불신이 결합하여 소문과 괴담이 과학적 사실을 압도했던 경험을 지니고 있다. 일본의 '소문 피해' 사례는 한국이 대규모 재난이나 사회적 위기에 직면했을 때, 구조적 불신이 집단적 공포를 유발하고 결국 사회적 분열과 경제적 손실을 증폭시키는 치명적인 결과를 초래할 수 있음을 경고한다. 그러므로 국가와 공공 시스템은 투명하고 일관된 정보 제공을 통해 국민의 '최소 안전'에 대한 신뢰를 재건할 의무가 있다.

당신 목숨은 당신이 지킨다

생존배낭 2011년 [문화/유행]

동일본 대지진 이후 안전의식과 위기의식이 높아지면서, 일본에서 생존배낭(Bug-out bag)은 필수품으로 자리 잡았다. 이는 재난 지역을 벗어나거나 재난 상황에서 최소 72시간 생존을 위해 필요한 물품을 모아둔 가방이다. 현재도 일본 인터넷에서는 최소 구성 세트가 2만 엔(약 20만 원) 선에서 거래되며, 한국 온라인 쇼핑몰에서도 5~6만 원 선에서 쉽게 구매할 수 있다.

생존배낭의 필요성은 명확하다. 기후변화로 인한 자연재해(지진, 쓰나미, 폭우)뿐만 아니라 각종 인재(전쟁, 팬데믹, 방사능 유출 등) 발생 시 국가 시스템이 개인의 생명을 100% 보장해주지 못하기 때문이다. 이는 나의 '최소 불행'을 지키는 가장 개인적인 보험이자 생존의 수단이 된다.

국가 차원에서도 개개인이 생존배낭을 준비하고 있다는 가정하에 위기 대응의 효율성이 높아진다. 정부와 사회 기능이 마비되더라도 공권력은 최단기간 내에 복구에 집중할 여유를 갖게 된다. 대한민국 행정안전부 역시 「국민행동요령」을 통해 대피 용품 준비를 적극적으로 권장하고 있다. 이는 한국 사회 역시 개인의 생존 준비를 국가 시스템 유지의 전제 조건으로 인식하며, '최소 불행' 방어 책임을 개인이 나눠 갖는 단계로 진입했음을 시사한다. 대한민국 국민재난안전포털 사이트의 인터넷 주소는 www.safekorea.go.kr 이다.

최악의 직장을 뽑습니다, 노동 착취 고발 프로젝트

직장 내 괴롭힘 2012년 [정책/경제]

청년 노동자들이 블랙 기업에 한번 발을 들여놓으면, 그들의 인생은 파탄난다. 그들의 정신은 갉아 먹히고, 때로는 목숨까지 위협받는다. 단순히 근무 여건이 좋지 않은 기업에 입사한 것과 차원이 다르다.[*]

블랙 기업(ブラック企業)이란 착취 형태의 고용으로 청년을 일회용품처럼 쓰다 버리는 악덕 기업을 뜻하는 일본 신조어다. 2012년 곤노 하루키의 저서 『블랙 기업』이 베스트셀러가 되자, 노동조합과 시민단체가 '블랙 기업 대상 기획위원회'를 설립했다. 이 위원회는 매년 가장 악질적인 노동 착취 기업을 '대상(大賞)'이라는 형식으로 공개 비판하는 캠페인을 시작했다.

'대상'이라는 권위 형식으로 기업을 조롱한 이 캠페인은 정부 제재보다 강력한 '사회적 명예 훼손'으로 작용했다. 일본 정부는 2016년부터 노동법 위반 기업 명단을 매달 공개하기 시작했고, '일하는 방식 개혁'을 추진했다. 하지만 제도가 바뀌어도 블랙 기업은 형태만 바꿔 살아남았다.

---

[*] 『블랙기업 일본을 먹어 치우는 괴물』 곤노 하루키, 이용택 역, RSG(레디셋고), 2013.

'블랙 기업 대상' 주요 수상 사례

연도	수상 기업	주요 문제 및 배경
2013년	유명 외식 서비스 기업 A	입사 2개월 차 신입사원에게 월 141시간의 초과 근무를 강요하여 과로 자살에 이르게 한 사건. '블랙 기업'의 가장 대표적이고 악명 높은 사례로 회자됨
2014년	전자제품 대형 판매 기업 B	정규직 경험이 없는 신입에게 무리하게 관리직을 맡기고 월 106시간 이상의 잔업을 시켜 과로 자살에 이르게 한 사건
2016년	대형 광고 회사 C	신입사원에게 월 100시간 이상의 초과 근무와 상사의 폭언 및 괴롭힘으로 크리스마스에 자살하게 만든 사건. 이 사건은 대기업의 블랙 기업 문화 실태를 보여줘 사회를 분노하게 함
2018년	유명 전력 기업 D	시스템 개발 및 연구직 등 전문직 직원들이 장시간 노동으로 과로사 등. 대기업에서도 블랙 기업 문화가 만연함을 보여줌

한국, 블랙 기업과의 10년 전쟁

한국의 블랙 기업 사례 및 배경

유형	사례 및 사회적 논란	배경
노동 착취형	중소/스타트업의 장시간 노동	성장과 창의성을 명목으로 주 60시간 이상의 무급 야근을 당연시하며, 단기간에 직원을 소모시키는 모델이 유행했다.
갑질, 인격 모독형	대기업 오너 및 임원의 갑질 사건	재벌 3세나 고위 임원의 폭언, 폭행, 부당 지시 등 직원의 인격과 존엄성을 훼손하는 사건들이 잇따라 폭로되며 사회적 분노를 일으켰다.
부당 해고, 퇴사 강요형	퇴사 종용 및 희망퇴직 강요	경영 악화를 이유로 인간적인 모멸감을 주는 방식으로 퇴사를 유도하는 행위가 문제시되있디.

한국에서 블랙 기업은 2010년대 중반부터 '열정 페이'와 '직장 내 괴롭힘'으로 사회 문제화됐다. 이에 대해 2019년 「직장 내 괴롭힘 금지법」이 시행되었다. 이로써 '책상 빼기', '업무 외 사적 지시', '인격 모독'이 법으로 금지됐다. '주 52시간 근무제'로 과도한 장시간 노동을 막았다. 한편 인터넷 커뮤니티와 SNS로 기업 부당 행위가 즉시 공론화되기 시작했다.

한국 '블랙 기업' 현황(2025년 기준)

구분	개선된 부분 (제도적 방패)	악화된 부분 (문화적 착취의 변형)
법적 규율	직장 내 괴롭힘 금지법 시행(2019), 갑질·인격 모독·퇴사 강요 등 노골적 행위 처벌 근거 마련	은밀하고 지능적인 괴롭힘 증가: 법적 증거가 남지 않는 방식(투명 업무 배제, 인사고과 불이익 등)으로 변형
임금/시간	최저임금 상승, 주 52시간 근무제, 노골적인 '열정 페이'와 과도한 장시간 노동 방어	워라밸을 가장한 포괄 임금제 악용, 추가 수당 없이 실질적인 노동 착취 지속
사회적 투명성	공론화 채널(익명 커뮤니티 등) 활성화, 부당 행위 즉각 사회적 비판 대상 됨	노동 시장 양극화 심화: 양질의 일자리를 얻지 못한 청년층이 열악한 환경으로 내몰리는 구조적 문제 심화

하지만 블랙 기업은 형태를 바꿔 지속됐다. 포괄임금제 악용으로 잔업 수당을 미지급하거나 법적 증거 없는 은밀한 괴롭힘을 하거나 고객 갑질 방치(직장인 2명 중 1명 경험)하는 방식이다. 2024년 시민단체 '직장갑질119' 조사에 따르면, 직장인 절반이 "회사가 민원인 갑질로부터 보호하지 않는다"고 답했다.*

　2020년대 중반 한국에선 블랙 기업으로 인해 연간 300명이 과로사하고 직장 내 괴롭힘 신고가 연 3,000건 이상, 최저임금 위반 적발도 연 5만 건 되는 것으로 나타났다. 제도는 있지만 문화는 바뀌지 않은 것이다. 블랙 기업은 형태만 바꿔 살아남았다. 양질의 일자리를 찾지 못한 청년들은 여전히 블랙 기업의 문턱을 넘을 수밖에 없다. 제도적 안정성을 확보했어도, '문화적 불행'은 쉽게 사라지지 않는다.

---

* 성희롱·갑질 당했는데도 "참아라"…직장인 2명 중 1명 경험, 서울신문, 2024-10.21.

죽음마저 내가 직접 준비해야 하는 시대

종활 2012년 [개인/가족]

종활(End-of-life planning, 終活)이란, 자신의 삶의 마지막을 스스로 원하는 방식으로 준비하는 모든 활동을 의미한다. 여기에는 임종 전후의 신변 정리, 장례 방식 결정, 묘지 선정, 상속 계획, 그리고 자신의 뜻을 기록하는 엔딩 노트 작성 등이 포함된다. 이 용어는 2009년 아사히신문의 연재 기획《현대 종활 사정》을 통해 알려지기 시작했으며, 2011년 개봉한 다큐멘터리 영화《엔딩 노트(Ending Note)》가 공감을 얻으며 일본 사회 전반으로 확산되었다.

2020년대 중반 한국에서도 '웰다잉(Well-Dying)'에 대한 관심이 높아지며 '엔딩플래너'와 같은 신조어가 등장하는 등 유사한 흐름이 나타나고 있다. 이러한 움직임은 단순히 '아름다운 마무리'에 대한 욕구를 넘어선다. 이는 고령층이 더 이상 가족이나 사회 시스템이 자신의 임종과 사후를 온전히 책임져 줄 것이라 기대하기 어려운 현실을 반영한다. 특히 1인 가구 증가와 '무연사회'의 그림자 속에서 '고독사'라는 최악의 불행을 피하고, 남은 가족에게 부담을 최소화하려는 절박한 자기 관리형 생존 전략인 것이다.

결국 '종활'은 죽음이라는 지극히 개인적인 일마저 스스로 설계하고 통제하려는 자력구제의 마지막 형태다. 이는 죽음 준비의 책임마저 개인에게 전환된 시대상을 드러내며, 동시에 존엄한 마무리를 통해 삶의 마지막 불행을 최소화하려는 인간의 본능적인 욕구를 반영한다.

혼자 먹어도 괜찮아, 아니, 혼자 먹어서 더 맛있다

고독한 미식가 2012년 [문화/유행]

"고추의 매콤함, 산초의 짜릿함.

가학적인 더블 공격에 혀가 몸부림친다. 사천의 악마가 공격한다.

하지만 어째선지 멈출 수 없다. 사로잡혀 버렸다."

동명의 일본 만화 《고독한 미식가(孤独のグルメ)》를 원작으로 2012년부터 현재까지 10개 시즌째 방영 중인 일본의 인기 드라마. 드라마는 평범한 직장인 아저씨가 흔한 식당을 전전하면서 '혼밥'하는 소소한 모습을 보여준다. 사토리 세대 등장, 1인 가구의 증가, 개인주의 심화로 1인 전용 식당이나 1인 전용 카페 등이 생겨나는 시대에 혼자 밥 먹는 시청자들에게 《고독한 미식가》는 큰 공감을 불러일으켰다. 이 드라마의 매력은 단순히 음식을 넘어, '혼자'라는 상태를 긍정하고 '먹는 행위' 자체를 온전히 즐기는 태도에 있다. 이는 사회적 관계망이 약화되고 거대한 성취가 불가능해진 시대에, 개인이 통제할 수 있는 가장 확실하고 소박한 행복(소확행)을 찾아가는 과정을 보여준다. 시청자들은 주인공의 미식 경험을 통해 대리 만족을 느끼는 동시에, 고독을 부정적인 것이 아닌 오롯이 자신에게 집중하는 시간으로 재해석하며 위안을 얻었다.

정규직인 듯 정규직 아닌 너

한정정사원 제도 2013년 [정책/경제]

한정정사원(限定正社員)은 근무지, 직무, 근무시간 등이 '한정된' 정사원을 의미한다. 이는 2013년 「근로계약법」 개정으로 '무기 전환 룰(5년 룰)'이 도입되면서 확산되었다. 이 규칙은 5년 이상 근무한 비정규직이 신청하면 기업이 무기 고용(정규직)으로 전환할 의무를 부여했는데, 기업 입장에서는 인건비 상승과 고용 경직성 부담이 컸다.

이 딜레마 속에서 일본 기업들은 「한정정사원」 제도를 활용했다. 5년 이상 근무한 계약직에게 '무기 고용'이라는 형식적 안정성은 제공하되, 임금이나 복지는 정사원과 차등을 두어 비용 부담을 줄이려 한 것이다. 이는 비정규직의 고용 안정을 꾀하면서도 기업에게 인력 운용의 유연성을 남겨두려는 정책적 타협이었다. 일본 정부는 이 제도가 고령화 시대의 노동력 부족을 완화하고, 경력 단절 여성 등의 노동시장 재진입을 도울 수 있다고 보았다. 일반 정사원보다 임금은 낮지만 해고 불안 없이 안정적인 수입을 얻을 수 있다는 점은, 개인에게 '최소 불행(실업)'을 피할 수 있다는 심리적 안정감을 주었다.

반면에 노동계에서는 한정정사원 제도가 결국 '질 낮은 정규직'을 양산하고 노동 시장을 더욱 파편화할 수 있다는 비판이 제기되었다. 결론적으로 「한정정사원」 제도는 고용 안정이라는 최소 안전망 제공과 구조적 불평등 심화 가능성이라는 양면성을 지닌, 저성장 시대 노동 유연성과 안정성 사이의 딜레마를 상징적으로 보여준다.

욕망 없는 청년들, 깨달음인가 체념인가

사토리 세대 2013년 [개인/가족]

사토리 세대란 1987년~2004년 사이에 일본에서 태어난 사람들로, 일본의 경제불황이 시작되던 시기에 출생하여 부모 세대까지 경험했던 호황을 경험하지 못했고, 성인이 될 무렵에는 경제난이 가시화되면서 생활고를 확실하게 체감한 세대다.

깨달음(사토리·さとり)이란 단어로 물욕에서 벗어나 '득도'한 것처럼 보이지만 실상은 의욕과 희망 자체가 없어서 그렇게 보이는 것일 뿐으로 한국의 'N포 세대'와는 차이점이 있다. N포 세대가 본인의 의지와는 무관하게 환경적 요인으로 욕심(열망)은 있으나 쟁취할 방법과 수단이 없어 반강제로 포기한 상태라면, 사토리 세대는 자발적으로 매우 소극적인 태도를 보이며 불필요하다고 생각되는 것에는 관심조차 보이지 않는다.

이는 저성장과 극심한 경쟁 사회에 진입한 한국의 청년 세대에게도 유사한 '체념적 태도'가 확산될 수 있다는 중요한 경고를 던진다. 단순히 N포를 넘어 아예 욕망 자체를 거세당하는 '한국형 사토리 세대'로 전환될 경우, 노력 자체의 가치마저 부정하고 최소한의 생존 외에는 무관심해지며 사회 전체의 활력을 심각하게 저하시킬 수 있다. 결국 사토리 세대의 등장은 한국 사회가 청년들에게 희망과 성장의 기회를 제공하지 못할 경우, 경제 침체를 넘어 깊은 사회적 무기력에 빠질 수 있음을 보여주는 선행 지표이다.

일도 관계도 없다,
보이지 않는 청년들

고립무직자 2013년 [개인/가족]

고립무직자(Solitary Non-Employed Persons, 孤立無職者)란, 도쿄대학 사회 과학 연구소의 겐다 유사시 교수가 제창한 말로 20세부터 59세 이하의 재학 중이 아닌 미혼의 무직자 중에서 가족 이외의 동거인이나 교우 관계가 2일 이상 없는 사람들을 가리킨다. 이 개념은 단순히 일할 의욕이 없는 '백수'와는 달리 사회적 연결 부족과 무직 상태가 복합적으로 작용해 심각한 사회적 과제로 주목받았다.

은둔형 외톨이(히키코모리)와 비슷하지만, 고립무직자가 더 넓은 범위를 포함하며 특히 청년층의 장기적인 고립 및 은둔 문제를 포괄한다.

한국 사회 역시 청년 실업률 증가와 1인 가구 급증 속에서, 이러한 '고립무직자' 문제가 이미 심각한 사회문제로 부상하고 있다. 이들은 경제적 어려움뿐만 아니라 사회적 관계망 부재로 인해 정신 건강 위기나 극단적 고립 상태에 빠질 위험이 매우 높다. 기존의 고용 지원 정책이나 복지 시스템이 '구직 의사'나 '사회 활동'을 전제로 하는 경우가 많아, 이처럼 의욕 상실과 단절 상태에 놓인 이들은 지원의 사각지대에 놓이기 쉽다. 이들이 고립 상태에 머무는 시간이 길어질수록 정신 건강 문제와 사회적 비용이 눈덩이처럼 불어나기 때문에, 고립무직자를 조기에 발견하고 사회적 안전망 안으로 포용하는 것이 한국 사회의 과제다.

젊은 여성이 떠나면, 도시는 사라진다

소멸 가능성 도시 2014년 [정책/경제]

소멸 가능성 도시(消滅可能性都市)란, 2014년 민간 전문가 그룹이 '일본창성회의'에서 처음 발표한 것으로, 2040년까지 젊은 여성 인구 감소로 인해 인구를 유지할 수 없는 도시들을 지칭한다. 구체적으로 2010년부터 2040년까지 30년 사이에 20세부터 39세까지의 여성 인구가 반 이하로 감소한다고 추정되는 지역을 가리키며, 총 896개의 자치단체가 이 목록에 포함되어 일본 사회에 큰 충격을 주었다.

한국은 '소멸 위험 지수'란 용어를 사용하고 있다. 소멸위험지수는 해당 지역의 20~39세 여성 인구를 65세 이상 고령 인구로 나눈 값으로, 이 지수가 낮을수록 해당 지역이 소멸할 가능성이 크다는 것을 의미한다. 2024년 기준으로 전국 228개 시군구 가운데 절반이 넘는 129곳이 소멸 위기에 처해 있다. 심지어 한국의 지방 소멸 속도는 일본보다 더 빠를 수 있다는 경고가 나오고 있다. 이는 단순히 인구가 줄어드는 통계적 문제를 넘어, 해당 지역의 경제 기반, 사회 인프라, 공동체 자체가 붕괴하는 실질적인 위협을 의미한다. 지방 소멸은 그 지역 주민들에게 교육, 의료, 일자리 등 기본적인 삶의 질, 즉 '최소 불행'을 방어할 사회적 안전망마저 사라짐을 뜻한다. 따라서 일본의 선례는 한국 사회에 지방 소멸 문제가 더 이상 일부 농어촌 지역의 문제가 아닌, 국가 전체의 지속 가능성을 뒤흔드는 시급하고도 근본적인 과제임을 강력히 경고한다.

마약이 바로 내 옆에 있다

위험 약물 2014년 [정책/경제]

2014년 일본 사회는 '위험 약물(危険ドラッグ)' 문제로 큰 충격에 빠졌다. 상반기에 경찰이 적발한 관련 건수는 128건으로, 불과 1년 전의 두 배, 5년 전(8건)과 비교하면 폭발적인 증가세였다. 6월 도쿄 이케부쿠로에서는 '탈법 허브'를 흡입한 남성이 차를 몰고 인도로 돌진해 8명의 사상자를 내는 참극이 벌어졌고, 유명 음악인의 약물 스캔들까지 터지면서 불안감은 극에 달했다. 이전까지 '합법 허브' 등 모호한 명칭으로 불리던 신종 마약류에 대해 경찰이 '위험 약물' 이라는 강력한 용어를 사용하기 시작한 것은, 이 문제가 더 이상 일부의 일탈이 아닌 사회 전체의 안전을 위협하는 심각한 단계에 이르렀음을 공표한 것이나 다름없었다.

일본의 이러한 경험은 약 10년의 시차를 두고 한국 사회가 직면한 마약 문제의 급증 현상과 놀라울 정도로 유사하다.

2020년대 들어 한국 역시 '마약 청정국'이라는 지위가 무색하게 마약 사범, 특히 10대와 20대 청소년·청년층 마약 사범이 가파르게 증가하고 있다. 대검찰청 통계에 따르면, 2025년 8월까지 마약류 사범 단속 누계는 총 15,536명을 넘었으며,[*] 이 중 30대 이하가 60% 이상을 차지하는 등 젊은 층으로의 확산세가 두드러진다. 이는 일본에서 '탈법 허브'가 젊은 층을 중심으로 유행했던 것과 같은

---

[*] 『마약·조직폭력범죄수사 마약류 월간동향』 대검찰청, 2025.08.

패턴이다.

더욱 심각한 것은 마약 유통 방식의 변화다. 일본의 '위험 약물'이 초기에는 오프라인 매장을 통해 유통되기도 했으나 점차 온라인으로 숨어들었듯, 한국에서는 다크웹, 텔레그램 등 익명성이 보장되는 온라인 플랫폼을 통한 비대면 거래가 주류를 이루고 있다. 이는 단속을 어렵게 할 뿐 아니라, 호기심 많은 청소년들이 별다른 죄의식 없이 마약에 접근할 수 있는 환경을 만들었다는 점에서 심각성이 크다. 전문가들은 장기 불황으로 인한 사회경제적 스트레스와 미래에 대한 불안감이 젊은 층을 마약의 유혹에 더 취약하게 만들고 있다고 분석한다.[*]

이러한 문제는 비단 한국과 일본만의 문제가 아니다. 중국, 대만, 홍콩 등 동아시아 국가들 역시 신종 합성 마약의 확산과 온라인을 통한 밀거래 증가로 몸살을 앓고 있다. 특히 국제 우편이나 특송화물을 이용한 마약 밀반입 시도가 급증하면서 국가 간 공조의 필요성이 절실해지고 있다. '위험 약물'의 등장은 단순히 새로운 종류의 마약이 출현했다는 것을 넘어, 사회 시스템의 통제력이 약화되고 개인이 느끼는 불안과 고립감이 깊어질 때, 가장 파괴적인 형태로 그 틈을 파고드는, '최소 불행 사회'의 또 다른 위험 신호임을 보여준다.

---

[*] 이현희, 전종설, 「청소년의 마약류 사용과 범불안장애의 관계」, 이화여자대학교, 2025. 02.07.

   4 | 돌봄 대파국 10년

임신했더니 죄인 취급?

임산부 괴롭힘 2014년 [개인/가족]

직장에서 임산부를 괴롭히는 것을 의미하는 마타하라(マタハ ラ)는 임산부(maternity)와 괴롭힘(harassment)을 조합한 신조어 다. 임신 중 괴롭힘은 유산의 위험성이 있고, 일본의「남녀고용기 회균등법」,「육아돌봄휴직법」,「근로기준법」을 위반할 소지가 있다. 2014년 10월, 임신 후 강등된 것은「남녀 고용 기회 균등법」에 어긋 난다며 손해배상을 요구한 소송에서 일본 최고재판소(대법원)는 강 등은 위법이므로 무효라고 판결해 눈길을 끌었다.

한국에선 모성 보호 제도를 통해 임산부 괴롭힘을 막고 있지만 효과는 미비하다. 2023년엔 직장갑질119가 직장인 1,000명을 대상 으로 설문조사한 결과, 45.5%가 육아 휴직을 자유롭게 쓰지 못하고 있다고 답했다. 출산휴가조차 자유롭게 쓰지 못한다는 비중도 무려 40%에 달했다.* 다행히 2025년 2월부터 시행된「모성 보호(육아 지 원) 3법」을 통해 육아 휴직 기간 연장, 근로 시간 단축 확대, 배우자 출산휴가 기간 연장 등 법적 보장과 지원이 강화되었다.

---

* "임신초 단축근무 신청하니 폭언…신고하자니 역고소 걱정", 중앙일보, 2023.10.10.

인구 절벽 앞 국가의 외침

1억 총활약 사회 2015년 [정책/경제]

1억 총활약 사회(一億総活躍社会)는 저출산·고령화에 맞서 장애인, 여성, 남성, 젊은이, 고령자 등 누구나 가정·직장·지역에서 활약하는 '전원 참가형 사회'를 목표로 한 슬로건이다. 2015년 아베 내각이 '아베노믹스 제2 스테이지'로 제시했다.

'1억 명'은 1970년대 '일억총중류(전 국민이 중산층)'* 시대의 풍요를 상징하며, 2050년 이후에도 인구 1억 명을 유지하겠다는 의지를 담았다. 이 거대한 구호는 인구 절벽 앞에서 국가적 생산성을 어떻게든 유지하려는 압박을 상징한다.

한국도 세계 최저 출산율 속에서 '전 국민 활약'이 아닌 '국가와 사회의 책임 강화'를 내세우지만, 결국 시스템적 난관 앞에서 국민 전체의 동원력을 끌어내야 하는 일본과 같은 딜레마에 직면해 있다.

---

* 일억총중류(一億總中流)란 일본에서 1970년대와 1980년대에 걸쳐 경제 호황 속에 국민 대다수가 자신을 중산층이라고 여기던 사회 현상으로 당시 일본의 자신감을 상징한다.

하류 노인 2015년 [개인 / 가족]

노인의 90%가 하류로 전락하는 시대,

무엇을 어떻게 준비해야 하는가[*]

2015년 일본 사회학자 후지타 다카노리의 『하류 노인(下流老人)』은 고령층 빈곤 문제를 적나라하게 파헤쳐 일본 사회를 충격에 빠뜨렸다.

'하류 노인'은 수입도, 저축도, 의지할 사람도 없는 노인을 뜻한다. 책은 누구나 질병, 치매, 자녀 문제로 하루아침에 하류 노인으로 전락할 수 있으며, 특히 과도한 의료비와 간병비가 노후 붕괴의 주요 원인이라 경고한다. 저자는 이것이 개인의 책임이 아닌 구조적 시스템 실패이며, 노후 빈곤이 세대 간 연쇄 파산을 일으킨다고 지적한다.

노인 빈곤율 OECD 1위인 한국에서 '하류 노인'은 이미 현실이자 미래다. 불충분한 연금, 높은 의료비, 가족 해체 속에서 개인의 불행이 사회 전체로 확산되지 않으려면, 모두가 최소한의 인간다운 삶을 보장받는 '최소 불행 사회'를 만들어야 한다. 구체적 대책은 3부에서 제시한다.

---

[*] 『2020 하류 노인이 온다』 후지타 다카노리 저, 홍성민 역, 전영수 감수, 청림출판, 2016.
   04.25. 책 소개 문구

아픈 부모 돌봐야 하는데,
회사는 어떡하지?

간병 휴직 2015년 [개인 / 가족]

후지타 다카노리의 '하류 노인' 현상 지적에도 불구하고, 일본 사회는 이미 늦었다. 노노개호 지옥은 시작되었다. 간병 휴직(介護休職)은 고령화 사회의 구조적 압박이 가족에게 전가되는 문제를 해결하기 위해 도입된 제도다. 일본은 일찍이 2000년부터 「개호보험제도」(간병보험제도)를 전국민 대상으로 시행해 간병비를 개인의 몫이 아닌 국가와 지역사회가 공동으로 부담하도록 설계했다. 재정은 국가와 지자체가 50%, 나머지 50%는 40세 이상 전 국민이 의무적으로 납부하는 보험료로 충당된다.

이는 하류 노인 문제에 이어, 부모 봉양의 부담이 고스란히 노동 세대에게 전가되는 개인의 책임과 노동 지속의 딜레마를 제도적으로 인정한 사건이었다.

2025년 초고령사회에 진입한 한국 역시 '간병 살인'이나 '간병 파산'이 반드시 해결되어야 할 사회문제로 대두되면서 「간병 휴직 제도」를 두고 있으나, 낮은 소득 대체율과 짧은 기간으로 인해 실효성이 떨어진다는 지적이 많다.[*]

일본이 40세부터 보험료를 걷어 사회 공동의 책임을 구축한 사

---

[*] 日은 간병비의 10~30%만 본인 부담 獨은 간병비·간병휴직 지원, 국민일보, 2025. 09.23.

레는 한국이 직면할 '간병 지옥'으로부터 벗어나기 위해 반드시 고민해야 할 정책적 시사점을 던진다. 간병 및 돌봄과 관련한 해결 방안 및 제언은 3부에서 본격적으로 서술한다.

한국, 일본, 독일, 미국의 간병 지원 제도

구분	한국(노인장기요양보험)	일본(개호보험)	독일(수발보험)
제도 도입	2008년 (노인장기요양보험법)	2000년 (개호보험법)	1995년 (수발보험법)
재정 조달 방식	국가＋보험료 50% ＋본인부담 15~20% 건강보험료의 12.95%	보험료 50% ＋국가·지자체 50% 40세 이상 가입	보험료 100% (노·사 절반 부담) 소득의 3.05%
본인 부담률	재가 15% 시설 20%	원칙 10% (소득에 따라 20~30%)	현금급여 0% 서비스는 한도 초과분
등급 체계	6등급 (1~5등급＋인지지원)	7등급 (요지원 1~2, 요개호 1~5)	5등급 (1~5등급)
급여 형태	현물급여 원칙 (가족요양비 예외)	현물급여 원칙 (현금급여 제한적)	현금·현물 선택 (가족돌봄 현금 지급)
수급자 수	약 100만 명 (65세 이상 9.6%)	약 690만 명 (65세 이상 18.7%)	약 500만 명 (전 국민 6%)
특징	건강보험과 연계 시설 중심 발전 등급 판정 엄격 가족 돌봄 의존 높음	지자체 운영 재가 서비스 중심 3년마다 제도 개정 지역포괄케어 지향	현금급여 활성화 가족 돌봄 인정 간병휴직제도 연계 사회보험 방식
시사점	휴직 기간·소득 대체율 낮아 실효성 미흡	사회 전체 책임으로 노동 세대 부담 최소화	비용·휴직 지원 강화 제도 완성도 높음

내 돈인데 내 맘대로 못 쓴다고?

치매 머니 2015년 [정책/경제]

언젠가는 내 힘만으로 살아가기 힘든 순간이 온다는 것,

노후의 또 다른 공포다.[*]

치매 머니는 치매 판정받은 환자의 자산(예금·금융·부동산)이 금융기관 등에 의해 동결되어 사실상 묶여버린 현상을 말하는 신조어다. 일본에선 이미 10년 이상 전부터 본격적인 사회문제가 되었다. 2015년에 치매 환자 수가 약 520만 명, 치매 환자의 금융자산 추정치는 약 127조 엔인 것으로 나타났다.

다이와종합연구소(Daiwa Institute of Research Ltd.)의 2024년 연말 보고서에 따르면, 한국보다 20년 먼저 초고령사회에 진입한 일본의 2025년 치매 머니 규모는 126조 6,000억 엔에 달하는 것으로 나타났다. 이는 일본의 연간 GDP 대비 약 21%에 해당하는 액수다. 경제의 혈액인 돈이 치매 머니로 묶여 돌지 못하는 바람에 일본 경제가 흔들릴 수도 있다는 경제 전문가들의 우려가 괜한 소리가 아니다.

일본은 「범죄수익이전방지법」상 본인 외에는 대리인이 '위임장' 없이 자금 인출이 불가능하다. 부모가 치매에 걸렸을 경우엔 자식이나 형제일지라도 당사자의 자산에 손대지 못하는 것이다. 이럴 땐

법원에 '성년 후견인 지정'을 신청해야 하는데, 3개월~4개월 정도면 처리가 된다. 문제는 가족이 없는 독거노인이 치매에 걸릴 경우다. 통장에 돈이 있어도 치매 판정으로 자산이 동결되기에 병원비나 요양원 비용을 내지 못하는 상황이 발생한다. 이에 일본 정부는 만 65세 이상 고령자에게 미리 '성년 후견인'을 지정해둘 것을 권장하고 있다.

한국은 현행법상 금융기관이 함부로 고객의 재산을 동결하지 못하도록 보호하고 있다. 그러나 금융 현장에선 고객의 인지 능력 저하가 확인될 경우, 사고를 방지하고 재산을 보호하기 위해 민법 제13조 '피한정후견인의 행위와 동의', 「금융실명거래 및 비밀보장에 관한 법률(금융실명제법)」 같은 법적 근거와 은행 내부 규정에 따라 사실상의 '거래 제한'이 발생한다. 일본처럼 치매나 중증질환으로 인지 능력이 저하된 65세 이상 고령자의 금융계좌는 동결되는 것이다. 워낙에 치매 환자의 자산을 노린 간병인 또는 가족에 의한 재산 탈취 사건이 끊이지 않기 때문이다.

치매나 중증질환을 앓게 될지 모르는 고령자가 자신의 자산을 보호할 방법은 크게 세 가지다. 하나는 후견인을 미리 지정해두는 '성년후견제도'다. 믿을만한 후견인이 있으면 재산 탈취를 막을 수 있다. 다른 하나는 '치매 공공후견제도'다.

대한민국에선 2018년부터 치매 공공후견제도가 시작되어 기초생활수급자나 차상위계층을 대상으로 무료 후견을 지원해주고 있다. 마지막으로는 '신탁'이다. 자산을 규모가 있고 신뢰할만한 보험회사에 신탁 방식으로 맡기는 것이다. 정부 또한 '공공 신탁 제도'

도입을 준비하고 있으며, 민간에서는 2025년 9월 교보생명의 '평생 안심신탁'이 출시되었고 다른 보험사에서도 관련 상품 출시를 앞두고 있다.

치매 머니(Dementia Money) 문제

구분	일본	한국
치매 머니 규모 (2025년 기준)	126조 6,000억 엔 (연간 GDP 대비 21%)	172조 원 (연간 GDP 대비 6.9%)
치매 머니 규모 (2030년 예상)	215조 엔 (연간 GDP 대비 40%)	230조 원 (연간 GDP 대비 8%)
치매 머니 주요 논란	경제적 손실 및 국가 GDP 위협	재산 탈취 사건 및 가족 간 분쟁
자산 동결 문제	매우 심각 (거대한 규모의 자산이 동결되어 금융 흐름 저해)	심각해지는 단계 (횡령 등 범죄 표적 문제가 더 부각됨)
대응 방법	임의후견, 가족신탁 등 자산 대비 제도 활성화 중	성년후견제도 도입 초기 단계, 공공신탁 등 공공 관리 방안 모색 중

⑤

각자도생 제도화 10년

(2016-2025)

"혼자 살아남으려 할수록, 함께 무너진다"

2016년부터 2025년까지의 10년은, 이전 시대의 '시스템 배신'과 '개인의 고립'이라는 씨앗이 마침내 사회 구조 전체에 깊이 각인되어 '불안의 제도화'로 귀결된 시기였다. '마이너스 금리'(2016)와 '닛케이 최고치 경신'(2024)이라는 극단적인 금융 실험과 역설적인 경제 회복의 이정표가 세워지는 동안, 사회 내부에서는 돌봄, 노동, 죽음에 이르기까지 모든 생존 영역이 개인이 스스로 관리해야 하는 '자기 책임의 최종 단계'로 편입되었다. '코로나19 팬데믹'(2020)은 이러한 시스템의 취약성을 전 지구적으로 폭로했으며, '최소 불행'을 유지하려는 개인의 노력은 이제 국가 시스템의 실패와 상시적 위협 속에서 벌어지는 '최종 생존 게임'의 양상을 띠게 되었다.

<h2 style="text-align:center">현재진행형 디스토피아</h2>

지표	2016년	2025년	결과
인구	1.27억 명	1.23억 명	▼400만
고령화 비율	27%	31%	세계 1위
은둔형 외톨이	85만 명	146만 명	▲1.8배
비정규직	38%	37%	고착화
미혼율(50세)	남 23%	남 30%	결혼 소멸

각자도생의 연대기

2017 초솔로사회 독신가구 40% / 1인 시대

2018 워라밸 과로사 방지법 / 그러나 효과 無

2019 8050 문제 80대 부모+50대 히키코모리 / 가족 파산

2020 코로나19 비대면 시대 / 고립 가속

2023 챗GPT 시대 AI가 인간 대체 / 노동 종말

2024 新엔저 1달러 150엔 / 수입 물가 폭등

각자도생의 5대 전선

일자리: AI와의 전쟁

- AI 대체 – 사무직 30% 소멸

- 긱 이코노미 – 정규직 개념 소멸

- 우버이츠 – 배달 노동자 30만

- 투잡 필수 – 본업만으론 생존 불가

- 65세 정년 – 죽을 때까지 노동

주거: 소유의 종말

- 빈집 1,000만 – 전체 주택 14%
- 제로제로 부동산 – 0엔에도 안 팔려
- 고독사 주택 – 연간 3만 건
- 셰어하우스 – 프라이버시 포기
- 이동주택 – 정착 포기

관계: 연결의 역설

- 온라인 고립 – SNS 있어도 외로움
- 유사가족 – 혈연 아닌 동거
- AI 친구 – 챗봇이 유일한 대화상대
- 고독 비즈니스 – 외로움 산업화
- 대리 참석 – 결혼식 하객 알바

돌봄: 로봇과 안락사

- 개호 로봇 – 인간 접촉 제로
- 원격 의료 – 대면 진료 사치
- 존엄사 논의 – 안락사 법제화
- 치매 500만 – 국민 25명 중 1명
- 무연고 사망 – 40%

지방: 소멸 카운트다운

- 한계 집락 – 65세 이상 50% 마을
- 무인 편의점 – 사람 없는 마을
- 폐교 활용 – 학교 → 요양원
- 리니어 신칸센 – 도쿄 집중 가속

- 지방 이민 – 외국인만 증가

한국 2025 vs 일본 2025

지표	일본 2025	한국 2025	격차
고령화	31%	20.6%	10년 유예
은둔형외톨이	146만 명	54만 명	시작 단계
출산율	1.2명	0.75명	한국 최악
자살률 (10만 명 당)	16명	24명	한국 최악
행복지수	54위	52위	둘다 불행

2025년 생존 게임 룰

승자(상위 10%)

AI 활용 능력 / 복수 소득원 / 해외 네트워크 / 부모 자산

생존자(중간 60%)

정규직 유지 / 도시 거주 / 가족 부양 / 빚 관리

패자(하위 30%)

지방 거주 / 비정규직 / 1인 가구 / 만성질환

2025년이 보여준 미래

① AI가 당신보다 싸고 유능하다

인간 노동 가치 = 0으로 수렴

② 혼자 살고 혼자 죽는다

초솔로사회 = 기본값(default)

③ 지방은 이미 끝났다

수도권 집중 = 되돌릴 수 없음

2025년의 질문, 당신의 대답은?

"각자도생 시대, 당신의 생존 전략은 무엇인가?

혼자 살아남을 것인가, 함께 무너질 것인가?"

2016년부터 2025년까지의 10년은, 팬데믹이라는 전 지구적 충격 속에서 기존의 사회 시스템이 완전히 효력을 상실하고, 불안 자체가 제도와 일상에 깊숙이 뿌리내린 시기였다. 이제 개인은 '최소 불행' 상태로 방어하는 것을 넘어, 상시적 위협 속에서 생존 경로를 스스로 설계하고 책임져야 하는 '생존 게임'의 플레이어가 되었다.

다음 장 3부 6장 아무도 말하지 못한 9가지 금기된 해법

은행에 돈 맡기면 손해 보는 세상

마이너스 금리 2016년 [정책/경제]

마이너스 금리란, 중앙은행이 민간 금융기관으로부터 예치하는 당좌예금에 마이너스 금리를 적용함으로써 금융기관이 중앙은행에 예금을 지급하게 되는 금융정책을 말한다. 쉽게 말해 시중은행이 중앙은행에 예치하는 예금에 대한 금리를 마이너스로 하는 금융정책이다. 시중은행이 중앙은행에 맡긴 예금에 수수료가 붙는 형태가 돼 원금이 감소한다. 이자를 붙이지 않는다는 '제로 금리'에서 한 걸음 더 진행한 이 정책을 일본 은행이 도입한 것은 2016년 2월이었다. 하지만 예상과 달리 기업의 투자 목적 자금 수요(대출)는 적었고, 개인 대출도 성장하지 않은 채 '일본은 금리가 마이너스인 나라'라는 이상한 이미지만 세계에 알렸다. 결국 마이너스 금리 정책은 디플레이션 탈피를 위해 도입되었다가 코로나19 팬데믹 이후 급격한 물가 상승과 맞물려 2024년 3월 해제되었다.

대한민국은 팬데믹이 한창이던 2020년 5월에 긴급 경기 부양책 차원에서 한시적으로 기준 금리를 연 0.5%로 시행했지만, 이는 특수한 상황에서 시행한 조치였고 2021년 8월에 0.75%로 다시 인상되면서 역대 최저금리 시대는 막을 내렸다. 한편, 이 시기에 막대한 자본이 부동산 시장으로 일시에 몰리면서 역대급 부동산 가격 폭등이 일어났다.

일단 해 보고 문제 생기면 고치자?

샌드박스 2017년 [정책 / 경제]

구분	한국(K-Sandbox)	일본(Regulatory Sandbox)
도입 배경	4차 산업혁명 시대 혁신 성장 가속화 신기술의 시장 진입 규제 해소	장기 불황 극복을 위한 '미래 투자' '갈라파고스 규제 해소'
핵심 법령	정보통신, 산업융합, 금융 등 분야별 특별법	신기술 등 실증 특례 제도, 규제 개혁 추진에 관한 법률
운영 특징	규제, 특례, 임시 허가 등 적극적인 사업화 지원	실증 특례를 통한 안정성 검증 및 규제 개혁 근거 마련

'규제 해소'를 위한 한국과 일본의 샌드박스

스마트폰의 보급과 애플리케이션 기능 강화로 "4차 산업혁명이다", "새로운 플랫폼 시대다", 북미와 유럽에서 축제가 한창인 2010년대 중반, 한국과 일본은 온갖 규제로 뒤처져만 갔다. 이에 먼저 움직인 것은 일본이었다. 규제 샌드박스를 도입한 것이다.

규제 샌드박스(Regulatory Sandbox)란 새로운 기술이나 사업 모델이 기존 규제에 막힐 때, 한정된 기간·장소·규모 내에서 규제를 일시적으로 면제해주는 제도다. 2017년 일본이 먼저 도입했고, 한국도 2019년 'K-Sandbox'를 시작했다. 우버, 에어비앤비, 핀테크 등 기존 법령과 충돌했던 혁신 모델들이 제도권 안에서 테스트할 기회를 얻었다.

그러나 문제가 있다. 특례를 받은 플랫폼 업체들이 과도한 수수료를 부과해 논란이 끊이지 않는다. 예를 들어 에어비앤비의 경우, 한국 호스트가 합법 운영하려면 특례받은 국내 플랫폼을 통해야 하는데, 이 플랫폼들이 '규제 준수 대가'로 호스트에게 과도한 수수료를 부과한다. 정부로부터 특례를 받고도 혁신보다는 중간 수수료 챙기기에 급급하다는 비판이다. 이는 한국뿐 아니라 일본, 미국, 유럽에서도 비슷하게 나타나는 현상이다.

공유 숙박 플랫폼 규제 중개 모델 비교

항목	한국 (규제 샌드박스)	일본 (민박법)	미국/유럽 (지역별 라이선스)
규제별	규제 샌드박스 (실증 특례)	민박법 (주택숙박사업법)	도시/지역별 단기 임대 라이선스 및 세금 규제
관리/ 중개 사업자	특례 사업자	주택숙박관리업자 (법적 의무 대행자)	전문 부동산 관리 대행사 (Property Managers)
수수료 발생 이유	정부가 지정한 '특례 조건' 준수 및 행정 관리 대행 (합법성 유지)	180일 제한, 보고 의무 등의 복잡한 법적 의무를 호스트 대신 대행 및 합법성 유지	라이선스 취득 및 갱신, 세금 신고, 민원 처리 등 법률/행정 대행
수수료 범위 (호스트 매출 기준)	5% ~ 20% (계약 조건 및 서비스 범위에 따라 상이)	15% ~ 30% (운영 대행 포함 시 더 높음)	20% ~ 40% (서비스 범위에 따라 크게 다름)

"금요일엔 일찍 퇴근하세요!"

프리미엄 프라이데이 2017년 [정책/경제]

'프리미엄 프라이데이'란 일본 정부와 경제계가 2017년 2월부터 제창한 '개인소비 환기 캠페인'이다. 월말 마지막 주 금요일에 조기 퇴근을 유도하고 민간기업이나 공공기관이 이벤트, 세일 등을 실시하는 것이 핵심이었다. 이는 장기 불황 속에서 경직된 노동 시간을 유연화하고 개인의 여가 시간을 늘려 침체된 내수 시장에 활력을 불어넣으려는 의도에서 시작되었다.

그러나 캠페인에 대한 일본 시민들의 인지율이 90%를 넘었음에도, 실제로 실시된 예는 10% 정도라는 설문조사 결과가 나왔다. 경직된 조직 문화와 상명하복의 관습이 조기 퇴근을 '개인적인 눈치'의 영역으로 밀어 넣으며 제도의 정착을 가로막았다. 결국 정책의 의도와 현실의 괴리를 보여주며 효과는 거의 얻지 못했으나, '금요일 저녁은 여가를 즐겨야 한다'는 구호만은 눈부신 기세로 퍼져 나간 셈이다.

이 현상은 한국의 주 4.5일제 논의가 직면한 딜레마를 정확히 예고하며 '최소 불행 사회'로 나아가기 위한 중요한 교훈을 시사한다. 저출산과 내수 침체 해결을 위해 노동 시간을 줄이자는 정책적 제안은, 일본처럼 조직 문화의 근본적인 변화 없이 '구호'만 앞선다면 실패한 사회(최소한의 불행조차 막지 못한 사회)로 전락할 수밖에 없다. 일본의 경험은 한국에게 정책은 노동 문화의 유연성이라는 전제조건을 갖출 때 비로소 성공한다는 교훈을 던진다.

당신이 믿는 뉴스는 진짜인가요?

가짜 뉴스 2017년 [정책/경제]

가짜 뉴스(Fake News)란 인터넷상에서 기성 뉴스의 형식을 빌려 유포되는 거짓말이나 날조된 정보를 말한다. 이는 특정 개인이나 단체의 평판을 훼손하거나, 정치적 목적으로 여론을 조작하고, 혹은 광고 수익을 통해 금전적 이득을 취하는 것을 주된 목표로 한다. '가짜 뉴스'라는 용어는 2016년 미국 대선 당시, '교황이 트럼프 후보 지지 표명', '클린턴 후보가 테러 조직에 자금을 건넸다'와 같은 허위 사실이 마치 공신력 있는 언론사의 기사처럼 확산되면서 전 세계적인 용어로 자리 잡았다. 이러한 현상은 정보의 불균형을 심화시키고 사회적 신뢰를 빠르게 파괴한다. 특히 2020년대 들어 인공지능(AI)의 발전으로 누구나 쉽게 딥페이크(deepfake) 이미지 및 영상 합성 기술을 활용해 정교하게 조작된 콘텐츠를 만들 수 있게 되면서 그 위험성이 기하급수적으로 커졌다. 이제 가짜 뉴스와 엉터리 영상은 단순히 오보를 넘어, 사회의 근간을 흔드는 무차별적인 정보 테러의 형태로 진화하며, 전 세계적인 골칫거리가 되고 있다.

한국 사회에서도 정치 목적이나 경제 이익을 위한 가짜 뉴스가 대규모로 유통되며 사회 갈등을 증폭시키고, 합리적인 정책 결정과 담론을 방해하는 주요 요인으로 작용하고 있다. 따라서 정보의 마지노선을 지키는 투명한 검증 시스템과 미디어 리터러시 교육 강화는 불행을 최소한으로 막기 위한 가장 기본적인 정책적, 시민적 방어선이다.

인구 절반이 혼자 산다, 가족 없는 사회의 도래

초솔로사회 2017년 [개인/가족]

'90%가 결혼하고 싶어 한다'라는 데이터는 거짓말이다.

'무연사회(2부 4장 2010년)'가 개인의 고립사에 집중했다면, '초솔로사회'는 이러한 고립이 사회의 기본 단위가 된 현상을 분석한다. 마케팅 전문가 아라카와 가즈히사가 2017년 출간한 『초솔로사회 독신대국·일본의 충격』에서 '솔로'가 미래 소비시장을 주도하게 된다고 주장하며 솔로의 생활상과 소비트렌드, 가치관을 분석했다.

아라카와 가즈히사는 "최근 고령화나 저출산만 화제가 되고 있지만 2035년엔 일본 인구의 절반이 독신이 된다"며 "미혼과 비혼에 더해 이혼율 상승과 배우자 사별에 의한 고령 솔로의 증가 등, 확실히 진행되는 일본의 솔로 사회화 속에서 이 솔로 사회화야말로, 일본이 세계에 앞서 직면한 과제"라고 주장한다. 일본 사회에서 독신자가 소수인 사회를 넘어 독신자가 다수인 사회로 불가피하게 진입하고 있음을 선언한 것이다.

초솔로사회는 가족 공동체가 사회의 기본 단위라는 기존의 전제가 붕괴하고, 개인(솔로)이 소비, 주거, 노동, 돌봄을 스스로 해결해야 하는 '개인화된 사회'로 전환됨을 의미한다. 저자는 '솔로 사회의 미래'에 대해 솔로 사회는 고립사회가 아니라며, 솔로로서 살아가기 위해선 자신을 사랑하고 사람과의 연결이 전제되어야 한다고 주장한다.

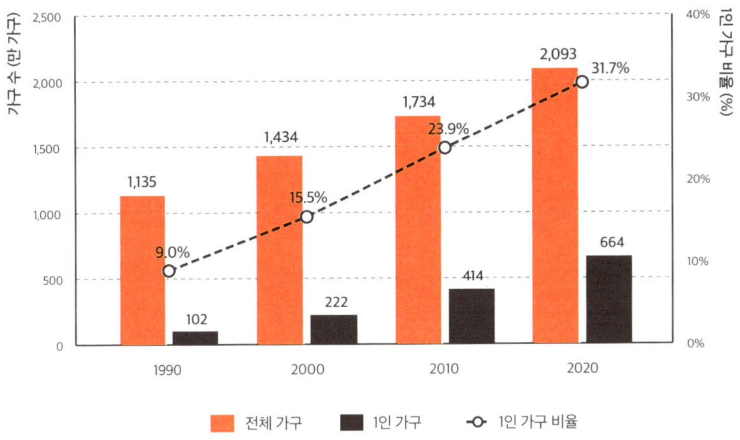

30년간 변화 | 전체 가구 1.8배 증가 | 1인 가구 6.5배 증가 (102만 → 664만)

특히 한국의 1인 가구 중에는 40~50대의 중장년층 비중이 높은 것으로 나타났다.[*]

앞에서 소개했던 미우라 아츠시의 『하류사회』(2005년 챕터에서 서술)가 경제적·의식적 하강을 의미하고 '돈이 없으니 결혼과 출산을 포기'하는 경제적 압박에 초점을 맞췄다면, 『초솔로사회』는 전통적인 가족 형태의 해체를 의미하며 '결혼하지 않아도 불행하지 않다'는 가치관의 변화와 노동 시장의 불안정이 독신을 가속하고, 이들이 미래의 소비와 사회 구조를 바꾼다는 데 초점을 맞추고 있다.

결론적으로 '하류사회'가 '돈 때문에' 포기하는 사회라면, '초솔

---

[*] 1인 위기가구, 중장년 비중 최고…"고립 가능성 높아", YTN, 2025.10.09.

로사회'는 결혼과 가족이라는 시스템 자체를 포기하고 개인으로 자립해야 하는 '최소 불행' 시대의 최종 형태를 보여준다.

초솔로사회 핵심 요약

구분	일본	한국
핵심 변화	독신자가 다수인 사회로의 전환	가족 공동체의 붕괴와 개인화된 생존 강조
정의	인구의 절반 이상이 결혼 경험이 없는 독신 또는 사별/이혼 독신으로 구성되는 사회	N포 세대의 결혼 포기와 1인 가구의 압도적 증가가 가족을 대체하는 현상
지표	2035년 인구의 약 48%가 독신자 전망	2025년 1인 가구가 40%를 넘김(일본을 빠르게 추격함)
사회적 의미	가족이 사회의 기본 단위라는 기존 전제가 붕괴하고, 개인이 주거·노동·돌봄을 모두 스스로 해결해야 하는 극도의 개인화 사회로 전환됨	노노개호 문제와 '고독사' 위험이 개인에게 전가되며, 관계 자본의 상실이 곧 생존의 실패로 이어짐

잠 못 드는 밤, 빚처럼 쌓이는 피로

수면 부채 2017년 [개인/가족]

수면 부채(Sleep debt)란, 스탠퍼드대학의 수면의학자 윌리엄 디멘트(William C. Dement, 1928~2020) 교수가 제창한 말로, 일상적인 수면 부족이 빚처럼 쌓여 심신에 악영향을 미칠 우려가 있는 상태를 말한다. 매일의 수면 부족이 마치 '빚'처럼 체내에 축적되어 낮에는 졸음을 유발하고 집중력을 저하하고 더 나아가 짜증, 고혈압, 당뇨병 등 건강 위험을 높이는 상태를 말한다. 윌리엄 디멘트 교수는 수면 부족이 쌓여 '채무초과' 상태에 빠지면 우울증, 암, 치매 등의 질병으로 이어질 우려가 있다고 경고했다.

이 용어가 2017년 일본 사회에서 주목받은 것은 수면 부족이 더 이상 개인의 문제가 아닌, 시스템이 강요하는 '구조적 불행'의 한 형태임을 시사했기 때문이다. 특히 '부채'라는 금융 용어의 사용은, 건강 관리마저도 개인이 스스로 위험을 통제하고 관리해야 하는 '자기 책임 사회'의 단면을 상징적으로 보여준다. OECD 국가 중 최저 수준의 평균 수면 시간을 기록하고 있는 한국 사회에도 그대로 적용되는 문제다. 한국 역시 과도한 노동 시간, 입시 경쟁, 디지털 기기 의존 심화 등으로 인해 만성적인 수면 부족이 사회 전반에 퍼져 있으며, 이는 단순한 피로를 넘어 국민 건강과 생산성 저하, 안전사고 위험 증가로 이어지는 심각한 사회적 비용을 발생시키고 있다.

지쳐가는 슈퍼맘들……
아빠와 사회는 어디에

독박육아 2017년 [개인 / 가족]

독박육아는 엄마가 파트너나 사회 시스템의 도움 없이 혼자 육아 부담을 짊어지는 상태를 뜻하는 신조어다. 24시간 편의점 직원이 혼자 모든 업무를 감당하는 가혹한 노동 환경 '완오페(ワンオペ, one operation)'에서 파생된 말로, 아사히신문 기사를 통해 일본 사회에 확산되었다. 기사는 육아의 어려움을 넘어, 장시간 노동 중심의 사회 구조, 부족한 공공 보육, 그리고 '육아는 여성의 몫'이라는 고정관념이 여성을 고립과 소진 상태로 내몰고 있음을 고발한다. 독박육아는 엄마를 24시간 가동되는 '1인 공장' 취급하며, 돌봄 시스템 붕괴를 상징한다.

세계 최저 출산율(2024년 0.75명)을 기록 중인 한국 사회에서 더욱 극명하다. 한국 여성들은 육아와 가사 노동의 압도적 비중을 부담하며, OECD 국가 중 남성의 가사·육아 참여 시간은 최하위권이다. 남성 육아휴직 사용률이 점진적으로 증가(2024년 31.6%)하고는 있으나 여성(70% 이상)에 비해 현저히 낮고, 제도 활용에도 어려움이 많다. 여성가족부 실태조사에서도 많은 여성이 독박육아로 인한 우울감, 사회적 고립감, 경력 단절을 호소한다. 이는 독박육아가 저출산 심화와 여성의 경제 활동 위축으로 직결되는 구조적 문제임을 보여준다. 결국 독박육아는 돌봄 책임을 개인, 특히 여성에게 떠넘기는 시스템 실패가 낳은 '제도화된 불행'이다.

"야근은 금지, 일은 다 하고 가세요."

근로 시간 단축 괴롭힘 2018년 [정책/경제]

근로 시간 단축 괴롭힘이란 업무량은 그대로 유지한 채 잔업 시간만 일방적으로 제한하거나 정시 퇴근을 강요하는 것을 의미하는 신조어다. 2018년 6월 「근로 방식 개혁 관련 법」이 통과된 후 일본 기업 현장에서 광범위하게 발생했다. 이 법은 근로자의 과로사 위험을 줄이고 삶의 질을 높이겠다는 긍정적인 목표를 내세웠으나, 많은 기업은 업무 프로세스나 회의 문화를 실질적으로 개선하지 않고 단순히 '잔업 시간'이라는 숫자를 줄이는 데에만 급급했다.

결과적으로 노동자들은 할당된 업무를 처리하기 위해 일을 집으로 가져가거나, 기록되지 않는 잔업(무급 노동)을 할 수밖에 없는 과도한 부담에 내몰렸다. 이는 노동자의 근로 의욕을 심각하게 저하시켰으며, 정책이 의도한 삶의 질 향상은커녕 오히려 개인에게 숨겨진 고통을 가중시켰다. 이처럼 탁상행정이 경직된 조직 문화에 굴복해 현장의 괴로움만 가중해, 개혁 정책의 대표적인 실패 사례로 남았다.

이 현상은 한국이 노동 시간 단축을 논의할 때 직면할 딜레마를 정확히 예고한다. 단순히 법적 시간을 줄이는 정책만으로는 경직된 조직 문화와 비효율을 해결할 수 없다. 노동의 유연성과 생산성이라는 구조적 문제를 개혁하지 않고 겉으로만 규제하는 정책은, 노동자에게 숨겨진 불행(무급 노동)을 강요하며 최소한의 노동자 권리 마지노선마저 지켜주지 못하는 '실패한 사회'로 전락할 위험을 내포한다.

가격은 그대로, 양만 줄었다?

슈링크플레이션 2018년 [정책/경제]

겉으로 드러난 저가 경쟁 이면의 숨겨진 물가 인상

2018년 1월 NHK는 《클로즈업 현대+》를 통해 장기간의 디플레이션으로 가격 인상에 극도로 예민한 일본 소비자들의 저항을 피하고자, 기업들이 식품의 '스몰 체인지' 전략을 쓰고 있다고 보도했다.[*]

이렇게 제품의 가격은 기존 그대로인데, 내용물은 줄어드는 전략을 '슈링크플레이션'이라고 한다. 슈링크플레이션은 '줄어들다'라는 뜻의 슈링크(shrink)와 인플레이션(inflation)의 합성어로 제품의 가격은 유지하거나 소폭 인상하는 반면, 제품의 용량, 크기, 개수 등은 눈에 띄지 않게 줄이는 기업의 가격 인상 전략이다. 과자 봉지의 크기는 그대로인데 내용물만 줄어들거나, 낱개 포장된 사탕이나 초콜릿의 개수가 줄어드는 현상 등이 대표적이다.

일본에서 슈링크플레이션은 일종의 '암묵적 관행'으로 정착했다. 장기간의 경제불황을 겪은 일본 소비자들은 가격 인상만은 피해야 한다는 심리가 강하여 용량이 줄어드는 것에 대해 이 정도는 감수한다는 체념적 태도를 보여왔다. 앞서 1994년 장에서 언급했듯이 1990년대 초 일본은 가격 파괴(Price Destruction)가 유행했는데, 이는 겉으로는 저렴한 가격을 유지했지만, 그 이면엔 슈링크플레이

---

[*] 《클로즈업 현대+ 음식의 '스몰 체인지' 속사정》, NHK, 2018.01.18.

션과 같은 꼼수를 통해 원가 절감을 시도했음을 동시에 보여준다. 한편, 일본 내각부 경제사회연구소에서 발표하는 「소비 동향 조사」(Consumer Confidence Survey) 2025년 10월 2일 발표에 따르면, '1년 후 의 물가 전망' 부문에서 '상승할 것'이라고 응답한 비율이 전달과 동일하게 93.4%로 나타났다.[*] 2020년대 팬데믹 시기를 거치며 오랜 기간 엔화 약세로 물가가 가파르게 상승하자 일본 소비자들도 가격 인상을 시대적 흐름으로 받아들이기 시작한 것이다.

구분	일본의 '스몰 체인지'	한국의 '슈링크플레이션'
등장 시기	1990년대 디플레이션 장기화 이후	2020년대 고물가·저성장 (스태그플레이션) 시기
주요 동기	가격을 올릴 수 없는 소비 심리 위축 때문에 '숨겨서 비용을 절감'하려는 기업의 선택	원자재 가격 급등 및 글로벌 인플레이션을 '소비자에 전가'하는 기업의 선택
소비자 반응	체념과 수용: '싼값'을 우선시하며, '이 정도는 감수한다'는 저항감 없는 소비 행태 정착	배신감·기만 등 강한 불만 표출: 불매 운동으로 이어지기도 하지만 결국 수용할 가능성이 높음

2020년대 고물가와 저성장으로 내수 부진, 불황, 고물가에 처한 한국에서도 '슈링크플레이션'은 큰 사회적 논란이 되고 있다.

국내 치킨 프랜차이즈 빅3에 속하는 한 업체는 2025년 9월 순살 치킨 중량을 700g에서 500g으로 줄임과 동시에 닭다리살 100% 대신 닭가슴살을 일부 혼합해 사용하기로 해 커다란 논란이 되었다. 중량이 줄어들고 품질이 낮아졌는데 가격은 그대로 유지한데다가 재

---

[*] 「소비 동향 조사 9월 조사 결과」 일본 내각부, 2025.10.2.

   5 | 각자도생 제도화 10년

료를 변경하면서 소비자에게 이를 공지하지 않은 점도 문제가 됐다. 이에 인터넷 커뮤니티와 SNS를 중심으로 소비자들의 불만이 폭발해 수많은 언론에서 이를 보도했다. 이렇게 제품의 가격과 용량은 유지하면서 품질이나 제공되는 서비스의 수준을 은근슬쩍 낮추는 행위를 스킴플레이션(Skimpflation)이라고 한다. 스킴플레이션은 인색하게 굴다·아낀다는 뜻을 가진 'Skimp'와 물가 상승 'Inflation'의 합성어다. 제품의 주원료를 저가 원료로 대체하거나 유제품의 유지방 함량을 낮추거나, 음식점의 반찬 가짓수나 리필 서비스를 축소하거나, 호텔 객실 청소 횟수를 줄이는 등이 대표적이다.

슈링크플레이션과 스킴플레이션은 단순한 경제 현상을 넘어 소비자의 합리적인 소비를 방해하고 시장에 대한 불신을 키워 결과적으로 사회구성원의 불행과 불만을 증폭시킬 수 있다. 이에 프랑스 등은 용량 변경 고지를 의무화하고 있으며 한국 정부도 슈링크플레이션을 소비자 권리 침해로 보고 대응 방안을 마련하고 있다.

공정거래위원회는 2024년 8월 제품 제조업자가 소비자에게 알리지 않고 용량 등을 축소하는 행위를 부당한 소비자거래행위로 명시했다. 이에 따라 제조업자는 용량 축소 시 변경일로부터 3개월 이상 소비자에게 이를 고지할 의무가 있다. 위반하면 과태료를 부과한다. 식품의약품안전처도 2025년 1월부터 소비자가 슈링크플레이션에 대응할 수 있도록 했다. 이를 위반하면 시정명령, 품목 제조정지(15일 또는 1개월) 등 행정처분이 내려진다. 단위가격이 상승하지 않거나 내용량 변동 비율이 5% 이하인 경우는 제외한다.

국가별 슈링크플레이션 규제 방안

국가/기관	주체	핵심 규제 방식	세부 내용 및 특징
프랑스	소매업체 (법적 의무)	판매대 고지 의무화	2024년 7월부터 법령 시행 / 소매업체는 최소 2개월 동안 판매대에 고지문·스티커 표시 의무
브라질	제조업체 (법적 의무)	포장지 의무 고지	제조 단계에서 변경 사실 고지 의무 부과 / 포장지에 변경 전후 용량·수치·비율 명확히 표시 / 변경 정보는 포장지에 최소 6개월 이상 명시해야 함
캐나다	정부	조사 및 적발 전달 기구	식료품 태스크포스(Task Force) 출범(2023년 10월) / 소비자에게 해를 끼치는 행위 전문적으로 조사 및 적발
독일	정부	입법 추진	슈링크플레이션을 소비자 보호 문제로 규정 / 이를 막기 위한 법안 마련 추진 의사 표명
유럽연합 (EU)	EU 및 회원국	표시 기준 강화	용량 변경 시 일정 기간 '새로운 크기(New Size)' 표시 의무화 / 변경 사유 명시 요구 등 규제 강화 추진

강아지 대신
로봇 강아지를 키웁니다

인공 반려견 아이보 2018년 [개인/가족]

"소니제가 아니다. 소니에서 태어났다."*
"아이보의 새 부모를 찾습니다."

아이보(aibo)는 소니의 인공 반려견 로봇이다. 2018년 신형이 출시되며 초고령화 일본에서 큰 인기를 끌고 있다. 주인이 집에 돌아오면 스스로 마중 나오는 등 실제 개에 가까운 움직임을 구현했다.

소니는 '아이보 입양 제도'까지 도입했다. 고령 주인 사망 후 방치되는 반려로봇이 늘자, 인간 사후 로봇 관리까지 고려하는 사회가 되었다.** 돌봄과 관계의 상실을 로봇으로 대체하는 '돌봄 로봇' 시대의 상징이다.

---

* 1999년, 소니의 인공 반려견 아이보 출시 당시 광고 문구
** "제가 죽으면 누가 돌보나요?" 민원에…로봇개 입양 제도 만드는 소니, 아시아 경제,
2024.01.12

사지 않고 빌려 쓴다, 경험을 소비하는 시대

구독 서비스 2019년 [정책/경제]

구독 서비스란 정액 요금을 내고 일정 기간 상품·서비스를 이용할 수 있는 비즈니스 구조를 말한다.

2019년 일본에선 다양한 미디어가 구독 서비스를 시작했다. 잡지, 웹 미디어, 서적, 공유 자전거 등 다양한 장르에서 구독 서비스가 등장해 시장 규모가 급속도로 팽창했다.

2020년대 들어서 소비자의 가치관이 '반영구적인 소유'에서 '사용 및 경험'으로 변화하고 있는 것도 구독 비즈니스가 성장하고 있는 요인 중 하나다. 이는 경제적 불확실성에 직면한 젊은 세대를 중심으로, 소유에 따르는 부담 대신 유연한 접근과 경험 자체를 중시하는 가치관 변화를 반영한다.

한국 역시 OTT(넷플릭스, 웨이브 등), 음원 스트리밍(멜론, 스포티파이 등), 심지어 자동차나 가구 구독 서비스까지 확산하며 이러한 글로벌 트렌드를 따르고 있다. 결국 구독 경제의 성장은 개인이 예측 가능한 비용으로 다양한 경험을 추구하며 불확실한 미래의 위험(구매 실패, 유지비용 등)을 최소화하려는 '불행 관리' 전략, 극도의 저소비생활의 일환으로 해석할 수도 있다.

운전은 위험, 면허 반납은 고립, 노인의 선택은?

면허 반납의 딜레마 2019년 [개인/가족]

급발진이다. 신속히 브레이크를 밟았지만, 차가 폭주했다.
운전 경력이 30년이 넘는 내가 실수할 리가 있겠는가?

2010년대 중반 이후 일본에서 고령 운전자에 의한 교통사고가 연일 보도되며 사회적 공포가 커졌다. 특히 2019년 4월 도쿄 이케부쿠로에서 87세의 전직 고위 관료가 액셀을 브레이크로 착각하고 폭주해 젊은 모녀를 포함해 총 10명의 사상자를 낸 대형 사고가 결정타였다. 사고 운전자가 차량 결함을 주장했음에도, 운전자 과실로 금고 5년형이 선고되면서 고령 운전의 위험성이 전 사회적으로 부각되었다.

이케부쿠로 사고 이후, 일본 전국에서 65세 이상 고령자의 자동차 운전 면허증 자진 반납이 급증했다. 사건 발생 반년 만에 면허 반납 고령자는 전년 동기보다 80% 이상 증가한 4만 7천 명에 달했다. 고령화 사회에 진입한 한국 역시 고령 운전자 사고 건수가 2020년 대비 2024년에 36.4% 급증하는 등 심각한 사회적 논란에 직면해 있다. 특히 2025년에는 치매 판정 후에도 운전 적성검사를 95% 이상 통과해 계속 운전대를 잡는 문제가 언론을 통해 보도되면서, 시스템이 개인의 안전을 제대로 보장해주지 못하는 현실을 여실히 드러냈다.*

　이러한 상황에 논란이 된 '면허 반납'은 고령화 사회가 직면한 '딜레마'를 극명하게 보여준다. 대도시는 대중교통이 발달해 면허 반납이 용이하지만, 지방은 인구 감소로 버스 노선이 폐지되는 등 대중교통이 극도로 열악하다. 나이 든 개인에게 자동차는 장을 보거나 병원에 오가는 생존을 위한 유일한 수단인데 지방에 사는 노인들이 면허를 반납할 경우, 이는 곧 소비 및 외부 활동의 급감으로 이어진다.

　고령 인구의 면허 반납을 의무화하거나 강제하면 필연적으로 지방 도시소멸을 가속화하는 결과를 낳는다. 사회구성원의 안전을 위한 선택이 지역사회 붕괴로 연결되는 아이러니에 빠지는 것이다. 따라서 면허 반납은 단순히 고령자 개인의 문제가 아니라, 초고령사회에서 고령자가 최소한의 생활을 유지할 수 있는 이동권과 시스템의 지원이 어떻게 보장되어야 하는지에 대한 구조적 질문을 던진다.

---

* 지배 반성우 운진 적성검사 응시자 95%가 통과 계속 운전대 잡아, 동아일보, 2025. 09.29.

법 위에 군림하는 '특별한 국민'

상급 국민 2019년 [정책 / 경제]

상급 국민(上級国民)은 일반 국민과 다른 규범을 적용받는 듯한 특권층을 지칭하는 비판적 용어다. 2019년 도쿄 이케부쿠로 고령 운전자 사고 당시, '상급 국민'에게는 법 집행마저 다르다는 냉소와 비판이 온라인을 중심으로 폭발적으로 확산됐다.

이 사건은 법과 시스템이 모든 시민에게 공평하게 작동해야 한다는 '공정성'의 신화가 특정 계층 앞에서 무력화될 수 있음을 상징적으로 보여주었다. '상급 국민'은 단순한 부유층 지칭을 넘어, 사회적 물의를 일으키고도 책임을 회피하는 정치인, 관료 등을 싸잡아 비판하는 시스템 불신의 언어가 됐다. 이는 사회가 보장해야 할 '최소한의 공정성'마저 특정 집단에 의해 유린당하고 있다는 대중의 깊은 좌절감을 반영한다.

한국 사회 역시 과거 '유전무죄 무전유죄'라는 말이 상징했듯, 사회경제적 지위에 따라 법의 저울이 다르게 기운다는 인식이 존재해 왔다. 권력형 비리나 재벌가의 범죄에 대한 솜방망이 처벌 논란은 시스템 공정성에 대한 근본적인 회의감을 반복적으로 불러일으킨다. '상급 국민' 현상은 결국 법 앞의 평등이라는 사회 시스템의 기본 원리에 대한 신뢰가 붕괴했을 때 나타나는 위험 신호임을 명백히 보여준다.

코로나19 팬데믹 2020년 [정책/경제]

코로나19 팬데믹(COVID-19 Pandemic)이란 2019년 11월 중국 후베이성 우한시에서 처음 확인된 SARS-CoV-2의 감염증인 코로나바이러스감염증-19가 전 세계적으로 유행했던 상황을 말한다. 세계보건기구는 2020년 1월에 '국제적 공중보건 비상사태'를 선언했고, 3월에는 '팬데믹(Pandemic, 인간이 면역력을 갖고 있지 않은 질병이 전 세계로 전염·확산하는 현상)'으로 격상시켰다.

코로나19 바이러스는 2019년 첫 창궐 이후 2024년 4월까지 5년 동안 7.04억 이상의 확진자와 701만 명 이상의 사망자를 기록했다. 팬데믹은 엄청난 인명피해와 더불어 1929년 대공황 이후 가장 심한 세계적 경기 침체를 불러와 심각한 사회적, 경제적 혼란을 초래했다. 전 세계 국가들은 '공중보건 비상사태'를 선언하고 해외여행 제한, 출입국 제한, 특정 사업 및 서비스업 제한·폐쇄, 마스크 의무화, 격리 조치, 행사 취소 등 강도 높은 정책을 시행했다.

'코로나19 팬데믹'은 단순히 보건 위기를 넘어, 국가 시스템의 민낯을 드러낸 사건이었다. 전 세계 국가가 국민의 일상을 강제적으로 통제하는 '최대 행정'을 동원했음에도, 그 통제가 불평등하게 작동하고 사회적 갈등(자숙경찰, 고투 캠페인의 허점)을 심화시켰기 때문이다. 팬데믹은 위기 상황에 국가의 개입이 어디까지 허용되는지, 그 한계와 부작용을 극단적으로 보여준 시대의 분기점이었다.

나랏돈은 눈먼 돈?
세금 빼먹기 경쟁과 '연금술사'들

고투 캠페인 2020년 [정책/경제]

여행, 음식, 쇼핑, 이벤트, 4개 분야로 시작된 고투 캠페인(GoToキ ャンペーン)은 소비를 촉진하는 성과를 거둔 것이 사실이지만, 한편으 론 시작하자마자 결함투성이로 숙박 사기도 잇따랐다.

고투 캠페인 2탄인 고투이트(GoToイート)는 각 예약 사이트에 가 맹한 가게에 예약하면 포인트를 주는 구조를 악용해, 모든 메뉴가 298엔인 저렴한 이자카야 체인 토리 귀족(鳥貴族)에서 메뉴를 1개만 주문하고 1,000엔의 포인트를 받는 편법을 행하는 사람들이 나타나 '토리키의 연금술'이라는 조롱과 한탄 섞인 말이 화제가 됐다. '토리키 의 연금술' 현상은 선의의 정책이 실패하는 과정을 보여준다. 정책의 의도가 아무리 좋아도, 설계가 허술하고 관리 감독이 부족하면 시스 템의 허점이 드러난다. 결국 개인은 이 허점을 이용해 사익을 추구하 게 되며, 이는 정책에 대한 불신을 심화시키는 결과로 이어진다.

한편, 한국에선 코로나 팬데믹 시기에 국내 여행 지원 정책으로 '근 로자 휴가지원 사업'과 '숙박세일 페스타'를 진행했다. 근로자 휴가지 원 사업은 근로자가 일정 금액을 부담하면 기업과 정부가 추가로 지 원하여 총 40만 원을 국내 여행 경비로 사용할 수 있도록 돕는 사업이 며, 숙박세일 페스타는 숙박비 할인(숙박료가 7만 원 이상일 때엔 5만 원, 7만 원 미만일 때엔 2만 원 지원)을 정부가 부담하는 형식으로 진행했다.

멈춘 세상 속 움직이는 사람들, 그들의 가치를 묻다

에센셜 워커 2020년 [정책/경제]

에센셜 워커(essential worker)는 영어의 'essential(필요 불가결한)'과 'worker(근무자)'를 결합한 단어로, 사회 기반 시설과 필수 서비스를 유지하는 데 없어서는 안 될 업무를 수행하는 노동자를 총칭한다. 주된 직종으로는 감염병 대응의 최전선에 선 의료 및 복지 종사자뿐만 아니라, 식료품 공급과 생필품 배송을 담당하는 물류·운수 노동자, 치안과 행정을 유지하는 공무원 및 공공 서비스 종사자, 그리고 에너지, 통신, 환경미화 등 사회의 기초 기능을 담당하는 이들까지 폭넓게 포함된다. 영어권에서는 'critical worker'나 'key worker'라고도 칭한다.

코로나19 팬데믹은 이들 에센셜 워커의 존재를 사회 전면에 극적으로 부각시켰다. 감염 위험 속에서도 사회 기능을 유지하기 위해 대면 노동을 지속해야 했던 이들의 헌신 덕분에 봉쇄 상황에서도 최소한의 일상을 유지할 수 있었다. 특히 의료 현장의 의사, 간호사, 병원 스태프 등이 방호복 부족과 과도한 근무에 시달리며 인력난을 호소하는 모습은 '에센셜 워커'에 대한 사회적 관심과 존경심을 불러일으켰다.

그러나 이러한 재평가 이면에는 불편한 진실이 존재한다. 에센셜 워커로 분류된 직종 상당수가 평소 저임금, 불안정한 고용, 열악한 노동 환경에 시달리는 경우가 많았다는 점이다. 팬데믹은 사회가 이들의 노동에 절대적으로 의존하면서도, 정작 이들의 안전과 처우, 즉 '최소한의 노동 조건'을 제대로 보장하지 못했다는 구조적 모순을 드러냈다. 이는 '최소 불행 사회' 담론에서 국가와 시스템이 가장 기본적인 사회 유지 기능을 담당하는 이들의 '최소 안전망'마저 얼마나 취약하게 관리해왔는지를 보여주는 사례였다.

마스크 안 썼다고 폭행?
도 넘은 간섭

자숙경찰 2020년 [개인/가족]

자숙경찰(自肅警察)이란, 큰 재해 발생 시나 감염증의 대유행으로 외출이나 영업 등의 자숙 요청에 응하지 않는 개인이나 상점을 향해 편향된 정의감이나 질투심, 불안감으로 사적 단속이나 심할 경우 물리적인 폭력을 행사하는 일반 시민이나 그 행위 풍조를 가리키는 속어다.

공동체 질서를 유지하는 '동조압력'이 유독 심한 일본 문화가 반영된 현상으로, 개인 간의 상호 감시가 과도하다는 측면에서 부정적인 의미로 많이 쓰였다. 코로나 자경단, 자숙 자경단, 자숙 폴리스라고도 불렸다. 마스크 경찰, 정의중독이라고 불리는 용어도 생겼다.

한국에선 자숙이나 권장을 상회하는 일명 '코파라치 제도(코로나19 안전신고제)'가 2021년에 시행되었다. 특정 감염병 예방 수칙 위반을 신고 시 포상금을 지급하는 제도로, 시민 간의 갈등이 절정에 이르렀다.

혼자 떠나는 캠핑, 안전한 고립의 즐거움

솔로 캠프 2020년 [문화/유행]

코로나19 사태로 멀리 나가기는 어렵지만, 3밀(밀집·밀폐·밀접)을 신경 쓰지 않아도 된다는 점에서 캠핑의 매력이 재평가되며 많은 사람이 캠핑을 즐겼다. 그런 가운데 홀로 캠핑을 즐기는 솔로 캠핑이 이목을 집중시켰다. 팬데믹과 3밀로 더욱 삭막해진 도시에서 벗어나 홀로 온전히 자연을 만끽할 수 있었던 솔로캠프는 일시적인 유행에 그치지 않고 팬데믹 이후에도 일반적인 레저로 자리 잡았다. 이는 감염병이라는 통제 불가능한 외부 위협 속에서, 개인이 온전히 통제할 수 있는 '안전한 고립'을 자발적으로 선택했음을 보여준다. 복잡한 인간관계에서 벗어나 최소한의 장비로 자연과 교감하며 얻는 만족감은, '소확행'과 '미니멀리즘'이 결합된 불황기 생존 전략의 연장선상이다. 결국 솔로 캠프는 팬데믹이 가속화한 개인화 경향 속에서, 고립을 불안이 아닌, '자율적 휴식'으로 재정의하려는 문화적 시도였다.

한국 사회에서 솔로 캠프의 확산은 '관계 피로도'가 극에 달하고 '개인의 회복 탄력성'이 중요한 가치로 부상했음을 시사한다. 이처럼 안전하고 자발적인 고립을 추구하는 문화는 '언택트(Untact)' 소비 트렌드와 결합하여 1인용 레저 및 숙박 시장의 성장을 더욱 가속화하고 있다. 궁극적으로 솔로 캠프는 복잡하고 불안정한 사회 시스템 속에서 개인의 심리적 안녕을 확보하기 위한 가장 능동적이고 합리적인 탈출구이자 현대인의 새로운 스트레스 해소 방식으로 기능하고 있다.

칼로 베어버릴 듯한 슬픔과 희망

귀멸의 칼날 2020년 [문화/유행]

고토게 코요하루의 만화와 애니메이션《귀멸의 칼날(鬼滅の刃)》은 2020년 팬데믹 시대 유행을 넘어 사회 현상이 되었다. 2019년 애니메이션 방영 후 폭발적으로 인기를 얻기 시작한 이 작품은 단행본 누계 2억 2천만 부를 돌파, 세대와 성별을 초월한 팬덤을 형성했다.

이 작품의 성공은 단순히 높은 오락성을 넘어, 코로나 시대에 개인이 가장 절실했던 가치를 담았기 때문이다. '귀신'(바이러스와 같은 보이지 않는 위협)으로부터 가족(여동생 네즈코)을 구하려는 주인공 탄지로의 강한 가족애와 헌신, 그리고 명확한 선악의 가치는 정의와 안전의 기준이 모호해진 팬데믹 시대의 대중에게 심리적 안정감과 명확한 도덕적 좌표를 제공했다. 또한, 질질 끌지 않고 완벽한 마무리를 보여준 깔끔한 전개는 불확실한 현실 속에서 독자들에게 확실한 결말이 주는 안정감과 만족감을 선사했다.《귀멸의 칼날》은 개인과 가족의 윤리적 가치가 시스템의 불안정함을 이겨내는 '최소 불행 시대'의 '새로운 영웅 서사'였다.

노인이 노인을 돌보는 비극의 시대

노노개호 2021년 [개인/가족]

"남은 인생을 노력해서 살아갈 이유가 있을지……
솔직히 허무하단 생각밖에 안 들 것 같아요."*

2021년, 당시 72세였던 피고인 A씨가 80세의 배우자 B씨에게
상해를 입힌 혐의로 재판에 섰다. 병시중에 지친 노인이 배우자에게
해를 가하는 전형적인 '노노개호 사건(간병살인)'이다.

당시 부부는 경제적 상황이 매우 열악했으며, B씨는 오랜 기간
치매와 지병으로 거동이 불편하여 A씨가 24시간 전적으로 간병해
왔다. 현지 언론에 따르면 A씨는 최후 진술에서 "아내와 함께 죽지
못해서 미안하다. 죽음 말고는 다른 방법을 찾을 수가 없었다. 보다
쉽게 개호에 필요한 도움을 받을 수 있는 세상이 되면 좋겠다"라고
말했다. 이 사건은 '간병지옥'이 어떻게 한 개인의 삶을 파괴하고 극
단적인 선택으로 몰아가는지 여실히 보여준다.

이후 후쿠오카 지방법원은 A씨에게 징역 3년, 집행유예 4년을
선고했다. 재판부는 "피해자(아내)의 고통을 덜어주려는 동기가 있
었고, 피고인(남편)도 자살을 시도하는 등 죄책이 무겁지만, 장기간
의 간병으로 인한 극심한 스트레스를 참작한다"고 밝혔다.

---

* 《플랜 75》, 감독 하야카와 치에, 일본·프랑스·필리핀 합작 영화, 2022.

해당 사건은 돌봄 노동의 사회적 책임 부재와 고독한 노년층의 경제적 파탄이 결합했을 때 발생하는 노노개호 비극의 전형적인 사례로 기록되었다.

노인이 노인을 간호하는 노노개호(노노간병)는 세 가지 이유로 발생했다. 먼저 평균수명 연장이다. 수명이 길어지면서 간병 기간 자체가 장기화 되어 간병인(돌보는 사람)도 고령화되기 때문이다. 또한 저출산 및 가족 해체도 주요 원인이다. 간병을 맡을 젊은 세대(자녀)가 없거나, 자녀가 '프리터 족'이거나 '히키코모리' 상태로 경제적·심리적 자립이 어려워 간병 역할을 할 수 없는 경우다. 마지막으로 공적 시스템의 한계다. 일본에는 공적 간병보험(개호보험)이 도입되었음에도, 비용 문제와 서비스 부족으로 인해 가정 내 간병 부담이 해소되지 못하고 있기 때문이다.

노인이 노인을 간병하는 노노개호

구분	주요 원인 및 배경	비극적 결과
핵심 요소	구조적 압박과 공적 시스템 부재	간병 살인과 하류 노인 전락
1. 경제적 측면	간병 기간 장기화, 연금 외 소득 부재 (노인 빈곤)	간병 파산(재산 탕진) 및 하류 노인 전락
2. 사회적 측면	저출산 / 가족 해체 (젊은 간병 인력 부재) 및 공적 서비스 한계	사회적 고립 심화 및 '무연사회'로의 편입
3. 신체 / 심리 측면	간병인의 고령화 및 신체적 한계, 간병 우울증	공멸(간병인 건강 악화), 간병 살인 / 동반 자살

2025년 초고령사회에 진입한 한국은 '노노개호'를 넘어, 돌봄이 필요한 중년의 장애가 있거나 질병을 앓고 있는 자녀를 고령의 부모가 돌보는 '8050문제(80대 부모가 50대 자녀를 돌봄)'까지 직면하고 있다.

앞서 언급한 노부부의 비극적인 사건은 간병 파산과 고독사를 넘어, 가족의 마지막 존엄마저 파괴될 한국의 미래를 보여준다. 노노개호는 개인의 재산과 존엄성, 그리고 가족을 동시에 파괴하는 고령화 사회의 종착역이다. 그러나 이 비극은 피할 수 없는 운명이 아니다. 자세한 것은 3부 아무도 말하지 못한 9가지 금기된 해법에서 상세히 논한다.

담 너머의 비극:
내가 목격한 노노개호의 끝

⋮

우리 가족이 오랜 세월 살아온 주택 옆, 담 하나를 마주한 집에는 연세 지긋한 할머님과 50대 아들이 살고 계셨습니다. 두 분은 외출을 극도로 꺼리어 우리 가족과의 왕래는 거의 없었습니다. 저 역시 늘 불이 켜져 있는 담 너머 집을 보며 아주 가끔 마주치면 어색하게 인사하는 정도였습니다. 오랜 세월 평온했던 그 집에서 어느 날부터인가 이상한 소리가 들려오기 시작했습니다.

처음에는 그저 모자간의 다툼인가 싶었습니다. 하지만 시간이 지날수록 다툼의 빈도가 잦아지고 수위도 높아졌습니다. 갑자기 시작되는 고함, 무언가 부서지고 깨지는 소리.

"아이고, 살려주세요! 살려주세요!"

어느 날 새벽, 할머님의 살려달라는 외침에 저는 자다 말고 화들

짝 놀라 그 집으로 뛰어가 초인종을 눌렀습니다. 하지만 안에서는 아무 반응이 없었습니다. 걱정되는 마음에 결국 경찰에 신고했습니다.

파출소에서 온 경찰관들과 함께 확인하게 된 상황은 예상보다 심각했습니다. 할머님은 이미 중증 치매 상태였고, 덥수룩한 수염과 긴 머리의 아들은 홀로 어머니를 간병하며 정신적으로 극한의 스트레스 상태에 놓여 있는 듯 보였습니다. 경찰관의 질문에도 아들은 제대로 답하지 못했습니다. 그렇게 사건은 일단락되었지만, 근본적인 문제는 해결되지 않았습니다.

이후 저는 그 집을 유심히 살폈지만, 공적 돌봄 시스템의 지원은 보이지 않았고, 다른 가족의 도움도 없어 보였습니다. 50대 아들 혼자, 점점 자신을 잃어가는 어머니와 함께 세상과 단절된 채 그 좁은 집에 갇혀 있었던 것입니다. 그들에게 도움을 내민 사람은 아무도, 단 한 명도 없었습니다.

그렇게 2, 3년 정도의 시간이 흘렀습니다. 담 너머로 들리는 소리는 점점 더 절망적으로 변해갔습니다. 아들의 신경질적인 욕지거리와 할머님의 살려달라는 외침은 매일 이어졌습니다. 그러다 어느 무더운 여름날, 그 집에 불편한 침묵이 찾아왔습니다. 골목에서 마주친 아들분께 조의를 표하고 장례식에 참석하고 싶다고 전했으나, 그는 초점 없는 공허한 눈으로 저를 이삼 초간 잠시 바라보다가 아무 대답 없이 골목 저편으로 사라졌습니다.

진짜 비극은 그다음이었습니다.

보름도 지나지 않아, 아들이 바로 그 집에서 스스로 생을 마감했습니다. 같은 건물, 다른 집에 사는 이웃 주민이 '악취'를 신고하고 나서야 발견될 정도로 고독한 죽음이었습니다. 며칠 뒤, 오랜 세월 그 모자와 연을 끊고 살았던 다른 형제들이 나타났습니다. 동네 부동산 사장님께 들으니, 집이라는 유산을 상속받기 위해 온 것이라고 했습니다. 그들이 집을 정리하며 내놓은 쓰레기가 가구를 제외하고도 5톤 트럭 분량, 100리터 쓰레기봉투 50개가 넘게 그 집 대문 앞에 쌓였습니다. 악취는 말할 것도 없었지요. 그 집 안이 어떤 상태였을지 굳이 들여다보지 않아도 짐작할 수 있습니다.

저는 담 하나를 사이에 두고, 한 사람의 붕괴를 지켜봐야 했습니다. 아니, 두 사람의 붕괴였습니다. 할머님은 존엄한 노년을 빼앗겼고, 아들은 자신의 중년과 미래를 통째로 잃었습니다. 그리고 마지막에는 생명까지도요.

이것이 불과 몇 년 전 제가 직접 겪은, 2020년대 대한민국의 '노노개호' 한 단면입니다. 노인이 노인을 돌보다 함께 무너지는 구조. 국가는 보이지 않았고, 가족은 해체되었으며, 지역사회는 담 너머의 비명을 외면했습니다. 그렇습니다. 돌이켜보면, 저 자신조차 더 적극적으로 그들의 불행에 손 내밀지 못했습니다. 제가 지역 행정복지센터나 구청 사회복지과에 전화 한 통화만이라도 했더라면 결과는 달라졌을까요? 10분만 투자했다면 조금은 다른 결말을 맞이할 수 있지 않았을까요…….

고작 한 뼘 두께도 안 되는 담장 하나를 사이에 두고도, 우리는 서로를 구하지 못했습니다.

　　　　　　　　　　　　　　　저자 노트 3

　이 책 『최소 불행 사회』가 주목하는 지점 중 하나는 바로 이러한 '시스템 밖으로 밀려난 사람들'입니다. 통계로는 잡히지 않고, 정책 대상에서는 누락되며, 이웃조차 알아차리지 못하는 사이 조용히 무너지는 삶들. 그들이 마주한 불행은, 이 책이 지향하는 '최소 불행 사회'라는 상태조차 얼마나 요원한 현실인지 아프게 증명합니다.

　저는 지금도 담 넘어 집의 아들이 보여준 그 공허한 마지막 눈빛을 잊지 못합니다.

어른 대신 가족을 돌보는 아이들

영케어러 2021년 [개인/가족]

영케어러(Young Carer,)란 질병, 장애, 알코올, 정신질환 등으로 어려움을 겪는 가족 구성원을 돌보는 18세 미만의 아이 또는 청소년을 말한다. '영케어러'나 '소년 가장' 둘 다 어린 나이에 가정을 돌봐야 한다는 공통점이 있지만, 생계를 책임지고 돈을 벌며 주로 경제적인 역할을 도맡는 소년 가장과 달리 영케어러는 생계를 책임지는 것을 넘어 돌봄, 간호, 정서적인 지원 등을 한다는 면에서 차이점을 가진다.

2021년 일본 후생노동성과 문부과학성이 실시한 조사에서 중학교 2학년생 17명 중 1명이 영케어러인 것으로 밝혀져 일본 사회에 큰 충격을 줬다. 조사를 통해 영케어러 아이들의 대부분은 자신이 영케어러라는 자각도 하지 못하는 것으로 나타났다.[*] 10대인 영케어러들은 자신의 어려움을 학교나 지자체, 친구 등 주변에 잘 알리지 않기 때문에 '숨겨진 집단', '잊힌 최전선'으로 불린다.

영케어러는 보통 성인(부모나 배우자 등)이 담당해야 할 돌봄에 자신의 시간을 소비하느라 학업에 집중하지 못하거나 친구들과 노는 시간이 줄어들고, 진학을 포기하거나 아르바이트로 일해야만 하는 경우가 대다수다. 가족을 위해 희생해야만 하는 이러한 돌봄과 병간호 경험은 트라우마가 되어 미래의 결혼이나 육아에 불안과 두

---

[*] 가사와 돌봄에 하루 4시간 중고생 5%가 가족 돌봄 청소년, 아사히신문, 2021.4.12.

려움을 느끼고 이를 꺼리게 되는 게 영케어러의 가장 큰 문제로 꼽힌다. 2022년 일본에선 '어린이 가정청'이 설치되어 영케어러 지원이 강화되었다.

영국·호주·일본 등은 영케어러를 심각한 사회문제로 보고 생계비와 돌봄 지원에 적극적으로 나서고 있지만, 국내에선 아직 국가 차원의 영케어러 지원책이 마련돼 있지 않다. 국제 학계가 한국의 영케어러 대응 수준을 1~7단계 중 최저인 7단계(무반응 국가)로 분류할 정도다.[*]

2024년 12월 통계청은 '한국의 사회동향 2024' 보고서를 발표하면서 처음으로 영케어러 실태 파악에 나섰다. 보고서는 2020년 기준 한국의 영케어러(가족돌봄청년) 수를 15만 3044명으로 추산했다.

2018년에 방영되어 수많은 시청자를 울린 tvN 수목 드라마《나의 아저씨》에서 아이유가 연기한 캐릭터 '이지안'이 영케어러의 대표적인 예시로 꼽힌다. 극 중 이지안은 10대 중반부터 청각장애인 할머니를 모시고 돌봄과 생계의 이중부담 속에 힘겹게 살아간다.

"할머니한테 다른 자식은?"

"없어요."

"근데 왜 할머니를 네가 모셔? 요양원에 안 모시고?"

---

[*] 10대 가장 '영케어러'… 서울·경기에만 7만 명, 조선일보, 2024.10.21.

“돈을 못 내서(쫓겨났어요)······.”

“손녀는 부양 의무자가 아니야. 자식 없고 장애 있으면 무료로 들어갈 수 있는데, 왜 요양원에서 쫓겨나?”

“그런 거 가르쳐주는 사람도 없었니?”

tvN 수목 드라마 《나의 아저씨》, 2018.

지금, 대한민국엔 15만 3,044명의 ‘이지안’이 있다.

내 부모는 '꽝'인가 '당첨'인가?
잔인한 운명론

부모 가챠 2021년 [개인 / 가족]

부모 가챠(親ガチャ, 오야 가챠)란 마치 무작위의 '뽑기(가챠폰)'에서 아이템을 얻는 것처럼, 부모를 스스로 선택할 수 없는 상황에 빗대어 자신의 인생이 이미 정해졌다는 운명론을 표현한 말이다.

이는 '잃어버린 30년' 동안 장기 경제 불황과 팬데믹을 거치며 빈부격차가 심화되고, 개인의 노력만으로는 계층 상승이 거의 불가능해졌다는 구조적 좌절감을 반영한다. 젊은 세대는 부모의 자산, 부채, 건강 상태 등이 '인생의 초기 능력치'를 결정하며, 부모를 '당첨' 또는 '꽝'으로 여기는 냉소적인 인생을 내재화했다.

이러한 '부모 가챠'의 유행은 한국 사회의 '수저론'이 심화된 형태다. 개인의 불행이 경제 시스템의 불공정성에서 비롯됨에도, 그 원망과 증오가 부모에게 전가되는 현상이다. 이는 국가 시스템이 불평등을 방치한 대가로, 젊은 세대에게 가장 기본적인 윤리적 관계인 '부모-자식 관계'마저 불행의 척도로 삼게 만든 '최소 불행 사회'의 가장 비극적인 단면이다. 더욱 심각한 것은 이러한 인식이 결국 '영 케어러'나 '노노개호' 문제와 맞물린다는 점이다. '꽝'이라고 여겨지는 가난하거나 아픈 부모를 돌보는 것은 미래의 삶까지 저당 잡히는 '이중의 불행'으로 인식된다. 이는 젊은 세대가 결혼이나 출산을 기피하게 만드는 핵심 요인이 되어, 개인의 불행이 사회의 재생산 구조 자체를 멈추게 하는 악순환의 고리를 형성한다.

내 최애를 위해선 뭐든지 한다!

덕질 2021년 [문화/유행]

덕질(推し活, 오시카츠)이란 아이돌, 배우, 캐릭터, 스포츠 선수 등 자신이 열렬히 좋아하고 응원하는 대상을 중심으로 이루어지는 모든 활동을 통칭한다. 라이브 이벤트 참여, 관련 상품(굿즈) 구매, SNS 활동을 통한 지지 표현, 성지 순례 외출 등 다양한 형태를 보이며, 그 대상은 사람이나 캐릭터를 넘어 취미나 작품 자체로 확장되었다.

이러한 '덕질' 문화는 코로나19 팬데믹 시기에 단절된 인간관계를 회복시키는 순기능을 하며 폭발적으로 성장했다. '온라인○○'을 강제하고 '3밀'을 규제해 오프라인 교류가 막히자, 사람들은 팬카페나 SNS를 통해 덕질 정보를 공유하고 안부를 주고받으며 '느슨하지만 지속적인 연대감'을 형성했다. 덕질은 일상의 활력을 제공할 뿐 아니라, 고립된 개인이 심리적 안정을 얻을 수 있는 사회적 안전망의 역할을 대신했다.

덕질 대상은 팬의 통제 영역 안에 존재하며, 팬은 소비와 지지 활동을 통해 그 대상의 성공에 기여한다는 '유의미한 통제감'을 느낀다. 이는 '부모 가챠'로 대표되는 통제 불가능한 현실의 좌절감을 상쇄하는 개인의 적극적인 생존 전략이었다. '덕질'은 불행을 최소화할 수 없을 때, 스스로 통제 가능한 범위 내에서 작은 행복을 '선택적으로 창조'하여 버티는 '최소 불행 사회'의 '문화적 해법'을 보여준다.

종교라는 이름의 아동 학대

종교 2세 문제 2022년 [정책/경제]

종교 2세란 부모 등 가족의 의사에 따라 유년 시절부터 특정 종교에 입신하게 된 사람들을 말한다. '2세 신자'라고도 불린다.

2022년 7월 8일 아베 신조 전 총리가 총격으로 살해되자, 용의자가 밝힌 동기에 세상은 경악했다. "어머니가 특정 교단에 고액의 헌금을 하여 가정이 붕괴했다"는 진술은 종교 2세가 겪는 고통을 사회의 중심으로 끌어냈다.

이 사건을 계기로 강요된 신앙, 과도한 헌금, 차별 교육, 아동학대 등 종교의 이름을 빌린 인권침해에 대해 일본 사회가 본격적으로 고민하기 시작했다. 종교 2세 문제는 가족 내부의 문제를 넘어, 국가가 아동·청소년의 기본권을 방임한 시스템의 실패라는 인식을 확산시키는 결정적인 사건이었다.

한국 역시 사이비 종교 문제나 종교적 신념에 따른 의료 거부 등 가족 내부의 인권 침해와 국가의 보호 부재가 공존하는 사례들이 사회적 논란을 빚어왔다. 종교 2세 문제는 가족이라는 '최소 집단' 내부에서 발생하는 극단적인 불행에 대해, 국가 시스템이 언제, 어떻게 개입하여 개인의 기본권을 지켜낼 것인지에 대한 윤리적 질문을 던진다.

흩어진 아동 정책, 한 곳에 모아 해결?

어린이 가정청 2022년 [정책/경제]

어린이 가정청은 2023년 4월 설립된 일본의 중앙행정기관이다. 기존 여러 부처에 나뉘어 파편화되었던 어린이 및 가정 정책을 일원화하기 위해 설치되었다.

국가 시스템 전면 재편의 배경에는 아동을 둘러싼 '극단적 불행' 증가가 있다. 19세 이하 자살이 사망 원인 1위였고, 아동학대 상담이 역대 최다를 기록했다. 특히 '종교 2세 문제'로 가족 내부의 착취와 방임 사각지대가 극적으로 드러났다.

「어린이 가정청」 신설은 저출산 문제를 아동 생존 및 인권 문제와 결부시켜 국가적 사안으로 해결하려는 의지다. 이는 '개인의 불행은 시스템의 책임'이라는 인식이 반영된 결과이며, 가족 내부의 불행까지 국가가 적극적으로 관리하겠다는 '최소 불행 사회'로의 제도적 전환을 상징한다.

한국 역시 2024년 0.75명으로 추락한 출산율과, '영케어러' 급격한 증가 등 아동·청소년 불행 지표가 심각한 수준이다. 일본이 가족의 불행을 국가 책임 영역으로 끌어올린 것처럼, '최소 불행 사회'로 나아가기 위해 한국 역시 파편화된 복지 정책을 통합하고 아동·청소년을 불행으로부터 격리하는 시스템을 구축해야 할 시점임을 보여주는 사례이다.

지금 아는 것으로는 살아남을 수 없다!

리스킬링 2022년 [정책/경제]

리스킬링(Reskilling, リスキリング)은 기술 발전과 사회 변화 속도에 발맞춰, 노동자가 기존 직무와 다른 분야의 새로운 기술이나 지식을 습득해 자신의 직업적 가치를 재창조하는 과정을 의미한다. 인공지능(AI)과 자동화 기술이 확산되면서 기존 일자리의 소멸 가능성이 높아지자, 기업 차원의 직원 재교육이나 개인이 주도하는 경력 전환의 핵심 키워드로 떠올랐다. 이는 기술적 실업이라는 잠재적 불행에 대비하기 위해 개인과 조직 모두에게 요구되는 능동적인 적응 전략이 되었다.

리스킬링이 완전히 새로운 역량을 배우는 것이라면, 업스킬링(Upskilling)은 현재 가진 기술의 숙련도를 높여 전문성을 강화하는 것을 뜻한다. 또한 크로스스킬링(Cross-Skilling)은 인접 분야의 기술을 익혀 업무 범위를 넓히는 것을 의미한다. 이러한 개념들이 부상한 배경에는 평생직장 시대의 종말과 기술 변화에 따른 고용 불안이라는 공통된 인식이 자리 잡고 있다. 노동자가 끊임없이 학습하고 변화해야만 생존할 수 있다는 압박감은, 결국 불행(실업)을 최소로 하기 위한 자기계발의 책임이 전적으로 개인에게 지워지고 있음을 보여준다.

우리 회사엔 '아재 라인'이 있다

올드 보이즈 네트워크 2022년 [개인/가족]

올드 보이즈 네트워크(OBN), 또는 '아재 네트워크'는 조직 내 남성 중심의 폐쇄적 문화와 비공식적 인간관계를 뜻한다. 이는 공고한 조직 내에서 정보를 독점하고 비공식적 권력을 행사하며, 여성이나 젊은 세대 등 비주류에게 구조적인 불이익과 불행을 안겨주는 대표적인 시스템이었다.

OBN이 공고한 조직에서는 남성 중심 특유의 폐쇄성과 배타성으로 인해 다양성과 혁신이 질식되었다. 개인의 성과나 역량보다는 '어떤 네트워크에 속해 있는지'가 성공을 결정하는 핵심 요소가 되었다. 이는 곧 '부모 가챠'로 대변되는 운명론이 조직 생활에까지 확장된 형태로, 젊은 세대가 품고 있는 '노력해도 소용없다'는 좌절감을 극대화하고 심리적 불행을 조장했다.

한국과 일본 모두에서 MZ세대와 여성 노동자의 유입이 본격화되면서, 이러한 비합리적이고 수직적인 OBN 문화에 대한 저항이 거세졌다. 이들은 연차와 나이를 중시하는 구시대적 문화를 거부하고 업무 효율성, 공정한 성과 보상, 개인의 자율성을 중시하는 시스템을 요구했다. 올드 보이즈 네트워크의 해체 요구는 단순히 세대 갈등이 아니다. 이는 조직이 불필요한 불행(불공정성, 배제, 비효율)을 최소화하고 성과와 존중이라는 최소한의 공정성을 확보해야만, 개인들이 조직 생활에 헌신할 최소한의 동력을 얻을 수 있다는 요구를 반영한다.

마스크 벗은 세상,
그러나 새로운 위협들

엔데믹 시대 2023년 [정책/경제]

엔데믹 시대는 코로나19 팬데믹으로 억압되었던 인간의 욕망(여행)과 자연의 위협(기후변화)이 동시에 폭발하는 양상을 보였다.

[관광객 폭주와 오버투어리즘] 팬데믹 종식과 함께 전 세계 관광객이 유명 관광지를 찾으며, 한때 멈췄던 경제 활동이 재개되는 긍정적 신호를 보였지만, 곧 '오버투어리즘'이라는 새로운 불행을 낳았다. 관광 명소가 포화 상태가 되면서 현지 주민들은 소음, 쓰레기, 사생활 침해 등 '관광 공해'에 시달리게 되었다. 국가의 경제적 이익이 주민들의 평화로운 삶을 침해하는 '불행의 역설'이 다시 불거진 것이다.

[기후 비등화라는 통제 불가능한 위협] 팬데믹 기간 동안 잠시 완화되는 듯했던 지구 기후변화는 더욱 강력해진 「지구 비등화」로 돌아왔다. 2025년 세계 평균기온이 관측 사상 최고를 기록, 폭염과 혹한, 국지성 호우와 같은 자연재해가 끊이질 않았다. 엔데믹은 '통제 불가능한 존재적 불행'의 시대가 도래했음을 경고했다.

결국 「**엔데믹 시대**」는 인간이 '최소 불행 사회'를 유지하기 위해서는 팬데믹과 같은 국지적 위협뿐 아니라, 전 지구적 위협(기후)과 공공선 침해(오버투어리즘)에 대해 국가가 시스템적으로 개입하고 규제해야 함을 절실히 보여주었다.

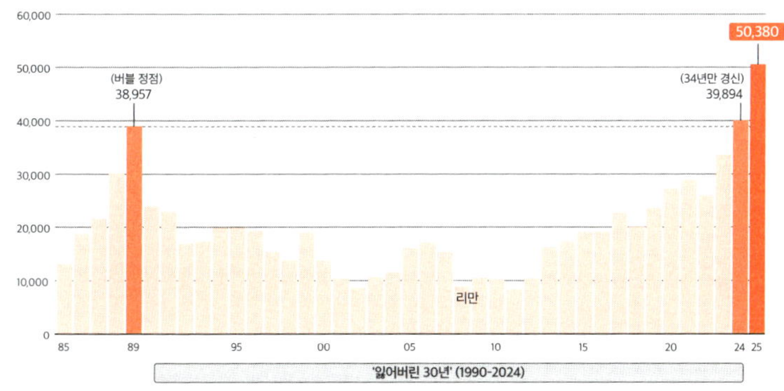

출처. 닛케이신문, 도쿄증권거래소(각 연도 종가 기준)

2024년 2월 22일, 일본 닛케이 225 평균주가(닛케이지수)가 3만 9천 엔대를 돌파하며 버블 경제 시절의 최고 기록(1989년 12월 29일, 장중 최고치 3만 8957엔)을 34년 만에 갈아치웠다. 마침내 '잃어버린 30년'의 긴 터널에서 벗어났다는 환호성이 일본 사회 곳곳에서 터져 나왔다. 이러한 증시 호황은 엔저 현상 지속(新 엔저), 견조한 미국 증시, 중국 성장 둔화에 따른 반사 이익(해외 투자금 유입), 그리고 일본 정부의 적극적인 금융 완화 정책과 소액투자 비과세 제도(新 NISA, Nippon Individual Savings Account, 일본의 소액투자 비과세 제도) 확대 등이 복합적으로 작용한 결과로 분석되었다.

주가 폭등이라는 역설: 시스템은 무너지고, 숫자는 상승한다

하지만 닛케이지수 4만 엔 시대는 일본 경제의 진정한 회복이 아니었다. 오히려 시스템 붕괴 속에서 소수 자산가와 외국인 투기 자본만이 벌이는 '자산 가격 인플레이션 파티'에 가까웠다. 냉정한 현실은 달랐다. 닛케이지수 최고치 경신을 이끈 건 외국 자본과 초저금리 환경에서 레버리지를 활용할 수 있는 소수의 대기업 및 금융 자산가들이었다. 닛케이 지수가 4만 엔을 넘어설 때, 대다수 일본 국민의 평균 실질 임금은 34년 전 버블 경제 시절 수준에서 거의 벗어나지 못하고 있었다. 그들의 삶을 대변하는 것은 화려한 주가지수가 아니라, 30년 넘게 정체된 임금, 엔저로 인해 치솟은 수입 물가, 그리고 돌봄 지옥에 갇힌 노노개호의 암울한 현실이었다.

주가가 폭등하는 동안, 일본 내 빈곤율과 은둔형 외톨이(히키코모리) 숫자는 계속해서 사상 최고치를 경신했다. 이것이 바로 실물 경제와의 심각한 괴리이며, 저자가 이 책에서 경고하는 '각자도생'의 가장 역설적인 지표다. 주가 상승으로 인한 부(富)는 이미 자본력이 있는 최상위 계층과 금융 시스템 내부에만 머물렀고, 주식 보유율이 낮고 자산이 부족한 대다수 평범한 개인에게는 인플레이션으로 인한 고통과 깊어진 양극화라는 불행만 남겼다. 결국 닛케이 최고치 경신은 '잃어버린 30년'의 완전한 극복이 아닌, 금융 완화가 만들어낸 '자산 부풀리기'에 불과하며 실질적인 국민 소득 증가나 삶의 질 개선과는 거리가 멀다는 냉정한 현실 인식이 퍼져나갔다. 이는 일본 사회가 여전히 '최소 불행 사회'의 문턱을 넘지 못하고 있으며, 구조적인 양극화 문제가 더욱 심화하고 있음을 보여주는 증거였다. 닛케이 지수는 2025년 10월 31일, 장중 최초로 5만을 돌파하며 또다시 최고가(52,411.34)를 경신했지만, 그들만의 축제가 계속될 뿐이었다.

한국의 '코스피 4500'이 경고하는 것

이렇게 '숫자만 상승하는 기현상'은 더 이상 일본만의 문제가 아니다. 2025년 10월 말, 한국의 코스피 지수가 외국인 투자 자금 유입과 일부 기술주 강세에 힘입어 사상 최초로 4000을 넘은 데 이어 2026년 초 4500을 돌파하며 대한민국도 환호성을 질렀다. 반도체, 인공지능 등 첨단 산업의 약진이 주가를 끌어올린 주된 요인이었다. 표면적으론 '선진국 완전 진입'을 알리는 경사처럼 보였다.

그러나 우리는 이 화려한 숫자 이면에 깔린 '두 노인의 비극 이론'을 기억해야 한다. 코스피 4500 달성 순간에도, 한국 사회는 0.75명대의 치명적인 출산율, 세계 최고 수준의 민간부채 비율, 그리고 서울 집값의 통제 불가능한 폭등이라는 심각한 문제를 끌어안고 있다.

닛케이 5만 엔과 코스피 4500은 동일한 경고 신호다(같은 시기 대만 가권 지수(TAIEX)도 처음으로 3만을 돌파했고, 중국 증시도 고점을 갈아치웠다)*. 주식시장이라는 거울은 시스템 전체의 건전성이 아닌, 특정 산업과 금융 자본의 쏠림 현상만을 주로 반영한다. 대한민국이 일본의 전철을 밟아 '숫자는 성공했지만, 국민의 삶은 실

---

* "TSMC가 다 했다"…대만 가권지수 첫 3만 돌파해 사상 최고치, 뉴스1, 2026.01.05.

5 | 각자도생 제도화 10년

패한' 나라가 되지 않으려면, 이 환호성에 속지 말고 주가 상승 이면에 가려진 대다수 국민의 '최소 불행' 문제를 직시해야 한다.

숫자보다 삶이 우선이다. 이것이 우리가 〈9가지 금기된 해법〉을 진지하게 토론하고, 〈11개의 생존 매뉴얼〉을 필사적으로 준비하는 이유다

'쉽게 돈 번다'는 유혹의 검은 그림자

고액 아르바이트, 당일 즉시 입금 2024년 [개인/가족]

2024년 일본 수도권 지역에서 '야미바이토(闇バイト)' 사건이 잇따랐다. 야미(闇)는 어둠, 바이토(バイト)는 아르바이트를 의미한다. 야미바이토란 많은 보수를 받고 범죄를 대행하는 어둠의 아르바이트를 뜻한다.

이들은 보이스 피싱 사기부터 폭력, 도난 심지어 살인 사건에까지 '고액 알바'라거나 '당일 입금' 같은 달콤한 말로 일반 시민을 유인해 범죄에 동원했다. 범죄가 아니라는 것을 강조하기 위해 '화이트 안건'이란 말이 등장했다. 화이트 안건은 반대로 범죄가 아닌 일, 즉 합법적이고 건전한 아르바이트나 업무를 가리킨다.

SNS나 매칭 애플리케이션 등에서 모집하는 단기 고액 아르바이트는 어둠의 아르바이트일 확률이 매우 높다. 모집 글에 화이트 안건이라고 표기되어 있어도 마찬가지다. 화이트 안건으로 속여 모집하는 경우가 더 악질적인 것은 '위법한 일을 하고 싶지 않다'라고 생각하는 사람에게까지 폭을 넓혀 버리기 때문이다. 야미바이토는 점 조직 형태를 하고 있다는 점과 온라인 비대면을 통해 암약하고 있다는 점 때문에 쉽게 근절하지 못하고 일본 사회의 골칫거리가 되고 있다.

한국도 2020년대 들어 SNS와 데이팅 앱 등을 통한 범죄에 연루된 아르바이트 모집이 기승을 부리고 있다. 불경기에 부업이라도 해보려는 서민을 노린 '민생 침해형 사이버 사기'가 기승을 부리

  5 | 각자도생 제도화 10년

는 것이다. 경찰청에 따르면 사이버 사기 검거 건수는 2024년 11만 2,000건으로 전년도 대비 15.5% 증가했다. 금융감독원 집계 결과 '고수익 알바' 등을 미끼로 한 유사 수신 신고·제보 건수도 지난해 410건으로 전년 대비 25% 늘었다. 이렇게 모집된 이들은 주로 '보이스피싱'과 '온라인 개인 중고 거래 사기'에 동원되어 일회성으로 소모되거나 검경에 대신 검거된다.

2025년 10월엔 동남아시아 지역의 범죄조직과 연루된 살인 사건, 실종 사건이 연달아 발생해 시민들이 큰 충격에 빠졌다. 해외 내의 범죄조직이 '고액 아르바이트'를 내걸고 SNS에서 무작위로 범행 대상을 물색한 뒤 이에 응한 한국인이 해외에 입국하면 공항에서부터 곧바로 납치하여 고문, 강간, 살인 등을 일삼는 범죄행위가 만연했다.

이는 청년 세대가 직면한 경제적 절박함이 낳은 극단적인 최종 생존 게임의 사례다. 시스템이 제공하는 최소한의 일자리조차 믿을 수 없게 되었을 때의 파국을 여실히 보여준다.

일당 40만 원 공고와
DM 한 통

2024년 일본에서 야미바이토가 기승을 부렸습니다. 1년 후, 한국에서 같은 일이 벌어졌습니다. 온라인 플랫폼과 SNS는 편리한 소통 창구이자 새로운 정보와 핫한 이슈의 바다지만, 때로는 절박한 이들을 노리는 위험한 덫이 되기도 합니다. 2025년 봄, 제 이전 소설 『너는, 어느 계절에 죽고 싶어』의 독자였던 20대 대학 휴학생에게서 인스타그램 DM이 왔습니다. 가끔 진로나 학업 고민을 나누던 학생이었습니다.

"작가님, 이 아르바이트 어떤 것 같아요?"

이모티콘과 함께 보내온 링크 주소는 우리가 평소 쓰는 그 구인·구직 플랫폼이었습니다. 클릭해보니 이런 내용이었습니다.

'해외 취업 알선 / 여성 우대 / 서비스직(바텐더) / 일당 40만 원도 가능'

순간 등골이 서늘해졌습니다. 뉴스에서 간간이 보도되던 해외 취업 사기 이슈가 떠올랐기 때문입니다. 저는 즉시 전화를 걸어 단호하게 말렸습니다.

"절대 안 돼요. 이건 명백한 사기예요."

하지만 학생의 대답은 예상과 달랐습니다.

"저도 이상한 건 알아요. 근데요, 그래도 혹시나 해서요. 집에서 눈치도 보이고, 졸업해도 문과생 신입 안 뽑잖아요. 학자금 대출 이자도 밀렸고요. 그냥…… 혹시나 해서요."

'그래도 혹시나.'

그 여섯 글자가 머리를 떠나지 않았습니다. '서울 4년제 대학생'이라는 타이틀만 보면 우리 사회에서 충분히 '유리한 지점'에 있는 청년처럼 보입니다. 하지만 그 안을 들여다보니 학자금 부채, 취업 절벽, 가족의 눈치, 보이지 않는 미래가 있었습니다. 이 모든 것이 한 사람을 '사기인 줄 뻔히 알면서도' 일당 40만 원 공고 앞에 서게 만든 것입니다. 몇 번의 설득과 작은 다툼 끝에 연락이 끊겼고, 저는 불안한 마음으로 시간을 보냈습니다.

2025년 9월, 동남아 대학생 납치 사건이 연일 뉴스를 장식했습니다.

'일당 40만 원' 공고의 실체는 감금, 폭행, 보이스피싱 조직의 도구였습니다. 가슴이 철렁 내려앉아 즉시 그 학생에게 전화를 걸었습니다. 한참을 기다려 받은 전화 너머로 들린 목소리.

“알바 중이라 바로 못 받았어요. 다행히 그때 그건 안 했어요. 작가님 말씀 듣고 좀 무서워서요.”

안도의 한숨과 함께, 복잡한 감정이 밀려왔습니다. 만약 그때 제가 조금만 덜 단호했다면? 만약 그 학생이 ‘혹시나’ 하는 마음에 지원 버튼을 눌렀다면?

[문화 코드로 읽는 ‘혹시나’의 시대]

어쩌면 이 학생의 ‘혹시나’ 심리는, 단순히 개인적인 절박함을 넘어 우리 시대 청년들의 불안과 욕망이 투영된 문화적 코드일지도 모릅니다.

넷플릭스 오리지널 시리즈 《오징어 게임》(2021)이 전 세계적으로 폭발적 인기를 끌었던 이유를 기억하시나요? ‘456억’원이라는 상금 앞에서 생명을 거는 참가자들의 모습은, 단순한 서바이벌 스릴러가 아니라 ‘절박한 이들의 극단적 선택’이라는 현실의 은유였습니다. 드라마 속 참가자들이 ‘죽을 수도 있지만, 그래도 혹시나’ 하며 게임장으로 돌아가는 장면은, 2025년 ‘일당 40만 원’ 공고를 클릭하는 청년들의 심리와 놀랍도록 닮아있습니다.

같은 맥락에서, 2024년 한국 영화 《파묘》가 1,000만 관객을 돌파하며 사회적 현상이 된 것도 우연이 아닙니다. 영화는 ‘잘못된 묘자리’가 후손에게 미치는 저주를 다루지만, 많은 관객들은 여기서 ‘선택하지 않은 출발선의 불평등’, 즉 부모 세대가 남긴 부채와 구조적 불운을 읽어냈습니다.

‘나는 선택하지 않았는데, 왜 이 저주를 짊어져야 하는가?’

― 이것이 바로 학자금 대출과 취업 절벽 앞에 선 청년들이 현실에서도 묻고 있는 질문이기도 합니다.

심지어 2025년 초 유행한 숏폼 콘텐츠 트렌드 '○○ 챌린지'들(무모한 시도를 재미로 포장한 콘텐츠)도 같은 심리의 다른 표현일 수 있습니다. 위험을 감수하는 것을 '콘텐츠'로 소비하는 문화 속에서, '일당 40만 원'이라는 위험천만한 제안도 '어쩌면 진짜일 수도' 있는 기회로 포장되어 다가옵니다.

이처럼 문화는 현실의 불안을 반영하고 때로는 증폭시킵니다. 국가는 '청년 지원'을 외치지만, 정작 청년들은 하루에 40만 원을 벌 수 있다는 공고 앞에서 흔들립니다. 시스템은 구멍투성이고, 그 구멍으로 떨어진 이들에게 사회는 '자기 책임'을 묻습니다. 2025년 9월에 촉발된 '동남아 국가 대학생 납치 살인 사건'은 보름 정도 뜨거운 감자였으나, 화제성이 다하자 얼마 안가 포털 사이트의 뉴스 스탠드 메인에서도, SNS에서도 더 이상 보이지 않습니다. 우리 사회는 언제까지 구조적 붕괴, 시스템 실패를 '가십거리'로만 소비하고 개선하질 않는 걸까요? 다음 학생이 "그래도 혹시나" 하며 클릭할 때까지?

저는 그날의 DM을, "그래도 혹시나 해서요"라는 그 한마디를 잊을 수 없습니다.

이 책이 궁극적으로 묻는 것은 바로 이것입니다.

왜 우리 사회의 청년들은 '혹시나'가 아닌 '확실한 안전망'을 믿을 수 없는가?

왜 청년들은 《오징어 게임》의 참가자처럼 위험천만한 선택지 앞에서만

'기회'라고 생각하는가?

　이러한 질문 앞에서 이 책은 『최소 불행 사회』로 나아가기 위한 해법을 모색하고자 합니다.

아이들 웃음소리 대신 폐허만 남은 학교

폐교 2024년 [개인/가족]

일본 문부과학성(文部科学省)에 따르면, 2004년도부터 2023년
도까지 20년간 공립 초중학교만 7,634개교, 총 8,850개교가 폐교된
것으로 드러나 일본 사회를 충격에 빠트렸다.

한국도 일본과 마찬가지로 '폐교'가 본격적으로 사회 문제로 대
두되고 있다. 교육부 통계에 따르면, 농어촌 지역 인구 감소가 본격
화된 1982년부터 2024년까지 전국에서 폐교된 초·중·고교 및 분
교는 4,000개교를 넘는다.

꾸준히 폐교 학교 수가 누적된 일본과 달리 한국은 2020년 이후
3년간 연평균 20~30개교가 폐교하는 수준으로 최근 들어 가파르
게 늘고 있다. 교육부는 2025년엔 53개교가 문을 닫았다고 발표했
다. 게다가 한국에선 폐교하는 초·중·고교가 지방 농어촌뿐만 아니
라 서울이나 부산 등 대도시 외곽지역에서도 발생하고 있고 상황이
일본보다 더 심각하다.

일본은 폐교된 학교의 약 75% 이상이 사회체육시설, 문화시설,
체험 교류시설, 복지·의료시설, 기업시설 등 다양한 용도로 활용되
고 있으나, 한국에선 예산 부족과 지역 주민의 반발로 활용이 제한
적인 상황이다. 이에 2025년 8월, 교육부는 「폐교활용법」 정비에 나
섰다. 미활용 폐교의 활용 제한을 풀고 지자체 무상대부를 확대하
는 걸 골조로 한다. 또한 정부는 2025년 9월 '9·7 부동산 대책'을 발
표하면서 주택 공급 확대를 위해 도심 내 학교와 폐교 부지 등을 활

<h2 style="text-align:center">한국과 일본의 초·중·고교 및 분교 폐교 현황</h2>

구분	한국	일본
폐교 누적 기간	1982년 ~ 2024년(43년간)	2004년 ~ 2023년 20년간)
총 폐교 수	4,000개교 초과 (초·중·고교 및 분교 누적)	약 8,850개교(공립 초·중학교만 7,634개교)
최근 폐교 속도	최근 가파르게 증가하는 추세 (2025년 53개교 폐교)	꾸준히 누적되는 양상
폐교 발생 지역	지방 농어촌, 서울·부산 등 대도시에서도 발생	주로 지방 인구 감소 지역과 농어촌
폐교의 사회적 의미	저출산 충격의 가속화, 지방 소멸 경고	지역 커뮤니티 및 문화 상실
폐교 시설 활용 현황	활용이 제한적인 상황 (예산 부족, 지역 주민 반발)	약 75% 이상 다양한 용도로 활용됨 사회체육 ·문화·복지·기업시설 등)
주요 대응 정책	교육부 '폐교활용법' 정비 / 정부 주택 공급 부지 활용 검토	1990년대부터 '폐교 시설 활용 지침'을 통해 지자체와 지역 사회의 자율성에 맡김
활용 정책 논란	실효성 의문 제기	지방 재정난 심화, 활용 주체의 부재

용하겠다고 발표했다. 이에 대해 실효성이 있을지 의문이 제기된다. 학교 용지 면적이 넓지 않고 용도변경이 까다롭기 때문이다. 인근 주민 반대가 사업 추진의 걸림돌이 될 가능성이 작지 않다는 분석이 나온다.[*]

　저자는 3부에서 폐교 문제와 초고령사회 문제, 저출산 및 육아 문제, 지방 소멸 문제를 묶어 '시니어 대학 타운'이란 대안을 제시한다.

---

[*] "수도권 폐교 부지에 3,000가구"…실효성 논란, 한국경제, 2025.10.03.

손님은 왕? 무례한 요구와 폭언에 시달리는 직원들

점원 괴롭힘 2024년 [문화/유행]

카스하라(カスハラ)는 사회 통념상 허용 범위를 벗어난 언행으로 노동자의 근무환경을 해치는 것으로 정의된다. 대표적으로 점원 무릎 꿇리기, 직원에게 협박성 발언이나 모욕적 언사, 장시간 구속, 반복적인 불만 제기, 성적 농담, 금품 요구, 소셜미디어(SNS) 비방 등이 이에 해당한다. 카스하라는 직원의 심신에 악영향을 미칠 뿐만 아니라 기업의 평판을 떨어뜨리고 이직률을 높이는 등 기업 활동에도 큰 악영향을 미쳐 기업의 골칫거리가 되고 있다.

이에 일본은 2025년 6월 참의원 본회의에서 기업의 고객 갑질 방지 조치를 법적으로 의무화하는 내용의 「개정 노동시책종합추진법」이 통과했다. 개정법에는 고객 갑질에 대한 형사처벌 규정은 없지만, 기업이 상담 '창구 설치', '내부 규정 마련', '직원 교육' 등 예방 및 대응 체계를 갖추지 않으면 행정지도(지시·권고)를 받는다. 행정지도 후에도 개선되지 않으면 기업명을 공표(블랙리스트)할 수 있도록 했다. 사회적 평판과 타인의 시선에 유달리 민감한 일본 사회 특성상 형사처벌만 빠진 강력한 조치다. 앞서 언급한 직장 내 괴롭힘(4장 2012년 챕터 언급)이 내부의 착취라면, 카스하라는 사회 전체가 노동자를 착취하는 현상으로 악화했음을 보여준다.

코로나 지원금, 줄줄 새는 나랏돈

부정 수급 2025년 [정책/경제]

2025년 8월 일본 후생성의 발표에 따르면, 일본 정부가 신종 코로나바이러스 감염 조치로 인한 실업을 막는 목적으로 2020년 4월 ~23년 3월에 특례로 확충한 고용조정조성금을 기업이나 개인이 부정하게 수급한 사례가 무려 4,280건으로 그 액수가 1,044 억 엔(약 1조 원)에 이른다고 닛케이 신문이 보도했다.[*]

한국에서도 똑같은 부정 수급 현상이 일어나 사회적으로 큰 논란이 되었다.

한국과 일본의 부정 수급 비교

구분	한국 (중소벤처기업부 소상공인 지원금)	일본 (후생성 고용조정조성금)
주요 대상 지원금	코로나19 피해 현금지원 사업 (재난지원금, 손실보상금 등)	고용조정조성금(기업의 종업원 고용 유지 지원금 등)
기간	팬데믹 기간 (주로 2020년~2022년)	2020년 4월 ~ 2023년 3월 (특례 확충 기간)
누적 부정 수급 규모	6만 9,128건, 784억 원	4,280건, 1,044억 엔
부정 수급 주요 유형	1. 폐업 기준일 수정 신고 등 부정한 방법으로 수취 2. 과세정보 누락 등으로 인한 오지급(과지급)	1. 휴업일 수 부풀리기(허위 신청) 2. 휴업수당을 종업원에게 주지 않고 허위로 지급했다고 신청

---

[*] 雇用調整助成金の不正受給1,000億円超, 日経新聞, 2025.8.27.

우리는 부부입니다, 결혼은 안 했지만

사실혼 2025년 [정책/경제]

일본은 세계에서 유일하게 혼인 시 여성이 남편의 성을 따라 개명해야 하는 「부부 동성 제도」를 민법(제 750조)으로 정해둔 국가다. 이 문제가 꾸준히 사회적 논란이 되고 있다. 게이오대 사카이 유이치로 사회가정학과 교수 연구실과 민간단체인 '아스노와'가 공동으로 조사한 결과 일본의 20대 중에 절반 이상이 결혼 시 개명을 원치 않는 것으로 나타났다.[*] 남편의 성씨로 개명하지 않으려고 혼인신고를 미루고 부부 생활을 하는 50대 이하 사실혼 인구는 122만 명 이상으로 추정되고 있다.

혼인신고를 하지 않고 부부로 생활하는 '사실혼'을 '법률혼'과 동등하게 여기는 일본 기업이 늘고 있다. 마이니치신문은 〈사실혼은 법률혼과 동등〉이라는 기사를 통해 일본 대기업을 대상으로 설문을 벌여 분석해보니 37곳(57.8%)이 사내 규정에서 사실혼과 법률혼을 동등하게 취급하는 것으로 나타났다고 보도했다.[**] 이들은 사실혼 상태인 직원에게 결혼 축하금, 육아 휴직, 가족 수당 등을 지급한다.

---

[*] "일본인 20대 절반이 결혼 시 개명 원치 않아", 아시아투데이, 2025.04.22.

[**] 혼인신고 없는 '사실혼' 인정하는 일본 기업들…축하금·육아휴가 적용, 한겨레, 2025. 03.08.

한국에선 왜 사실혼이 증가할까?

답은 사회·경제·구조적 변화에 있다. 가령 주택청약에서 불이익을 받지 않으려고 혼인신고를 늦추는 젊은 커플도 있고, 상속 문제에 얽히지 않으려고 혼인신고를 피하는 '실버 커플'도 있다. 특히 주거, 취업 불안, 소득 불균형 등 경제적 불안이 혼인신고를 어렵게 만

한국과 일본의 사실혼 비교

구분	한국 (사회·경제·구조적 변화 영향)	일본 (부부 동성 제도 영향)
사실혼 증가 원인	사회·경제·구조적 변화 (경제적 불안, 상승 등 제도적 불이익 회피)	민법상의 '부부 동성 제도' (여성이 남편의 성으로 개명해야 하는 의무)
사실혼 목적 (제도적)	1. 주택청약 불이익 회피 　(청년 커플) 2. 상속 문제 회피(실버 커플)	개명 거부 (20대 절반 이상이 개명을 원치 않음)
사실혼 규모	2015년 21.4만 가구 → 2024년 58만 가구 (비혼·비혈연가구 기준, 10년 사이 약 3배 증가)	122만 명 이상 (50대 이하 혼인신고를 미루는 부부)
혼인 외 출생아 (2024년)	약 13,800명 (전체 출생아 대비 비율이 2021년보다 두 배 초과)	약 17,000명 (전체 출생아 대비 2.5%)
사회적 대응 (기업)	사실혼 관계를 증명할 수 있는 경우(법원의 판결) 한해 내부 규정에 따라 지원	기업 내 사실혼 등록 대응 증가 (대기업 57.8%가 결혼 축하금·육아 휴직·가족 수당 등 지급)
핵심 문제	현행법상 혼인·혈연·입양만 가족으로 인정하여 사실혼과 혼인 외 출생아가 법적 사각지대에 놓임	'부부 동성 제도'가 현행법상 개인의 존엄성과 평등권을 침해한다는 비판

드는 주요 요인이라는 분석도 있다.[*] 사실혼과 혼인 외 출생아는 법과 복지혜택의 사각지대에 놓일 수 있어 보완이 필요하다. 현행법이 인정하는 가족은 '혼인', '혈연', '입양'만이기 때문이다. 주택청약, 상속, 자녀 보호자 자격, 출산휴가 등 주요 제도에서 사실혼 관계의 배우자나 혼인 외 출생아는 소외될 수 있어 현실을 반영한 관련 법 개정이 시급한 상황이다.

---

* "돌싱이요? 사실혼인데요"…결혼 않고도 '맘껏' 아이낳아 기르는 사회, 가능할까?, 서울경제, 2025.09.14.

많이 필요 없어! 딱 하나면 돼

요노 2025년 [개인 / 가족]

내 삶에 만족하면 돈 쓸 일이 줄어든다[*]

2020년대 중반을 지나면서 젊은 세대의 소비패턴이 변하고 있다. 이전에는 '인생은 한 번뿐이야(YOLO, You Only Live Once)'라며 현재의 행복을 가장 중시하며 소비하는 삶의 태도가 유행이었다. 그런데 코로나19 팬데믹 이후 고물가가 이어지는 상황에서 요노로 추세가 변했다. 요노(YONO)는 '하나면 충분하다(You Only Need One)'의 줄임말로, 불필요한 소비를 줄이고 꼭 필요한 한 가지에 집중하는 소비트렌드를 말한다. 최소한의 물건과 자원으로 생활하는 사람들을 일컫는 요노족은 과거의 '미니멀리즘'과 비슷하지만, '지속가능성'이라는 키워드가 더해졌다는 점에서 큰 차이점이 있다.

유튜버이자 작가인 가제노타미는 '나와 생활을 정리한다'를 테마로, 적은 소지품으로 저비용으로 심플하게 생활하는 월 7만 엔 이하로 생활하는 방식을 소개하며 인기를 얻었다. 2024년 11월 『저코스트 생활 – 힘들게 일하지 않는데도 왠지 여유 있는 사람들이 하는 것』을 출간해 '생활을 가볍게 하기', '돈의 흐름을 파악하고 관리하기'를 통해 '마음의 여유'를 찾는 과정을 설파했다. 2025년에 『저소비생활』이라는 제목으로 국내에도 번역 출간되었다.

---

[*] 『저소비생활』 가제노타미 지음, 정지영 옮김, 알에이치코리아, 2025.9.

"시스템이 완전히 붕괴될 때,

당신의 돈은 과연 그 가치를 지킬 수 있는가?"

"사유재산권마저 위협받는 시대,

당신의 자산은 정말 당신의 것인가?"

"시스템이 당신을 버렸을 때,

당신의 존엄은 누가 지켜줄 것인가?"

부자에게도 빈자에게도
던져진 마지막 질문

2026년, 일흔 살 김 회장은 병원 복도에 앉아 있었다.

손에는 아내 치매 진단서가 들려 있었다. 초기 알츠하이머. 의사는 담담하게 말했다.

"요양보호사를 구해야 합니다."

백방으로 알아봤다. 업체 세 곳에 연락했지만 대답은 같았다.

"어르신, 요즘 간병 인력이 없어요. 6개월은 대기하셔야 해요."

장남은 마흔두 살, 건설사 임원이 됐다. 딸은 서른 아홉, 대학병원 전문의가 됐다. 둘 다 바빴다. 주말에 가끔 손주를 데리고 왔지만 아내를 돌보는 건 결국 김 회장 몫이었다.

그리고 막내. 서른 여덟. 은둔 20년 차. 여전히 방 안에 있었다.

지난달 김 회장은 억지로 막내 방문을 열었다. 창백한 얼굴로 모니터 앞에 앉은 막내. 화면엔 게임이 아닌 뉴스가 떠 있었다. '8050 문제—80대 노인이 50대 자녀를 부양하는 사회'. 막내는 아버지를 보고도 말이 없었다. 김 회장도 마찬가지였다. 그저 문을 닫았다.

훗날 그들이 80대와 50대가 되면 세상은 이것을 '8050 문제'라 부를 것이다. 하지만 지금 김 회장에게 그건 숫자가 아니었다. 매일 아침 문 앞에 놓는 도시락이었고, 저녁마다 슬쩍 확인하는 빈 그릇이었다.

남은 자산은 5억 엔도 안 됐다. 부동산 폭락으로 반토막, 주식은 70% 손실. 하지만 돈이 문제가 아니었다. 돈을 줘도 돌봐줄 사람이 없었다. '초솔로사회' 도래와 함께 가족이란 마지막 울타리마저 해체되고 있었다.

같은 해, 예순 다섯 박 씨는 반지하 방에서 숨죽이고 있었다.

한 달째 두문불출했다. 기초연금은 나왔지만 물가 상승을 따라잡기엔 역부족이었다. 무릎이 아파도 병원비가 무서웠다. 가끔 '특수 청소'—고독사 현장 청소—뉴스가 나오면 박 씨는 TV를 껐다. 리모컨을 쥔 손이 떨렸다. 내가 죽으면 누가 발견할까. 며칠이나 걸릴까. 여름이면 냄새가 진동할 텐데. 이웃이 신고하겠지. 경찰이 문을 따겠지. 생각을 떨치려 애썼지만, 밤마다 공포가 천장에서 내려와 가슴을 짓눌렀다.

AI가 일자리를 대체하고 청년들은 노인 복지 부담을 거부했다.

팬데믹은 단절과 고립을 가속했고, 돌봄과 생존 책임은 온전히 개인에게 전가됐다. 시스템 붕괴로 김 회장 자산은 실질 가치를 잃었고, 박 씨의 존엄은 애초에 존재하지 않았다. 자산가와 빈곤층은 서로 다른 길을 걸었으나 같은 파국을 향하고 있었다.

불안의 시대가 모두에게 묻고 있었다.

당신은, 정말 혼자 살아남을 수 있다고 믿습니까?

금기를 깨라!

"마지막 경고, 지금 시작해야 할 생존 논쟁"

해법 1
폐교를 활용한
'시니어 대학 타운' 설립

해법 2
가격 심리전: VAT 별도 표기

해법 3
'단절 세대' 간
의무 멘토링 프로그램 법제화

해법 4
익명 마약에 중독된 대한민국:
인터넷 실명제

해법 5
최저임금 차등제 도입

해법 6
돌봄 파산을 막는 연대 비용:
보험료 즉각 인상

해법 7
수도권 '메가시티세' 신설

해법 8
노후 자산가에게 연대 비용 징수:
고령화 기금 신설

해법 9
선거 투표권 면허제 도입

3부

아무도 말하지 못한 9가지 금기된 해법

금기를 깨라: "마지막 경고, 지금 시작해야 할 생존 논쟁"

서론

화두를 던지다:
정답이 아닌 질문으로서의 제언

앞선 2부까지 우리는 일본이라는 거울을 통해, 한국 사회가 '잃어버린 30년'의 경로를 그들보다 더 압축적이고 폭발적인 속도로 따라가고 있음을 냉정하게 분석했다. 저출산, 고령화, 가계 부채, 지방 소멸, 사회적 고립……. 피할 수 없는 위기의 징후들을 목도한 우리에게 남은 질문은 이것이다.

"개인의 노력만으로는 생존조차 보장받기 어려운 이 필연적인 불행의 가속을 멈추기 위해, 우리는 무엇을 할 수 있는가?"

일본은 이 질문에 '최소 불행 사회'라는 국가적 이념을 답으로 제시했다. 최대 행복 대신, 불행의 총량을 관리하여 최악이라도 면하자는, 수축 사회의 현실적 관리 전략이었다. 그러나 출산율 반등 실패, 통제 불가능 수준에 이른 고독사, '노노개호'로 상징되는 가족 시스템 붕괴는 이 전략마저 결국 실패했음을 증명한다.

일본의 경험은 우리에게 명확한 교훈을 준다. 각자도생을 외칠수록 함께 무너진다는 '각자도생의 역설' 속에서, 이 파국을 극복할 길은 '사회적 연대'를 강화하는 데 있다는 것이다.

젊은 세대는 'N포 세대'로 스스로를 규정하며 결혼, 출산, 내 집 마련을 포기한다. 중장년층은 노후 파산 공포에 떨며 자녀 세대를 지원할 여력을 잃었다. 노인들은 '하류 노인'으로 전락하거나 '노노 개호'라는 비극적 상황에 내몰린다. 각자도생의 구호 아래 모두가 자신의 생존에만 집중할수록, 사회 전체의 안전망은 빠르게 해체되고 있다.

그러나 기존 시스템 내에서의 미봉책이나 '합의 가능한' 점진적 노력만으로는 결코 위기를 극복할 수 없다. 일본보다 더 빠른 속도로 위기에 직면한 한국이 일본이 그랬던 것처럼 기존 패러다임을 유지하는 것은 '필연적인 실패'로 가는 길이다.

한국의 가능성: 일본과 다른 우리만의 자산

그러나 비관만 할 수는 없다. 한국은 일본이 갖지 못한 독특한 강점을 보유하고 있다. 앞선 1부와 2부를 통해 일본을 '거울' 삼아 우리의 미래를 엿봤지만, 그 모습이 우리의 모든 것은 아니다.

첫째, 세계 최고 수준의 디지털 인프라

한국은 세계 1위 초고속 인터넷 보급률, 5G 상용화 선도 국가다. 코로나19 팬데믹 상황에서 K-방역 디지털 시스템을 단 2주 만에 구축한 역량이 있다. 이 디지털 인프라는 사회 시스템 재설계의 강력한 도구가 될 수 있다. 후술할 '선거 투표권 면허제도'는 이미 검증된 사이버 민방위 교육 시스템을 활용할 수 있고, '세대 간 의무 멘토링'은 메타버스 기술로 지역과 세대를 넘는 연결을 만들 수 있다.

둘째, 전 세계를 사로잡은 K-컬처의 소프트파워

BTS, 블랙핑크, 봉준호, 『오징어 게임』, 『기생충』 등 한국 문화는 지난 10년간 전 세계를 석권했다. 이 소프트파워는 국가 재건의 동력이 될 수 있다. '시니어 대학 타운'을 한류 체험 공간과 결합하면 '실버 한류'를 만들 수 있고, 4부의 사업 아이템들은 K-웨딩, K-피규어, K-푸드라는 글로벌 브랜드와 결합할 수 있다.

셋째, 빠른 사회 변화에 적응하는 역동성

1960년대 세계 최빈국에서 2026년 세계 10위권 경제 대국으로, 군사 독재에서 민주화로, 농업 사회에서 IT 강국으로 단 한 세대 만에 이룬 전환은 인류 역사상 유례가 없다. IMF 외환위기에서 3년 만에 회복했고, 코로나19 팬데믹에서도 세계 최고 수준의 대응력을 보였다. 이 사회적 역동성은 시스템 개혁을 실행할 수 있는 토양이다.

넷째, 세대 간 갈등의 가시화

한국은 지금 세대 갈등이 극심하다. 그러나 역설적으로 이 갈등의 표면화는 대화의 가능성을 보여준다. 일본의 세대 갈등은 '조용한 단절'이었다. 청년들은 히키코모리로 은둔하고, 노인들은 고독사로 생을 마감한다. 반면 한국의 세대 갈등은 '시끄럽고 가시적'이다. 청년들은 '공정'을 외치며 기득권에 맞서고, 노인들은 '존중'을 요구한다. 이 충돌이 고통스럽지만, 아이러니하게도 덕분에 대화의 통로가 열려 있다. 87년 민주화, IMF 금모으기 운동, 촛불 혁명 등 위기 앞에서 한국인들은 놀라운 집단 지성과 연대를 발휘해왔다.

다섯째, 높은 교육열과 학습 능력

한국의 고등교육 이수율은 OECD 최고 수준이다. 평생 학습 문화도 확산되고 있다. 이는 '선거 투표권 면허제도'나 '책임 있는 시민 교육'이 실제로 작동할 수 있는 사회적 토대를 의미한다. 40대, 50대도 새로운 기술을 배우고 창업에 도전하는 사례가 늘고 있다. 4부의 '11가지 새로운 사업 아이템'은 이런 학습 문화 위에서 꽃피울 수 있다.

하지만 강점만으로는 부족하다

이 모든 강점에도 불구하고, 한국이 쉽게 일본과 다른 길을 가리라는 보장은 없다. 오히려 우리가 이 자산들을 제대로 활용하지 못한다면, 일본보다 더 빠르고 깊은 추락이 기다릴 것이다.

디지털 인프라가 아무리 뛰어나도, 그것이 세대 간 단절을 강화하는 도구로만 쓰인다면 무용지물이다. 지금 한국의 디지털 공간은 혐오와 가짜뉴스의 전장이 되어가고 있다. 그렇기에 '인터넷 실명제'기 다시 논의되어야 한다.

K-컬처가 아무리 세계를 사로잡아도, 그 장삭사들이 가살하거

나 번아웃으로 쓰러진다면 지속 가능할 수 없다. 지금 한국 문화 산업 종사자들의 노동 환경은 전혀 개선되지 않고 있다. 사회적 역동성이 아무리 뛰어나도, 그것이 '헬조선 탈출'이나 '이민 준비'라는 개인적 도피로만 발현된다면 사회는 공동화된다. 지금 청년들의 해외 이주는 급증하고 있다.

한국의 강점을 살리는 열쇠는 시스템 개혁에 있다. 이 자산들을 '각자도생의 도구'가 아닌 '사회적 연대의 기반'으로 전환할 수 있느냐가 관건이다. 우리는 일본보다 유리한 출발선에 서 있다. 그러나 그 유리함을 현실화할 시간은 일본보다 훨씬 짧다. 지금 선택하지 않으면, 이 모든 가능성은 역사의 각주로 남을 것이다.

금기된 담론을 수면 위로: 9가지 제안의 의미

이제 우리의 논의는 더 이상 '좋은 말'이나 '점잖은 토론'에 머물러서는 안 된다. 이 책의 3부에서 제시하는 9가지 제안은 그동안 금기시되었거나 정치적으로 외면받아 온 '금기된 담론'을 수면 위로 꺼내 사회의 근본적인 뼈대를 흔들기 위한 시도이다.

이 제언들은 결코 특정 집단에 대한 '징벌적 차별'을 목적으로 하지 않는다. 오히려 시스템 붕괴의 책임을 특정 세대나 계층에 전가하는 대신, 모든 구성원의 '책임 있는 참여'를 통해 사회 전체의 생존력을 높이려는 절박한 제안이다.

예를 들어 '선거 면허제'는 노인이나 저학력자를 배제하기 위한 장치가 아니다. 민주주의의 질을 높여 포퓰리즘 정치의 폐해를 줄이고, 모든 시민이 '보다 책임 있는 선택'을 할 수 있는 환경을 만들자는 것이다. '최저임금 차등제' 역시 특정 지역 노동자의 임금을 깎아 착취하자는 게 아니라, 지역별 경제 여건의 차이를 인정하여 지방 경제에 숨통을 틔우고 일자리를 창출하자는 제안이다.

이는 '책임 있는 연대'를 위한 최소한의 사회적 계약을 제안하는 것이다.

정답이 아닌 질문으로서의 제언

저자는 이 9가지 해법이 절대적인 정답이라고 주장하지 않는다. 오히려 이 책은 '이렇게 하면 모든 문제가 해결된다'는 오만한 확신이 아니라, '이대로는 공멸할 수밖에 없다'는 위기의식 속에서 던지는 절박한 질문이다.

한국 사회는 지금 임계점에 서 있다. 출산율 0.75명, 세계 1위 노인 빈곤율, 세계 1위 자살률, 통제 불가능한 가계 부채, 붕괴 직전의 연금 시스템……. 이 모든 지표는 우리가 더 이상 '점진적 개선'이나 '정치적 타협'에 시간을 허비할 여유가 없음을 보여준다.

저자의 9가지 제언은 생존을 위한 치열한 논쟁의 '화두'를 던지는 것이다. 사회 각계각층이 이 제안들을 놓고 격렬하게 토론하고, 비판하고, 더 나은 대안을 제시하는 과정으로 유도하는 것이 이 책의 궁극적인 목적이다.

우리에게 필요한 것은 '정답'이 아니라 '질문'이다. 지금까지 우리가 외면해온 불편한 질문들, 정치권이 표를 의식해 입에 담지 못했던 질문들, 언론이 논쟁을 두려워해 회피해온 질문들을 이제는 직면해야 한다.

부작용과 저항: 시스템 개혁이 감수해야 할 고통

물론 이 제안들은 즉각적인 부작용과 격렬한 사회적 저항에 부딪힐 것이다.

'최저임금 차등제'는 노동계의 강력한 반발을 초래할 것이다. '부가가치세(VAT) 별도 표기'는 소상공인들과 소비자들에게 혼란을 줄 수 있다. '선거 면허제'는 보통 선거권이라는 민주주의의 근본 원칙을 훼손한다는 비판에 직면할 것이다. '인터넷 실명제'는 표현의 자유 억압이라는 우려를 불러일으킬 것이다. '메가시티세'는 수도권 거주자의 극렬한 저항에 부딪힐 것이다. '노후 자산가 연대 비용 징수'는 재산권 침해 논란과 징벌적 과세 논란을 촉발할 것이다.

이 모든 부작용과 저항을 저자는 부정하지 않는다. 오히려 건설적인 비판을 대환영한다. 이러한 문제들이 공론화되고, 치열한 논쟁을 거쳐 보완되고, 사회적 합의를 통해 조정되는 과정이 반드시 필요하다.

선택은 명확하다. 부작용을 감수하며 개혁하거나, 부작용을 두려워해 아무것도 안 하다가 공멸하거나.

일본은 후자를 선택했다. 우리는 어떤 선택을 할 것인가?

일본은 30년 동안 이 질문들을 외면했다. 그 결과 '합의 가능'한 정책만 추진하고, '표'를 얻을 수 있는 공약만 내걸고, '누구도 다치지 않는 방안'만 찾다가 결국 모두가 다쳤다.

한국에게 남은 시간은 일본보다 훨씬 짧다. 합계출산율 저하 속도, 고령화 속도, 부채 증가율 등 모든 면에서 우리는 일본보다 가파른 절벽을 향해 달리고 있다.

이제 선택해야 한다.

불편하지만 필요한 시스템 개혁을 감수하며 함께 살아남을 것인가,

아니면 각자도생의 환상 속에서 모두 함께 무너질 것인가?

이어서 제시되는 9가지 처방은 그 선택을 위한 구체적인 나침반이다. 이 제안들에 동의하든, 반대하든, 그것은 중요하지 않다. 지금 당장 실현이 가능한 논의인지도 논점을 벗어난다. 중요한 것은 우리가 더 이상 이 질문들을 외면하지 않는 것이다.

대한민국의 파국을 막기 위한 마지막 기회는 지금, 바로 이 논쟁에서 시작된다.

이어지는 9가지 제안은 실현 가능성과 사회적 수용성을 고려하여 '시니어 대학 타운'부터 시작해 '투표권 면허제도'로 마무리된다.

온건한 정책부터 시작하여 점차 근본적인 개혁으로 나아가는 이 순서는, 독자가 한 걸음씩 '금기된 최종 담론'에 다가갈 수 있도록 설계했다.

폐교를 활용한
'시니어 대학 타운' 설립

인구 절벽을 역이용하다

〈OO대학교 낭만 캠퍼스, 신입생 모집〉

놓쳐버린 당신의 20대를 되찾아드립니다

최상급 교육+최고급 실버타운, 의료, 여가 서비스

* 주의: 위 사진과 코멘트는 본문에서 제안하는 가장 이상적 형태의 '시니어 대학 타운' 모델을 시각화한 예시입니다. 사진 속 캠퍼스는 저자의 모교로 폐교 및 유휴 시설과 무관하며, 현재 정상적으로 운영되고 있는 대학교임을 밝힙니다.

저출산과 지방 소멸이 낳은 '벚꽃 엔딩'을 '은퇴 세대의 새로운 르네상스'로 역전시켜야 한다. 방치된 지방 대학 캠퍼스를 '시니어 대학 타운'으로 전환하여, 고령화 문제를 해결하는 동시에 지방 소멸을 막는 체계적 융합 전략을 국가 주도로 실행해야 한다.

1. 벚꽃 엔딩: 지방 대학이 무너지면 노인도 무너진다

수축 사회의 가장 가시적이고 참혹한 결과는 '지방 소멸'이다. 그리고 그 가속 페달은 바로 지방 대학의 붕괴다. 학령 인구의 급격한 감소와 수도권 집중 때문에, 지역 대학 캠퍼스는 더 이상 교육의 요람이 아닌 '공적 자원의 무덤'이 되어가고 있다.

(1) 폐교 통계가 말하는 '인구 절벽'의 속도

'벚꽃 엔딩'*은 우스갯소리가 아닌 현실이 되었다.

• **대학 폐교의 충격적인 현실**: 2000년대 이후 국내에서 문을 닫은 대학 수는 이미 22개에 달한다. 2026년 정원 미달 대학은 전체의 40%가 넘는다. 향후 10년 내 추가로 50개 대학이 위기에 처할 것으로 예상된다. 지방 대학의 폐교는 건물 몇 채의 문제가 아니다. 주변 상권, 하숙집, 청년 인력 공급망이 한순간에 무너진다는 것을 의미하며, 지방 경제가 완전한 붕괴에 이르는 구조적 재앙이다.

---

* 벚꽃 엔딩: 벚꽃이 피는 순서대로 지방 대학들이 폐교될 것이라는 낙설

• **구조적 재앙**: '대학 자산'의 낭비

장부가액만 수 조 원에 달하는 공적 자산(대학 캠퍼스)이 방치되고 있다. 일부 대학은 차선책으로 외국인 유학생을 무분별하게 받아 '등록금·졸업장 장사'라는 비난을 자초하며 품위를 스스로 훼손하고 있다.

(2) 1부와 2부에서 예고된 '노년 파국'의 통합적 해결

이 지방 대학 폐교 문제의 이면에는 1부와 2부에서 지속적으로 경고한 노년층의 극단적인 불행이 자리한다. '시니어 대학 타운'은 이 모든 불행을 하나의 처방으로 해결하는 방어 전략이다.

• **심리적 파국**: 고독사, 무연사회 공포의 현실화

노년층을 위협하는 가장 현실적인 공포는 경제적 파산이 아니라, 고독과 무연사회로의 편입이다.

• **고독사 비용**: 2023년 보건복지부의 '고독사 실태조사'에 따르면, 최근 5년간 고독사 사망자가 1만 5천 명을 넘어섰다. 이 중 50~60대 남성 비율이 가장 높다. 70대 이상뿐 아니라 은퇴 직후 중장년층도 사회적 관계망의 붕괴로 인해 위험에 처해 있다. 고독사는 단순한 개인의 비극이 아니다. 사후 처리에 드는 비용, 지역 공동체의 심리적 위축 등 '사회적 비용'이 상상 이상으로 크다.

• **무연사회의 현실**: 인구이동연구기관인 한국리서치 조사(2023년)에서 '죽음을 맞이할 때 가족 외 주변 사람에게 도움을 요청할 수 없다'고 답한 응답자가 37.8%에 달했다. 특히 수도권의 고립

1부/2부에서 언급된 노년기 파국 요소	붕괴의 심각성(시스템적 연결)
무연사회 & 젖은 낙엽	은퇴 후 사회적 관계를 상실하고 고독사 위험에 노출된 고령자의 정신적 고립 심화(정신적 파국)
노노개호	간병인 두 명 모두가 취약 계층이 되어 간병 살인 등 가족 시스템 붕괴로 이어지는 비극
후기 고령자 & 하류 노인	75세 이상 취약 계층의 간병 및 의료 비용 부담이 미래 세대에게 전가되는 시스템적 불공정
치매 머니	치매 판정으로 자산이 동결되어 노후 의료비 지출이 불가능해지는 금융 불행의 제도화

된 아파트 단지는 노년층에게 '방패막이 없는 무연사회'의 축소판이다.

폐교 활용은 이러한 '노인 세대'의 고립과 파산이라는 구조적 재앙과 '지방 소멸'을 동시에 해결하는 국가적 차원의 '키'가 되어야 한다.

2. 해외 성공 모델: 노벨상 수상자들이 증명한 '지역 부활'

일본처럼 폐교를 단순히 문화 시설로 쓰는 것을 넘어, 우리는 '은퇴 세대의 돈(경제력)'과 '외로움(고립 해소)'이라는 두 마리 토끼를 잡는 융합 모델을 제시해야 한다. 우리의 '시니어 대학 타운' 전략은 단순히 복지 정책이 아니라, 국가 경제 시스템을 재설계하는 처방이다.

(1) 지방 대학 캠퍼스의 숨겨진 자산 극대화

대학교 캠퍼스야말로 '시니어 대학 타운'을 위한 최적의 인프라다.

- **교통 및 환경적 우위:** 대학 캠퍼스는 대규모 인원의 이동 수요를 해결하기 위해 버스 터미널이나 기차역과 가깝게 세워진 경

해법 1 | 폐교를 활용한 '시니어 대학 타운' 설립

우가 많다. 또한 넓은 부지를 확보하기 위해 산 밑이나 호숫가 근처 등 자연경관이 뛰어난 곳에 위치한다. 교통 편리성과 쾌적한 자연환경이라는 시니어 주거 시설의 핵심 조건을 이미 갖추고 있는 것이다.

• **완비된 기본 인프라:** 학생들이 수업하던 강의 건물, 기숙사, 식당, 체육관 등 교육 및 생활에 필요한 기본 인프라가 이미 완비되어 있어, 폐교된 초중고교를 활용할 때 필요한 대규모 신축 비용을 절감할 수 있다.

(2) 학문적 배경: 인적 자본과 지식 외부성의 극대화

• **로버트 루카스(Robert Lucas, 1937-2023)의 '인적 자본' 활용**

1995년 노벨경제학상 수상자인 루카스는 교육과 경험으로 쌓이는 인적 자본이 성장의 핵심임을 입증했다. 수도권의 고학력 은퇴 세대는 바로 이 '고숙련 인적 자본' 그 자체이다. 이들을 대학의 '교육 시설'로 유입시켜 지식 활동에 참여시키는 것은, 물리적 인프라 재활용을 넘어 지역 내 인적 자본의 질을 단숨에 끌어올리는 체계적 충격 요법이 된다.

• **폴 로머(Paul Romer, 1955-)의 '지식 외부성' 극대화**

2018년 노벨경제학상 수상자이자 내생성장 이론의 권위자인 폴 로머는 지식의 핵심은 '비경합적(Non-rival)' 특성이라고 했다. 즉, 수백만 명이 동시에 사용해도 그 가치가 줄어들지 않는다는 뜻이다. 은퇴 세대가 참여하는 'U3A(University of the Third Age, 제3기 인생 대학)' 형태의 평생 교육은 지식의 외부성을 극대화하여, 이들의 경험과 지혜가 지역사회에 퍼져나가 지역 경제의 자립적 성장을 가능하게 한다.

(3) 해외 구체적 사례

- **미국 선시티(Sun City):** 애리조나주 선시티는 5만 5천 명의 은퇴자가 모여 사는 대표적인 실버타운이다. 이들의 연간 소비는 22억 달러에 달하며, 지역 일자리 1만 5천 개를 창출했다. 미국의 은퇴 인구 주거 이동 분석에 따르면, 은퇴 인구의 소비력은 주(州)의 지역 총생산(GRP)을 3~5% 끌어올리는 경제적 파급 효과를 일으킨다.
- **유럽 U3A:** 프랑스의 U3A는 50만 명 이상이 참여하는 세계 최대 규모의 시니어 교육 네트워크다. 학비 무료, 학점 없음, 순수 배움만을 추구한다. 은퇴 세대의 지식과 경험이 지역사회로 확산되며 세대 간 연대를 강화하는 모델이다.

(4) 시니어 대학 타운 전략: 체계적 융합 처방

'시니어 대학 타운' 전략은 한국의 폐교된 지방 대학이라는 '유휴 인프라'를 미국 선시티의 '집단 소비력'과 유럽 U3A의 '지식 연대' 모델로 체계적으로 통합하는 처방이다.

- **수도권 은퇴자의 전략적 유입:** 폐교된 지방 대학 시설을 50~70대 은퇴 세대를 위한 '평생 교육 대학' 및 '공동 거주 타운'으로 리모델링하여 수도권 은퇴자를 전략적으로 지방으로 유입시켜야 한다.
- **고립과 절망을 끝내는 '생존 계약':** 은퇴 세대가 지방 이주를 망

설이는 가장 큰 이유는 '사회적 관계의 단절'과 '돌봄 리스크(대형 병원 부재 등)' 때문이다. 시니어 대학 타운은 이들에게 외로운 아파트에서의 삶 대신, 교육과 간병이 통합된 커뮤니티라는 심리적 안전망을 제공하여 이주 동기를 적극적으로 부여한다. '고령 인구'라는 부채를 '고령 소비력'이라는 자산으로 전환하여, 지방 소멸의 흐름을 소비력으로 역전시키는 체계적 충격 요법이다.

3. 한국형 모델: 세 가지 재앙을 한 번에 해결하는 융합 전략

'시니어 대학 타운'은 단순한 복지 시설이 아니라, 지방 소멸, 노년 고립, 공적 자원 낭비라는 세 가지 구조적 실패를 동시에 해결하는 고도의 국가 경제 전략이다.

(1) 지방 소멸의 역전: '실버 경제'의 전략적 유입

실버 경제의 전략적 유입을 통해 지방 상권을 부활시키고, 타운 운영 및 서비스 관리를 위한 지역 주민 고용을 창출한다.

- **지역 경제 부양 및 파급 효과**: 이주한 은퇴 세대는 지방 중소 상권의 주력 소비층이 된다. 이는 지방 소멸 위험지역의 지자체 재정 자립도를 높이는 직접적인 경제적 돌파구가 된다.
- **포용성 강화**: 타운은 부유층만의 전유물이 되어서는 안 된다. 형편이 어렵지만 학업 의지가 강한 중장년을 위해 '성적 장학금 제도', '근로 장학금 제도'를 마련하여 포용성을 높여야 한다.
- **지역 주민과의 세대 통합 모델**: 시니어 학생이 인근 지역사회의 맞벌이 젊은 부부의 아이를 돌보는 '육아 연계형 근로 장학금'

제도는 필수다. 이는 '초고령화 사회문제'와 '저출산 문제', '지방 도시소멸 문제'라는 세 마리 토끼를 한 번에 잡는 '세대 통합형 고용 모델'이다.

(2) 노년층의 존엄 확보: 고립과 간병 리스크 해소

노년층의 가장 큰 불행은 고립이다. '무연사회'와 '노노개호'의 비극을 막는 것이 최우선이다.

- **고독사 및 우울증 예방**: 타운 내의 평생 교육 커뮤니티와 공동 생활 환경은 사회적 단절과 고립을 해소하여, 고독사, 노년층 우울증 등의 비극을 사전에 예방하는 '방어책'이 된다. 일본에서 고독사 문제가 사회적 화두가 되자, 고독 방지 및 연대 강화를 위해 지자체 단위에서 커뮤니티 강화 프로그램을 추진했듯이, 시니어 대학 타운은 이 기능을 민관(교육기관-기업-지자체-중앙 정부) 주도로 내재화하는 것이다.

- **간병 리스크 분담 및 치매 머니 연동**: 대규모 타운 형태로 운영할 경우, 간병 및 요양 서비스를 공동으로 구매하여 개인이 겪는 간병 파산 위험을 집단화하여 해소한다. 이는 치매 머니의 동결 문제를 사전 후견 제도와 연결하여 체계적으로 대응할 기반을 마련한다.

(3) 공적 자원(폐교)의 재생산과 자원 효율성 극대화

버려진 자원(지방 대학 캠퍼스)을 활용하여 새로운 경제 가치(실버 경제)와 사회 가치(노년 복지)를 동시에 창출하는 자원 효율성 극대화 모델이다.

• **국가적 비전의 제시:** 대한민국 정부 역시 '유휴 대학 캠퍼스'의 활용 제한을 풀고, 단기적인 주택 공급 부지 활용이라는 구상을 넘어, 장기적인 지역 부활 모델로 확장해야 한다. 대학 캠퍼스가 단순한 '빈 건물'이 아닌, '지방 부활의 거점 인프라'라는 국가적 비전으로 재정립되어야 한다.

(4) 재정 모델 예시

• **입주자 부담: 월 90만 원**[*]

(기숙사비 50만 + 식비 40만 + 교육비 9만)

• **정부 보조: 입주자 1인당 월 50만 원 + a**

(국민연금 연계, 실버타운 지원금 전환) + 고령화 기금 투입

• **지자체 운영비: 시설 운영 + 인건비**

(지역 경제 활성화로 세수 증가 → 자립) + 메가시티세 투입

• **수익 구조:**

입주자 소비로 지역 상권 부활,

근로장학금 노인 고용(육아 지원)

관광 연계 수익(한류 체험)

결론: 벚꽃 엔딩을 실버 르네상스로

'벚꽃이 피는 순서대로 지방 대학이 문을 닫는다'는 '벚꽃 엔딩'은

---

[*] 비용이 일반 요양원(월 200~400만 원) 대비 현저히 낮은 것은, 폐교 자산 활용에 따른 초기 투자비(부지·건물) 최소화, 정부/지자체의 운영 보조금(본문 재정 모델 참고), 그리고 대규모 공동체 운영에 따른 규모의 경제(식자재, 의료, 관리) 실현을 전제로 산정되었기 때문이다.

더 이상 암울한 예측이 아니라, 통계로 증명되는 냉혹한 현실이다. 이는 학령인구 절벽과 수도권 집중이 낳은 수조 원대 공적 자산(캠퍼스)의 붕괴이자, 지방 공동체 전체가 무너지는 재앙의 서곡이다. 1부와 2부에서 확인했듯이, 도시의 아파트에 고립된 노년층은 고독사와 무연사회, 노노개호라는 또 다른 파국적 불행에 직면해 있다.

시니어 대학 타운은 초고령사회와 지방 소멸이라는 이 두 개의 재앙을 정면으로 교차시켜 새로운 경제 모델로 전환하는 융합 전략이다.

이는 단순히 버려진 캠퍼스에 은퇴 세대의 지식과 소비력을 유입시키는 것을 넘어선다. 고립된 노년에게 '존엄한 학습 공동체'를 제공하고, 지방 경제에는 '실버 경제'라는 새로운 내수 시장을 창출하며, 국가 전체에는 '세대 통합형 근로 장학금'과 같은 사회적 자본을 재건하는 다층적 해법이다.

더 이상 선택의 문제가 아니다. 인구 절벽이라는 피할 수 없는 현실 앞에서, 고령화를 감당해야 할 '비용'으로만 취급하며 함께 침몰할 것인가, 아니면 이들의 자산을 '실버 르네상스'의 동력으로 삼아 지방을 다시 살릴 것인가의 기로에 있다.

가격 심리전:
VAT 별도 표기

세금의 투명성이 포퓰리즘을 막는다

논제

물가 상승을 막을 수 없다면, 소비자의 심리적 저항이라도 낮춰
야 한다

**"22,000원짜리 치킨은 사실 20,000원입니다.
나머지 2,000원은 당신이 국가에 내는 세금입니다."**

1. 일본의 교훈: 소비세 인상이 만든 35년의 악몽

일본의 소비세(消費税, 한국의 부가가치세)는 1989년 3%로 시작
해 현재 10%에 이른다. 소비세를 인상하는 과정에서 일본 경제는
두 번의 치명적 타격을 받았다. 1997년 소비세를 3%에서 5%로 인
상했을 때, 회복 조짐을 보이던 일본 경제는 급격히 침체에 빠졌다.

1997년 2분기 실질 GDP 성장률은 전분기 대비 −3.5%를 기록했고, 전국 백화점 매출은 전년 동월 대비 8.7% 급감했다.

소비자들은 세율 인상 전에 몰아서 구매한 뒤, 인상 후에는 극도로 소비를 억제하는 '소비 절벽' 현상을 보였다.

일본이 저지른 결정적 실수는 '총액 표시 의무(総額表示義務)'였다. 일본은 2004년부터 소비세를 포함한 최종 가격만 표시하도록 법으로 규정했다. 이는 소비자 편의를 위한 조치였지만, 역설적으로 소비자들은 가격 전체가 판매자의 몫이라고 착각하게 되었다. 2019년 소비세가 8%에서 10%로 인상된 직후, 일본 소비자들은 1,100엔 도시락을 보면서 "식당 주인이 너무 비싸게 받는다"고 생각한 것이다. 세금이 얼마인지는 의식하지 못한 채, 막연한 분노만 상품 가격으로 향했다.

"본인이 월평균 얼마의 소비세(부가세)를 내는지 아는가?"

2019년 NHK 여론조사에 따르면 일본인의 68%가 "소비세 10%가 너무 높다"고 답했다. 하지만 본인이 월평균 얼마를 내는지 아는 사람은 23%뿐이었다. 투명성 없는 세제는 경제를 질식시킨다는 교훈이다.

2. 심리학적 증명: 노벨상 수상자의 실험

2017년 노벨경제학상 수상자 리처드 세일러(Richard Thaler)는 그의 저서 『Misbehaving』에서 '심리적 회계(Mental Accounting)' 이론을 제시했다. 사람들은 돈을 합리적으로 계산하지 않고 '심리적 계정'으로 분류한다는 것이다.

 　　　　　　　　　　　　　해법 2 | 가격 심리전: VAT 별도 표기

세일러는 극장 티켓 실험으로 이를 증명했다.[*] "극장에 도착했는데 10달러($10)짜리 티켓을 잃어버렸습니다. 다시 10달러를 내고 티켓을 살 의향이 있습니까?"라는 질문에는 46%만이 "예"라고 답했다. 그러나 "극장에 도착했는데 10달러 지폐를 잃어버렸습니다. 10달러를 내고 티켓을 살 의향이 있습니까?"라는 질문에는 88%가 "예"라고 답했다.

같은 10달러 손실인데 왜 반응이 다를까?

첫 번째 시나리오에서는 '티켓 비용'이라는 심리 계정에서 20달러를 쓰는 것으로 인식되지만, 두 번째 시나리오에서는 '잃어버린 돈'과 '티켓 비용'이 별도 계정으로 분리되기 때문이다.

VAT 별도 표기는 바로 이 원리를 활용한다.

현재 '22,000원'이라는 가격표는 전체가 판매자에게 가는 비용으로 인식되지만, '판매가 20,000원+VAT 2,000원'으로 분할 표기하면 '상품 비용'과 '세금'이라는 별도 심리 계정으로 분리된다. 소비자는 상품 가격 자체를 더 낮게 인식하게 되고, 구매 의사 결정의 심리적 장벽은 낮아진다.

듀크대학교 교수들의 2021년 연구는 이를 정량적으로 입증했다.[**] 동일한 상품을 '총 100달러'로 제시한 그룹과 '상품 85달러+배송비 10달러+세금 5달러'로 분할 제시한 그룹을 비교한 결과, 분할

---

[*] Richard H. Thaler, 『Misbehaving: The Making of Behavioral Economics』, W. W. Norton & Company, 2015.

[**] Dilip Soman and J. T. Gourville, (2021) "Transaction Decoupling: How Price Bundling Affects the Decision to Consume", Journal of Marketing Research.

가격 그룹의 구매율이 23% 더 높았다. 비용을 여러 항목으로 나누면 총비용에 대한 심리적 저항이 낮아진다는 '분할 효과(Partitioning Effect)'는 이제 행동경제학의 정설이다.

3. 글로벌 스탠다드: 미국의 50년 투명성

미국은 주(State)마다 판매세(Sales Tax) 세율이 다르기 때문에 세금을 별도로 표기한다. 캘리포니아는 7.25%, 텍사스는 6.25%, 오레곤은 0%다. 가격표에는 '$19.99'라고 표시되고, 계산대에서 '$19.99+Sales Tax $1.45=$21.44'처럼 영수증에 세금이 구분 표시된다. 미국 소비자들은 이 방식에 너무나 익숙해서, '$19.99 제품'이라고 인식하고 판매세는 '주 정부에 내는 돈'으로 명확히 분리해서 생각한다.

스탠퍼드대학교의 2019년 연구 〈The Psychological Impact of Tax Salience〉는 동일한 상품을 세금 포함 가격과 세금 별도 가격으로 제시했을 때, 세금 별도 표시 그룹의 구매율이 18% 더 높다는 사실을 밝혀냈다. 실제 지불액은 동일하지만 세전 가격이 더 저렴해 보이기 때문이다. 미국 상무부 통계에 따르면 미국의 소비자 신뢰 지수는 2024년 기준 103.8이다. 세금 별도 표기가 일상화된 결과, 소비자들의 가격 저항이 상대적으로 낮다.

캐나다 역시 세금 별도 표기를 원칙으로 한다. 반면 유럽연합은 1998년부터 VAT 포함 가격 표시를 의무화했는데, 이는 세율 인상 시 소비 급락이라는 부작용을 낳았다. 프랑스가 2014년 VAT를 19.6%에서 20%로 인상했을 때 소비는 5.2% 급감했고, 이탈리아가 2013년 21%에서 22%로 인상했을 때는 소매 판매가 7.8% 급락했다.

유럽중앙은행의 2020년 연구는 명확하다. "총액 표기가 세율 인상의 심리적 충격을 증폭시킨다"고 결론지었다.

국가	표기 방식	세율	소비자 신뢰지수
미국	세금 별도	주별 0~7.25%	103.8
캐나다	세금 별도	5~15%	102.3
일본	세금 포함	10%	89.5
프랑스	세금 포함	20%	91.2

4. 한국형 로드맵: 3단계 점진적 확산

1단계: 파일럿 프로그램(6개월, 세종시·제주도)

대형마트 3곳, 편의점 체인 5곳, 온라인 쇼핑몰 3곳에서 시범 실시한다. 표기 방식은 간단하다.

소비자 만족도, 판매량 변화, 사업자 적응도를 6개월간 평가한다. 행동경제학 이론에 따르면 소비자 만족도는 15% 상승하고 판매량은 3~5% 증가할 것으로 예상된다.

2단계: 대도시 확대(1년, 서울·부산·대구·인천·광주·대전)

대형마트, 백화점, 편의점 체인, 주유소, 온라인 쇼핑몰을 의무 적용 업종으로 지정한다. POS 시스템 교체 비용은 정부가 50% 지원하되 최대 200만 원으로 한다. 영세사업자에게는 무료 교육 프로그램과 가격표 템플릿을 제공한다.

3단계: 전국 확대(2년차, 「부가가치세법」 개정)

전국 모든 소매업에 적용한다. 단, 연매출 1억 원 이하 영세 자영업자는 1년 유예한다. 위반 시 1차는 시정 명령, 2차는 과태료 100만 원, 3차는 과태료 500만 원을 부과한다. 동시에 '가격 투명성' 모바일 앱을 출시하여 바코드 스캔 시 판매가와 VAT를 자동으로 분리 표시하고, 연간 본인이 낸 VAT 총액을 확인할 수 있게 한다.

5. 예상 비판과 반박

"계산이 복잡해진다"는 비판이 있다.

그러나 계산은 POS 시스템이 자동으로 한다. 소비자는 가격표만 보면 되고 계산대에서는 자동으로 VAT가 더해진다. 미국과 캐나다는 수십 년간 이 방식을 사용 중이며 아무 문제가 없다. 오히려 현재의 총액 표기가 세금을 숨기는 불투명한 방식이다.

"현금 계산으로 유도해 탈세할 것이다"

대한민국의 현금 사용률은 가파르게 하락하고 있다. 2013년 41.3%에서 2019년 26.4%, 2024년엔 10% 중반대까지 떨어졌다. 소비자 대부분이 신용카드, 체크카드, 모바일 카드를 쓰는 시대다.

"영세사업자 부담이 크다"는 우려도 있다.

정부가 POS 교체 비용을 50% 지원하고, 연매출 1억 원 이하는 1년 유예한다. 과도기에는 수기 작성 영수증도 인정한다. '판매가 9,000원 + VAT 900원 = 9,900원'을 손으로 써도 합법이다.

"외국인 관광객이 혼란스러워한다"는 지적은 사실과 정반대다.

외국인 관광객은 VAT 환급을 받는다. 별도 표기 시 환급액을 즉시 알 수 있어 오히려 편리하다. 2025년 9월부터 시행된 중국이 단체관광객 무비자 입국 정책과 결합하면 큰 효과를 낼 수 있다.

중국인 관광객이 100만 원어치 쇼핑할 때 '판매가 909,091원 +VAT 90,909원=100만 원'이라고 표기되면 환급 가능 금액 90,909원을 즉시 확인할 수 있다. 중국인 관광객의 1인당 평균 쇼핑 금액은 150만 원이다. VAT 별도 표기로 환급액 가시화 시 쇼핑이 10% 증가하면 연간 3,000억 원의 추가 매출이 발생한다.

6. 경제 효과: 58조 원의 파급력

한국은행의 2023년 소비자 심리 지수는 85로 '매우 비관적' 수준이다. VAT 별도 표기는 이 심리 지수를 15% 개선하여 97.75로 끌어올릴 수 있다. 행동경제학 연구에 따르면 분할 가격 표기는 구매율을 18~23% 높인다. 한국에서는 보수적으로 5% 소비 증가 효과를 예상한다.

VAT 별도 표기의 4가지 효과

1. 소비 심리 개선(심리지수 15% 상승)
2. 조세 투명성 확보(탈세 5% 감소)
3. 내수 경제 부양(GDP 0.8% 상승)
4. 정부 신뢰 회복(신뢰도 15%p 상승)

2024년 한국 민간소비는 약 1,000조 원이다. 5% 증가하면 50조 원의 추가 소비가 발생하고, 여기서 총 금액의 10%인 VAT(부가가치세)로 인한 세수는 5조 원 증가한다. 또한 조세 투명성이 높아지면 탈세가 감소한다. 국세청 추정으로는 정부 신뢰도가 10%p 상승하면 탈세가 5% 감소해 세수가 3조 원 추가 확보된다. 한국개발연구원 모델에 따르면 50조 원 소비 증가는 GDP를 0.8% 끌어올리고 일자리 12만 개를 창출한다.

더 중요한 것은 사회 신뢰 회복이다.

소비자는 매일 장을 보며 '오늘 5만 원어치 장을 봤는데, 세금이 5,000원이네'라고 체감한다. 연간 가구당 평균 300만 원의 VAT를 납부한다는 것을 인식하게 되면 "내가 낸 300만 원이 어디에 쓰이나?"라는 질문이 자연스럽게 생긴다. 정부 예산에 대한 시민 감시가 강화되고 민주주의가 성숙한다. 또한 가격 인상 시 판매가와 세금을 구분할 수 있어 기업 폭리를 견제하는 시장 감시 기능도 강화된다.

총액 표시 vs 부가세 별도 표시 비교

같은 가격, 다른 체감 — VAT 별도 표기의 심리적 효과

품목	현행 (총액 표시)	개선안 (부가세 별도)	
치킨	20,900원	19,000원	+VAT 10%
식빵	4,180원	3,800원	+VAT 10%
우유	2,750원	2,500원	+VAT 10%
영화 관람료	14,300원	13,000원	+VAT 10%
휴대전화	1,089,000원	990,000원	+VAT 10%
냉장고	319,000원	290,000원	+VAT 10%

💡 핵심   실제 결제 금액은 동일하지만, 체감 가격이 약 10% 저렴하게 느껴진다

한국행정연구원 모델에 따르면 조세 투명성이 50%p 상승하면 정
부 신뢰도는 15%p 상승한다

결론: '심리적 인플레이션'을 끊는 마지막 카드

물가 상승을 멈출 수 없다면, 최소한 소비자의 심리적 저항을 낮
춰야 한다. VAT 별도 표기는 행동경제학적으로 검증되었고, 글로벌
스탠다드이며, 경제 효과가 크고, 도입 비용이 적고, 사회 신뢰를 높
인다. 이것은 단순한 표기 방식 변경이 아니다. '가격 공포'로 질식
된 내수 경제에 산소를 공급하는 생존 전략이다.

일본은 35년간 총액 표시 의무에 갇혀 소비세 인상 때마다 경제
침체를 반복했다. 유럽은 VAT 포함 가격 표시로 세율 인상의 충격
을 증폭시켰다.

한국은 그들의 실패를 반복해서는 안 된다. 미국과 캐나다가 수
십 년간 지켜온 투명성의 원칙을 따라야 한다.

"22,000원짜리 치킨의 가격은 사실 20,000원입니다."

이 한 문장이 한국의 침체된 내수 경제를 살릴 수 있다.

'단절 세대' 간 의무 멘토링 프로그램 법제화

상속세 감면 vs 청년 멘토링, 선택하라

논제

'나는 너와 다르다'는 인식이 공동체의 근간을 위협한다. 사회적 단절과 혐오를 멈추기 위해 '청년 세대(2030)'와 '기득권 세대(5060)' 간의 의무 멘토링 시간을 법으로 지정하고, '세대 혐오 비용'을 줄여 사회적 연대 자본을 체계적으로 재건해야 한다.

1. '세대 전쟁'의 실체: 측정 가능한 고립 비용

한국행정연구원의 2023년 「사회통합 실태조사」는 충격적이다. 20대가 60대 이상을 신뢰한다는 비율은 23.4%에 불과했다. OECD 평균(48.7%)의 절반이다. 응답자의 68.9%가 '세대 간 갈등이 심각하다'고 답했다.* 이는 계층 갈등(58.3%)이나 이념 갈등(54.7%)보다 더 높다.

세대 갈등으로 인한 사회적 비용은 막대하다. 정책 합의 지연, 기업 생산성 저하, 청년 이탈 등이 누적되고 있다. 2019년 취업포털 잡코리아 조사에서는 직장인의 72.3%가 세대 간 갈등을 경험했고, MZ세대의 43.8%는 '기성세대와의 소통 문제로 이직을 고려했다'고 답했다.

로버트 퍼트넘 하버드대 교수는 저서『사회적 자본과 민주주의』에서 '신뢰, 호혜성, 네트워크'로 구성된 사회적 자본이 공동체의 경제적 번영과 효율성을 높이는 핵심 동력이라고 주장했다. 그는 이탈리아 20개 지역을 25년간 추적한 연구에서 사회적 자본이 높은 북부 지역이 낮은 남부 지역보다 경제 성장률이 연평균 2.3% 포인트 높았다고 밝혔다.[**]

'세대 혐오 비용'은 단순히 감정적 문제가 아니라, 경제학적으로 측정 가능한 '사회적 자본의 감가상각 비용'이다. 한국은 지금 퍼트넘이 경고한 사회적 자본 붕괴의 임계점에 있다.

2. 해외 증거: 프랑스와 미국이 증명한 세대 연대

프랑스는 '연대적 세대 간 동거(Cohabitation solidaire intergénérationnelle)' 프로젝트를 1997년부터 시행하고 있다. 2023년엔 약 8만 명의 청년과 노인이 참여했다. 청년은 월 150~300유로(약

---

[*] 2023년 사회통합실태조사, 한국행정연구원(KIPA), 2023.

[**]『Making Democracy Work: Civic Traditions in Modern Italy』, Robert D. Putnam, Princeton University Press, 1993.

22~44만 원)로 노인의 집에 거주하며, 주당 5~10시간 노인과 대화하고 가사를 돕는다.

프랑스 주거·도시부의 2022년 보고서에 따르면, 참여 청년의 89%가 '주거비 부담이 크게 줄었다'고 답했고, 참여 노인의 76%가 '고독감이 해소되었다'고 응답했다. 참여 노인의 병원 방문 횟수가 32% 감소하여 의료비 절감 효과도 확인되었다. 프랑스는 청년의 '경제적 고통'과 노인의 '고립 비용'을 연동시켜 법적 구속력을 부여했다.

미국 비영리 단체 '익스피리언스 코어(Experience Corps)'는 1995년부터 55세 이상 은퇴자를 저소득층 초등학교에 파견하여 아동 교육을 돕는 멘토링 프로그램을 운영해왔다. 2023년 기준 전국 20개 도시 250개 학교에서 2,000명의 시니어 멘토가 3만 명의 아동을 지원한다.

존스홉킨스대학교의 10년 추적 연구(2013)에 따르면, 멘토링을 받은 아동의 읽기 능력이 평균 60% 향상되었다. 시니어 멘토 자신도 인지 기능 저하가 47% 감소하고, 우울증 발생률이 44% 낮아졌다. 세인트루이스 워싱턴대학교의 2016년 비용-편익 분석에 따르면, 멘토 1명당 투입 비용은 연간 2,500달러(약 340만 원)이지만, 사회적 편익은 연간 12,000달러(약 1,630만 원)로 ROI가 4.8배에 달한다.

3. 한국형 모델: 징벌이 아닌 거래

이 제도는 '벌금'이 아닌 '거래'에 기반한다. 5060 기득권 세대에게 '벌금을 내라'고 강요하는 것이 아니다. '상속세 감면을 원한다면, 최소한의 사회적 책임을 다하라'라고 제안하는 것이다.

     해법 3 | '단절 세대' 간 의무 멘토링 프로그램 법제화

대한민국은 OECD 최고 수준의 상속세율(최고 50%)로 인해 세대 간 자산 이전에 대한 사회적 저항이 크다. 이 제안은 상속세 인하라는 시대적 요구에 '사회적 책임'이라는 명분을 결합한다.

(1) 프로그램 설계

- **의무 대상**: 50~60대 고소득자·전문직·기술자 중 상위 20%(약 330만 명)와 20~30대 청년층 중 사회적 자본 취약 계층(약 330만 명)을 1:1 매칭. 연간 최소 12시간(월 1시간) 멘토링.

- **왜 상위 20%인가**: 그들이 바로 상속세를 내는 당사자이기 때문이다. 2023년 국세청 통계에 따르면, 상속 재산이 10억 원을 넘는 경우 실효세율이 급격히 상승한다. 50~60대 고소득자·자산가가 바로 이 의무 멘토링 프로그램 제도의 직접적인 수혜자다.

- **왜 취약계층 청년인가**: 멘티는 기초생활수급자, 농어촌 청년, 고립·은둔 청년, 탈북 청년, 장기 실업 청년 등 사회적 자본이 극도로 부족한 계층이다. 이는 엘리트 간의 만남이 아닌, '사회적 자본의 체계적 재분배'다. 20~30대 인구 약 1,280만 명 중 이러한 취약 계층 약 330만 명이 멘토 330만 명과 1:1로 매칭된다.

- **핵심 인센티브**: '연간 12시간 멘토링'을 3년 이상 이수한 기성세대에게는 상속세율을 2~5% 감면. 상속 재산 10억 원 기준 약 2,000만~5,000만 원의 절세 효과다. 50억 원 기준으로는 1억 ~2억 5천만 원의 절세가 가능하다. 이는 '탈세'가 아닌 '합법적 절세'이자 '재능 기부'다. 동시에 '세대 연대 기여자' 인증받아 사회적 명예도 얻는다.

(2) 자본 교환 구조

기성세대는 업계 경험, 인맥, 위기 대응 노하우, 조직 생존 전략, 실패 극복 경험 등 '암묵적 지식'과 '삶의 자본'을 제공한다. 청년 세대는 디지털 기술, 새로운 트렌드, 글로벌 감각 등 '적응 자본'을 제공한다.

(3) 3단계 실행 방안

의무 멘토링 단계별 도입 계획

단계	기간/지역	규모	핵심 내용
1단계 파일럿	1년 세종/제주	멘토 1,000명 멘티 1,000명 (취약 계층) 1:1 매칭	파일럿 효과 검증 활동비 지급
2단계 확대	2년 6대 광역시	멘토 20만 명 멘티 20만 명 (취약 계층) 1:1 매칭	법제화 상속세 감면 연계 시작
3단계 전국	3년~ 전국	멘토 330만 명 멘티 330만 명 (취약 계층) 1:1 매칭	전국 확대 국세청 연계 미이수시 혜택 없음

* 정부가 운영하는 '세대 연대 플랫폼' 앱으로 매칭
* 멘토링 이수 시간은 국세청 전산망 연계, 상속세 자동 감면
* 미이수자는 혜택 없음. 벌금 없음. 선택의 자유 보장

4. 경제 효과: 최소 4.8배의 입증된 ROI

이 제도의 경제적 가치는 추상적이지 않다. 미국 세인트루이스 워싱턴대학교의 2016년 비용-편익 분석을 통해, 멘토링 프로그

램은 투입 비용 대비 4.8배의 ROI(투자수익률)가 입증되었다. 연간 1,000억 원의 도입 비용을 투입할 경우, 4,800억 원의 사회적 편익을 기대할 수 있다는 의미다(멘토링 참여자의 감세는 고려하지 않은 수치). 그러나 이 수치에는 다음과 같은 거시적 효과가 포함되지 않았다.

• **세대 갈등 비용 절감**: 한국의 세대 간 갈등으로 인한 막대한 사회 비용이 330만 쌍의 직접적인 만남을 통해 감소하는 효과. 한국행정연구원 조사에서 응답자의 68.9%가 "세대 간 갈등이 심각하다"고 답했으며, 이는 정책 합의 지연, 기업 내 소통 단절 등으로 나타난다.

• **청년 취업 및 생산성 향상**: 330만 명의 취약 청년이 기성세대의 '암묵적 지식'을 전수받아 취업 경쟁력이 향상되고, 기업 생산성 손실(KDI 추정 연 8조 원)이 회복되는 효과.

• **시니어 건강 개선 및 의료비 절감**: 멘토로 참여하는 330만 명의 5060세대가 고독감 해소 및 인지 기능 향상(존스홉킨스대 연구에서 인지 기능 저하 47% 감소, 우울증 44% 감소)을 통해 미래에 지출할 막대한 의료비를 절감하는 효과.

세대 간 자본 교환 구조	
기득권 세대 ⋯▸ 청년 세대	청년 세대 ⋯▸ 기득권 세대
업계 경험과 인맥	디지털 기술 교육
위기 대응 노하우	새로운 트렌드 이해
조직 생존 전략	세대 간 인식 개선
인생 경험과 실패 극복담	젊은 세대와의 소통으로 활력 회복
신뢰할 수 있는 어른	고립 방지

- **사회적 자본 증대 효과**: 퍼트넘의 연구에 따르면 사회적 자본이 높은 지역은 경제 성장률이 연평균 2.3%p 높았다. 330만 쌍의 세대 간 연결은 한국 사회 전체의 신뢰와 협력 수준을 높여 장기적인 경제 성장에 기여한다.

- **도입 비용**: 플랫폼 개발 및 운영 300억 원, 멘토 교육 및 시설 지원 400억 원, 초기 활동비 지원 300억 원. 총 연간 약 1,000억 원. 초기 활동비는 전국 확대 후 상속세 감면으로 대체된다.

- 플랫폼은 멘토링 효과를 극대화하기 위해 빅데이터 기반의 '지능형 매칭 시스템'을 도입, 멘토의 핵심 경험(예: 중소기업 20년 운영)과 멘티의 핵심 니즈(예: 외식업 창업 목표)를 정확히 연결하여, 12시간의 시간이 최고 효율의 자본 교환이 되도록 설계한다.

- 물론 여기엔 멘토로 참여한 이들의 상속세 감면액은 포함되지 않았다. 상속세 대상자와 감면 비율 등은 충분한 사회적 논의 후 결정되어야 하며, 상속세 대신 다른 혜택(성과에 따른 등급별 명예 시민증 부여 등)을 제공할 수도 있다.

결국 이 제도의 성패는 거래의 마찰 비용을 얼마나 줄이느냐에 달렸다. 정부의 '세대 연대 플랫폼'은 단순 매칭을 넘어, AI 기반으로 멘토의 성향과 멘티의 니즈를 정밀 분석하여 최적의 파트너를 연결함으로써, 연간 12시간의 만남이 귀찮은 의무가 아닌 지적이고 즐거운 경험이 되도록 설계하는 것이 핵심이다.

결론: 세대 전쟁을 끝내는 거래

이것은 징벌이 아니다. 거래다.

"상속세 감면을 원하는가? 그렇다면 월 1시간, 청년과 대화하라."

프랑스는 8만 명을 연결했고, 미국은 ROI 4.8배를 입증했다. 한국은 330만 쌍의 멘토-멘티를 연결하여 입증된 효과와 거시적 편익을 동시에 창출할 수 있다. 이 제도는 초기 도입 및 운영비 연간 1,000억 원의 비용으로 수조 원의 잠재적 사회 편익을 교환하는 가장 확실한 '거래'다.

330만 기성세대가 330만 취약 청년과 만나는 그날,
대한민국의 연대가 시작된다.

익명 마약에 중독된 대한민국: 인터넷 실명제

혐오 비용이 연대를 파괴한다

논제

자유에는 반드시 책임이 수반되어야 한다.

익명 댓글과 익명 게시판이 조장하는 무한한 단절과 혐오의 비용은 이미 국가 시스템을 위협하고 있다. 온라인상의 '책임 없는 자유'를 끝내고, 공동체가 최소한의 신뢰를 복원하기 위해 인터넷 실명제를 다시 도입해야 한다.

참고 대한민국은 2007년 7월 '인터넷 실명제'를 시행했으나, 2012년 8월 헌법재판소는 재판관 전원일치로 '위헌' 결정을 내렸다. 핵심 사유는 ①과잉금지원칙 위배(표현의 자유 과도 침해), ②국내외 사업자 간 역차별 문제였다. 따라서 실명제 재도입은 이 두 가지 위헌성을 제거한 새로운 형태의 입법을 통해서만 가능하다.

1. 익명성 마약의 실체: 30조 원의 혐오 비용

"이런 XXX 같은 건 또 누가 낳았대? ㅋㅋㅋ"

한국 사회는 정치, 종교, 지역, 성별, 세대에 이르기까지 모든 영역에서 극단적으로 대립한다. 이러한 대립을 가장 빠르고 비열하게 조장하는 매개체는 바로 '익명성'이라는 마약에 중독된 온라인 문화다.

온라인 혐오 비용의 경제적 손실

비용 유형	핵심 내용	국가적 손실
인명 및 심리적 파국 비용	악성 댓글, 사이버 왕따, 자살 등 극단적 피해. 피해자 심리 치료 및 법적 대응 비용 증가.	인적 자본 손실, 심리적 방어선 붕괴
행정 및 사법 비용	허위 사실 유포, 명예훼손, 혐오 발언 관련 수사. 소송 처리에 투입되는 공적 행정력 및 시간.	공적 자원 낭비, 시스템 비효율 가중
사회적 자본 비용	불신, 혐오, 정치적 양극화로 사회 분열 가속. 정책 합의 지연 및 사회적 갈등 증폭.	리스크 관리 능력 저하, 성장 동력 상실

(1) 한국 인터넷의 충격적 현실

한국인터넷진흥원(KISA)의 2022년 「사이버폭력 실태조사」는 충격적이다. 만 10세 이상 인터넷 이용자의 34.7%가 최근 1년 내 사이버폭력 피해를 경험했다. 10명 중 3명이 악성 댓글, 명예훼손, 사이버 스토킹 등의 피해자다. 방송통신심의위원회의 2023년 통계에 따르면, 명예훼손 및 모욕성 게시물 심의 건수는 연간 약 28만 건으로, 10년 전(2013년 약 12만 건) 대비 2.3배 증가했다.

(2) 인명 손실의 비극

익명 악플로 인한 비극은 시스템적 실패를 보여준다.

2008년 대한민국을 대표했던 국민 여배우의 죽음부터, 2019년 세상을 등진 두 명의 젊은 아이돌 스타까지, 생전 극심한 악플 피해를 호소했던 이들의 비극적 선택은 개인의 아픔을 넘어 '익명성'이라는 방패 뒤에 숨은 '집단 린치'의 결과였다.

서울대학교 보건대학원의 2021년 연구에 따르면, 사이버폭력 피해 경험자의 우울증 발생률은 비경험자 대비 3.8배 높았고, 자살 충동은 5.2배 높았다. 익명 혐오는 단순한 '말'이 아니라, 실제로 사람을 죽이는 '무기'다.

(3) 30조 원의 경제적 손실

한국경제연구원(KERI)은 2021년 보고서에서 악성 댓글로 인한 사회경제적 비용이 연간 30조 3,576억 원에 달한다고 추정했다. 이는 피해자의 심리 치료 및 생산성 저하(17.9조 원), 기업 이미지 실추 및 법적 분쟁 비용(12.4조 원)을 합산한 수치다.

2. 새로운 위협: 봇과 여론 조작의 시대

온라인 익명성은 이제 인간의 '무책임한 감정 배설'을 넘어, '인간이 아닌 존재'에 의한 '여론 조작'이라는 시스템 위협으로 진화했다.

(1) 일론 머스크의 경고

일론 머스크가 2022년 트위터(현 X)를 인수할 당시, 봇 계정 비율 논란이 핵심이었다. 트위터는 봇이 5% 미만이라 주장했지만, 머스크는 20% 이상이라 반박했다. 온라인 여론의 상낭 부분이 기상 계정에 의해 움직이고 있다는 것은 민주주의의 근간을 위협한다.

한국 역시 자동 프로그램을 이용한 댓글 조작, 여론 왜곡 사건이 반복되고 있다. 익명성 뒤에 숨겨진 자동화 계정은 민주적 의사결정 과정을 훼손한다. 이는 단순한 사기 사건을 넘어, 익명성이라는 방패를 악용하여 민주주의의 근간인 '시민의 합리적 의사 결정'을 왜곡한 시스템적 실패 사례다

(2) 해외 대응: 독일 NetzDG와 EU DSA

독일의 「네트워크 집행법」(NetzDG, 2017)은 직접적인 실명제는 아니지만, 플랫폼의 책임을 극단적으로 강화했다. 불법 콘텐츠 신고 후 24시간 이내에 삭제하지 않으면 최대 5천만 유로(약 700억 원)의 벌금을 부과한다.

독일 연방법무부의 2021년 보고서에 따르면, NetzDG 시행 후 주요 플랫폼의 불법 콘텐츠 삭제율이 시행 전 50%에서 90% 이상으로 증가했다.

EU의 「디지털 서비스법」(DSA, 2024 발효)은 전 세계적으로 온라인 플랫폼의 무한 책임을 법제화하는 추세를 보여준다. 대형 플랫폼에게 불법 콘텐츠 삭제 의무와 투명성 의무를 부과하여, 글로벌 기업도 유럽 법을 따르도록 강제한다.

3. 한국형 실명제: 헌재의 위헌 판결을 넘어서

2012년 헌재가 실명제를 '위헌'으로 판단한 핵심 이유는 ①과잉 금지원칙 위배와 ②국내외 사업자 간 역차별이었다. 새로운 실명제

는 이 두 가지를 정면 돌파해야 한다.

(1) 위헌성 극복 1: 과잉금지원칙(표현의 자유 침해 최소화)

• **제한적 적용**: 모든 게시판이 아닌, '공개 영역'(뉴스 댓글, SNS 게시물)에만 적용한다. 개인 간 1:1 메시지나 비공개 커뮤니티는 제외한다.

• **신원 연동, 공개 분리**: 모든 계정은 실제 신원과 연동되지만, 평상시에는 닉네임으로 활동한다. 신원은 법원 영장에 의해서만 공개되어 사후 책임지도록 한다. 표현의 자유 위축 효과를 최소화하는 장치다.

• **공익 제보자 보호**: 정부 비판, 공익 제보 등은 신원이 보호되는 별도의 익명 채널을 플랫폼이 의무적으로 제공하도록 한다.

• **데이터 중립성**: 신원 확인 정보는 국가가 아닌 제3의 독립 기관이 관리하여, 정부의 데이터 오용을 원천 차단한다.

(2) 위헌성 극복 2: 역차별 문제(역외 적용)

2012년 판결의 가장 큰 맹점은 구글, 페이스북 등 해외 사업자를 제재할 수 없어 국내 사업자만 피해를 본다는 '역차별'이었다. 그러나 2025년 현재, 이 문제는 극복 가능하다.

• **역외 적용 의무화**: EU의 GDPR과 DSA처럼, 대한민국에서 상당한 매출을 발생시키는 모든 해외 플랫폼(구글, 메타, X 등)은 국내 서버 또는 대리인을 두도록 법제화한다.

• **동일 법규 적용**: 국내 대리인을 통해 해외 사업자도 국내법(신원 확인 의무, 불법 콘텐츠 삭제 의무)을 동일하게 적용받도록 하여

역차별 문제를 근본적으로 해소한다.

• **강력한 제재:** 독일 NetzDG처럼 의무 위반 시 매출액 연동 과징금(최대 500억 원)을 부과하여, 글로벌 기업도 무시할 수 없게 만든다.

4. 실행 방안: 3단계 점진적 도입

인터넷 실명제 단계별 도입 계획

단계	기간/범위	대상	핵심 내용
1단계 파일럿	1년 네이버/다음	대형 포털 뉴스 댓글 정치 게시판	파일럿 실명 인증 효과 검증
2단계 확대	2년 유튜브/인스타 페이스북/X	주요 SNS 공개 댓글 공개 게시물	역외 적용 국내 대리인 의무화
3단계 전국	3년~ 전국	모든 플랫폼 공개 영역 전체	전면 시행 위반 시 벌금 부과

* 익명 제보 채널은 별도 보호
* 개인 간 1:1 메시지는 실명제 제외
* 위반 플랫폼에 매출액 연동 과징금(최대 500억 원)

5. 경제 효과: 2천억 원 vs 9.7조 원

(1) 혐오 비용 절감, 생산성 향상

한국경제연구원 추정 연간 30.3조 원의 혐오 비용 중 30%만 절감해도 매년 약 9.1조 원의 사회적 비용 절감 효과가 있다.

(2) 법적 분쟁 감소

사이버 명예훼손 고소 건수 연간 7만 건 중 30% 감소 시, 건당 평균 소송 비용 500만 원 기준, 연간 약 1,000억 원 절감.

(3) 공론장 신뢰 회복

독일 사례에서 불법 콘텐츠 삭제율이 50%에서 90%로 증가했듯, 한국도 공론장의 신뢰도가 회복되어 합리적 정책 합의가 가능해진다.

(4) 도입 비용

시스템 개발 및 플랫폼 연동: 1,000억 원

독립 신원 확인 기관 설립: 500억 원

법 집행 및 모니터링: 500억 원

총 도입 비용: 연간 약 2,000억 원

- 혐오 비용 절감: 9.1조
- 법적 분쟁 감소: 0.1조
- 공론장 신뢰 회복: 무형

- 도입 비용: 2,000억 원
경제 효과: 약 9.2조 원 규모

결론: '단절 사회'를 '신뢰 사회'로

인터넷 실명제는 '자유라는 이름 뒤에 숨은 무책임'을 끝내고, 공동체의 생존을 위한 최소한의 신뢰와 윤리를 온라인 공간에 복원하는 필수적인 처방이다. 독일은 플랫폼 책임을 강화하여 불법 콘텐츠 삭제율을 90%로 높였다. EU는 디지털 서비스법으로 글로벌 기업에 책임을 강제한다. 한국은 헌재의 위헌 판결을 극복한 새로운 실명제로 혐오 비용 9.2조 원을 절감하고 46배의 ROI를 달성할 수 있다.

책임 없는 자유가 사람을 죽이는 시대는 끝나야 한다. 익명성 뒤에 숨어 사람을 죽이고 공동체의 신뢰 자본을 파괴하는 행위를 방치하면서 '최소 불행 사회'는 불가능하다. 인터넷 실명제는 현실을 넘어 온라인 공간까지 최소한의 윤리와 연대를 복원하는, 이 시대 가장 시급한 시스템 개혁이다.

시급 '4,860원 세대'의 기억:
현장에서 던져진 질문

:

제가 경제 사회 문제, 특히 노동과 빈곤의 구조적 연결 고리에 깊은 관심을 갖게 된 계기가 된 것은 인턴 기자로 일했던 2013년 여름의 경험입니다. 당시 법정 최저임금은 시간당 4,860원이었지만, 제가 현장에서 만난 많은 청년들은 법의 보호 밖에 있었습니다.

밤 11시, 서울 성북구 편의점에서 만난 19세 청년은 그날 임금 대신 '폐기 삼각김밥'을 가방에 담고 있었습니다. 광주광역시 대표 번화가인 상무지구의 한 편의점 점주는 23살 대학생에게 "최저임금은 서울만 해당된다"고 거짓말을 했습니다. 의정부 시내에서는 시급 3,800원이 '동네 기준'으로 통했습니다. '수습 기간'이라는 명목으로 법정 임금조차 제대로 지켜지지 않는 현실이었습니다.

동료 인턴 기자들과 함께 3주간 전국 203곳의 근로 현장을 직접 조사한 결과는 충격적이었습니다. 설반이 넘는 105곳(51.7%)이 최저임금조차 지키지 않았고, 근로기준법을 대체로 준수한 곳은 단 4곳, 2%에 불과했습니다. 하지만 더 마음 아팠던 것은, 법을 어긴 점주들 역시 과잉 경쟁과 프랜차이즈 본사의 무관심 속에서 '하루 12시간 일해도 한 달에 150만 원밖에 못 버는' 또 다른 약자였다는 점입니다. 청년과 영세 점주가 서로를 착취하지 않으면 살아남기 힘든 구조, 그것이 제가 목격한 2013년 대한민국의 민낯이었습니다.

그 기록은 '빈곤과 불행이 어떻게 구조적으로 세대에게 전가되는가'라는 이 책의 핵심 질문과 맞닿아 있었고, '시스템은 왜 가장 약한 고리를 지켜주지 못하는가'라는 근본적인 의문을 깊이 새겼습니다.

다행히 당시의 기사는 주요 언론을 통해 사회에 알려졌고, 최저임금 문제에 사회가 귀를 기울이는 작은 계기가 되기도 했습니다. 하지만 그때 한 편의점 점주는 제게 이렇게 말했습니다.

"내년에 또 취재하면 최저임금 어기는 가게만 더 늘어 있겠다."

그의 예언은 맞았습니다. 2025년 지금, 그 편의점은 문을 닫았고, 그 점주가 어디서 무엇을 하는지 저는 모릅니다. 하지만 그가 던진 질문은 여전히 유효합니다.

왜 최저임금을 지키려는 청년과, 지켜주고 싶은 점주가, 동시에 파산하는가?

십여 년간 이 질문을 붙들고 살았습니다. 그리고 이제 하나의 답을 제시하고자 합니다. 그것은 많은 이들이 '금기'라 부르는 제안입니다. 하지만 이 금기를 깨지 않으면, 19세 청년은 계속 폐기 삼각김밥을 챙길 것이고, 영세 점주는 계속 문을 닫을 것입니다.

이제 그 금기된 해법을 말할 시간입니다.

최저임금
차등제 도입

93만 명의 청년과
자영업 100만 명을 살리는 유일한 길

논제

단일 최저임금제는 자영업 100만 폐업 시대와 지방 소멸을 가속화하는 시스템적 실패다. '노동자의 최소 이익'을 넘어 '경제 시스템 전체의 최소 생존'을 위해, 대한민국의 최저임금은 지역과 업종에 따라 차등화되어야 한다.

1. '선의의 지옥': 모두를 파산시키는 획일의 역설

"알바 1명 더 뽑을 돈으로 키오스크 산다."

최저임금 제도는 본래 '비정규 노동자의 최소 생활 안정'이라는 선의에서 출발했다. 그러나 '최소 불행 사회'에서는 이 선의의 제도가 경제 시스템 전체를 붕괴시키는 집합적 불행의 근원이 될 수 있다.

(1) 한국의 충격적 현실

통계청에 따르면 한국의 자영업자 수는 2024년 기준 약 550만 명이며, 이들이 고용하는 근로자는 약 160만 명에 달한다. 총 710만 명에 달하는 경제 주체의 생존이 획일적 최저임금으로 위협받고 있다.

중소벤처기업부의 2023년 「소상공인 실태조사」는 더욱 심각하다. 최저임금 인상을 '경영상 가장 큰 부담'으로 꼽은 소상공인이 67.3%에 달했다. 실제로 2017~2019년 최저임금이 급격히 인상된 기간 동안 자영업자 수는 연평균 8만 명씩 감소했다.

한국개발연구원(KDI)이 2018년 발표한 보고서 『최저임금 인상이 고용에 미치는 영향』은 충격적이다. 2017년부터 2018년까지

한국개발연구원(KDI) 최저임금 분석 핵심 요약
(2018년 보고서 및 후속 통계)

구분	핵심 분석 내용	시사점 및 경고
고용 감소 추정 (2018년)	최저임금 16.4% 인상 시, 최소 3만 6천 명에서 최대 8만 4천 명의 고용 감소 효과 추정	일자리 총량 감소 위험 경고, 특히 노동시장 수용성이 낮은 한국 경제의 취약성 강조
취약 업종/규모	숙박·음식점업 등 일부 업종은 2024년 최저임금 미만율이 33.9%로, 현 수준 감당 불가	영세 사업체(5인 미만)에서 미만율이 29.7%로 압도적
구조적 부작용	최저임금 인상이 서비스업 저임금 단순노동 일자리를 줄이고 단순기능 근로자의 취업을 어렵게 함	저숙련 계층의 고용 기회 박탈 및 '고용 회피' 현상 심화 가능성
임금 질서 교란	최저임금의 계속 인상은 하위 30% 근로자의 경력 임금 상승을 소멸, 근로자의 지위 상승 욕구를 약화시키고 노동 시장 질서를 교란함	획일적인 임금 적용이 장기적으로 노동자의 생산성과 동기 부여를 저해하는 '획일의 역설' 초래

2년간 최저임금이 29.1% 급등한 결과, 5인 미만 영세사업체의 고용은 3.1% 감소했다. 특히 숙박·음식점업의 고용 감소율은 5.3%로, 제조업(1.8%)보다 3배 가까이 높았다.

2024년 발표된 KDI의 후속 분석『최저임금 미만율 실태 분석』에서는 더욱 심각한 현실이 드러났다. 5인 미만 영세사업체의 약 30%가 현 최저임금 기준조차 지키지 못하고 있었다.

한국경영자총협회의 2023년 조사에 따르면, 최저임금 인상 부담으로 인해 소상공인의 42.7%가 '신규 채용 포기', 31.3%가 '기존 인력 감축'을 선택했다. 선의의 제도가 오히려 취약 계층의 일자리를 빼앗는 역설이다.

(2) 지역 격차의 현실

통계청의 2024년 지역별 소비자물가지수를 보면, 수도권을 100으로 했을 때 전남은 88.3, 경북은 89.7, 강원은 91.2다. 생활비에서 약 10~12%의 차이가 난다. 그러나 최저임금은 동일하다.

고용노동부의 2023년 통계에 따르면, 서울의 1인당 지역내총생산(GRDP)은 5,890만 원인 반면, 전남은 3,420만 원으로 약 42%의 격차가 있다. 경제력이 2배 가까이 차이 나는데도 동일한 최저임금을 적용하는 것은 지방 영세 자영업자에게 구조적 불리함을 강요하는 것이다.

<h1 style="text-align:center">최저임금제에 대한 노벨경제학상 수상자의 경고</h1>

분류	내용
칼럼 제목	가난한 사람들을 더 가난하게 만드는 방법(How to Make the Poor Poorer)
작성자	게리 베커(Gary S. Becker), 리처드 포스너(Richard A. Posner)
출처	월 스트리트 저널/Gary S. Becker and Richard A. Posner, 'How to Make the Poor Poorer'/The Wall Street Journal, 2007.01.26.
주요 내용	최저임금 인상은 여러 측면에서 경제에 부정적인 영향을 준다. 물론 일부 저임금 노동자의 임금 수준은 향상시키는 효과가 있겠지만, 10대 및 대부분 저숙련 노동자의 고용기회를 감소시키는 부작용이 크다고 지적한다.
핵심 논리	최저임금이 노동의 가격을 인위적으로 올려, 생산성이 그 가격에 미치지 못하는 저숙련 노동자의 고용을 줄인다. 특히 이들에게 임금보다 직장 경험이 더 중요하며, 높은 최저임금은 그 기회 자체를 박탈한다.

(3) 학계의 경고

1992년 노벨경제학상을 수상한 게리 베커(Gary Becker)는 그의 저서 『인적 자본』(Human Capital, 1993년 3판)에서 명확히 밝혔다.

"최저임금 인상은 고용주가 저숙련 노동자를 고용할 인센티브를 감소시킨다. 특히 청년층과 저학력 노동자가 가장 큰 타격을 받는다."

베커는 미국의 최저임금 인상 사례를 분석하며, 최저임금이 10% 인상될 때 청년 고용률이 1~3% 감소한다는 실증 데이터를 제시했다.

반면, MIT의 노동경제학자 데이비드 오토(David H. Autor) 교수는 "적정 수준의 최저임금 인상은 소비 증대를 통해 경제 전체에 긍정적 효과를 낼 수 있다"고 주장했다.* 그러나 그조차 "지역별 경제 여건을 무시한 획일적 적용은 부작용을 낳을 수 있다"고 전제했다. 이는 차등제의 필요성을 방증한다.**

2. 해외 사례: 차등제가 글로벌 표준

주요국 최저임금 차등제 비교표

국가	차등 기준	격차	효과
미국	지역별(주/시)	최대 280%	업스테이트 고용률 +2.3%
일본	지역별(도도부현)	24.7%	지방 자영업 18% 폐업 방지
영국	연령별	33%	18~21세 청년고용률 1.8% 상승
캐나다	주별	18%	지역 경제 다양성 존중

선진국 상당수는 이미 획일적인 평등의 환상을 버리고, 지역 경제 현실을 반영한 유연한 차등 임금제를 선택했다.

(1) 미국: 지역별 차등제

미국은 연방 최저임금(시간당 7.25달러)이 존재하지만, 주와 시가 이를 상회하는 독자적인 최저임금을 설정할 수 있다.

극단적인 예로, 2024년 1월 기준 워싱턴주 터크윌라시의 최저임

---

* Autor, Manning, Smith, 2016, "The Effect of Minimum Wages on Low-Wage Jobs", American Economic Journal: Applied Economics.

** Autor, D. H., Kerr, W. R., & Kugler, A. D. (2007). "Does Employment Protection Reduce Productivity? Evidence from U.S. States." The Economic Journal, 117(521), F189-F217.

금은 시간당 20.29달러로 연방 기준의 약 280%에 달한다. 이는 지역 경제력과 물가를 반영한 결과다.

뉴욕주 내에서도 2024년 기준 뉴욕시는 16달러, 경제력이 낮은 업스테이트 지역의 소규모 고용주에게는 14.20달러를 적용한다. 약 13%의 차등이다.

미국 노동통계국(BLS) 데이터에 따르면, 이러한 차등제 도입 이후 뉴욕 업스테이트 지역의 소규모 자영업 고용률은 전년 대비 2.3% 증가했다.

(2) 일본: 지방 소멸 방어 전략

일본은 중앙 심의회에서 대략적인 인상률 가이드라인을 정하지만, 최종 결정은 각 도도부현의 심의회가 물가와 경제 사정을 고려해 결정한다.

2024년 기준, 일본 내 최저임금은 도쿄도의 1,113엔과 가장 낮은 이와테현의 893엔으로 약 24.7%의 격차를 보인다.

일본 후생노동성의 2023년 분석 보고서는 이 차등제가 지방의 고용 유지에 기여했다고 평가했다. 만약 도쿄 기준을 전국에 획일 적용했다면, 지방 소도시의 영세 자영업체 약 18%가 폐업했을 것으로 추정됐다.

(3) 영국: 연령별 차등제

영국은 '생활 임금(National Living Wage)'을 연령대별로 차등 적용한다. 2024년 4월 기준, 21세 이상에게는 시간당 11.44파운드

를, 18~20세에게는 8.60파운드를 적용한다. 약 33%의 격차다.[*]

영국 통계청(ONS, Office for National Statistics) 자료에 따르면, 이 제도 도입 후 18~21세 청년고용률이 전년 대비 1.8% 상승했다.

(4) 캐나다: 주별 독자 결정

캐나다는 주마다 최저임금을 독자적으로 정한다. 2024년 기준, 온타리오주는 시간당 16.55캐나다 달러인 반면, 사스카츄완주는 14.00캐나다 달러로 약 18%의 격차가 있다.

캐나다 통계청(Statistics Canada)은 "주별 차등제가 지역 경제의 다양성을 존중하면서도 전국적 고용 안정성을 유지하는 데 기여했다"고 평가했다.[*]

3. 한국형 차등제: 지방 소멸을 막는 마지노선

한국은 이미 '메가시티 경제'와 '지방 생존 경제'라는 극단적인 이중구조를 지니고 있다. 서울 판교의 IT 기업과 지방 소멸 위기 지역의 식당이 '동일한 최저임금 기준'을 적용받는 것은 합리적이지 않다.

(1) 지역별 차등화

통계청의 2024년 지역별 물가지수와 GRDP를 기준으로, 수도권 대비 10~15% 수준의 차등 적용을 검토할 수 있다.

---

[*] 영국의 생활 임금 적용 대상: 2024년 4월부터 생활 임금(National Living Wage £11.44) 적용 대상이 기존 만 23세 이상에서 만 21세 이상으로 확대되었다.

최저임금 지역별 차등화 예시 모델:

- 1권역(수도권): 기준 100%

- 2권역(광역시): 기준 95%

- 3권역(기타 지역): 기준 90%

이는 지방 영세 자영업자들의 생존 마지노선을 지켜주고, 기업의 지방 이전 유인을 제공한다.

(2) 업종별 차등화

KDI의 2018년 연구는 숙박 및 음식점업의 경우 최저임금 인상률이 고용 감소에 미치는 영향이 제조업에 비해 2.3배 높다고 분석했다.

인건비 비중이 절대적인 소상공인 기반의 서비스 업종(음식점, 소매업 등)은 제조업이나 IT 업종과 차등화된 기준을 적용하여, 고용 유지의 탄력성을 확보해야 한다.

4. 실행 방안: 3단계 점진적 도입

최저임금 차등제 단계별 도입 계획

단계	기간/범위	대상	핵심 내용
1단계 파일럿	1년 강원/전남	특정 지역 5인 미만 소상공인	파일럿 10% 차등 효과 검증
2단계 확대	2년 광역시 제외	비수도권 전 업종	확대 지역별 5~15% 차등
3단계 전국	3년~ 전국	전국 업종별 포함	전면 시행 지역+업종

* 고용노동부 주관, 지자체 협의 / 매년 효과 평가 및 조정 / 노동자 권익 보호 장치 병행

5. 경제 효과: 13.5조 원의 생존 자본

(1) 자영업 폐업 방지

중소벤처기업부 통계에 따르면 연간 약 10만 개의 자영업체가 폐업한다. 차등제 도입으로 30%만 방지해도 연간 3만 개의 생존이 가능하다. 자영업체 1곳당 연평균 매출 1.5억 원 기준, 연간 약 4.5조 원의 경제 활동 유지 효과가 있다.[*]

(2) 고용 유지 및 증가

자영업자가 고용하는 근로자 160만 명 중 10%인 16만 명의 고용이 증가하거나 유지될 경우, 1인당 연평균 소득 2,500만 원 기준 연간 약 4조 원의 소득 증가 효과가 있다.

(3) 지방 경제 활성화

자영업체 3만 개 생존+16만 명 고용 유지로 인한 소비 증가, 세수 증가 등 간접 효과를 합산하면 연간 약 5조 원의 추가 효과.

(4) 지방 소멸 방어

한국고용정보원에 따르면 전국 228개 시·군·구 중 129곳이 소멸 위험 지역이다. 차등제는 지방의 경제적 생존력을 높여 인구 유출을 완화하는 효과가 있다. 이는 수치화하기 어려운 국가적 자산이다.

---

[*] 『자영업자 2024년 실적 및 2025년 전망』, 한국경제인연합회, 2025.02.25.

(5) 도입 비용

차등제 도입은 새로운 재정 투입이 아닌 제도 설계 변경이므로, 도입 비용은 미미하다.

- **초기 비용(1회):** 연구 및 법안 마련: 50억 원, 원시스템 구축 및 홍보: 100억 원, 총 초기 비용: 150억 원
- **연간 관리 비용:** 모니터링 및 관리 50억 원

최저임금 차등제 도입 시 경제 효과

- 자영업 생존: 4.5조
- 고용 유지: 4조
- 간접 효과: 5조
- 지방 소멸 방어: 무형

초기 비용: 150억 원(1회)

연간 비용: 50억 원

경제 효과: 총 13.5조 원 규모 추정

결론: 획일의 평등이 앗아간 것은 함께 살 기회

최저임금 차등제는 '획일적인 평등'이라는 환상을 버리고, 시스템 전체 생존을 위한 합리성을 선택해야 함을 선언하는 것이다. 미국은 지역별 차등으로 업스테이트 고용률을 2.3% 높였고, 일본은 지방 자영업 18% 폐업을 방지했으며, 영국은 청년 고용률을 1.8% 상승시켰다. 한국은 차등제로 연간 15조 원의 경제 효과와 함께 지

방 소멸을 막을 수 있다. 획일의 평등이 앗아간 것은 돈이 아니라, 함께 살 기회였다. 이제 우리는 그 기회를 되찾아야 한다. 이것이 향후 대한민국이 맞게 될 '잃어버릴 30년'을 대비하고 지방 소멸이라는 국가적 재앙을 막아낼 수 있는, 가장 고통스럽지만 반드시 필요한 시스템 개혁의 첫걸음이다.

돌봄 파산을 막는 연대 비용:
보험료 즉각 인상

지금 내지 않으면, 나중엔 시스템이 없다

논제

복지 지출은 '낭비'가 아닌 '생존 투자'이며, 이는 더 이상 '미룰 수 없는 비용'이 되었다. 영케어러, 노노개호 등 복지 사각지대의 '최대 불행'을 막고 이들을 최저 생계 이상으로 끌어올리기 위해, 국민의 의료보험료와 국민연금 보험료를 즉각 인상하여 '국가 최소 안전망'을 재구축해야 한다.

1. '최빈층'의 비명: 방치된 절망이 낳는 사회 전체의 불행

최소 불행 사회에서 가장 처참한 비명을 지르는 이들은 복지 시스템의 사각지대에 방치된 최빈층이다. 이들의 불행은 단순히 개인의 가난으로 끝나지 않고, 시스템 전체의 비용과 비효율로 전이된다.

(1) 영케어러(Young Carer): 미래 생산성의 파산

질병이나 장애가 있는 가족을 돌보기 위해 자신의 학업, 취업, 사회생활을 포기하는 10~20대 청소년 및 청년들이다.

한국보건사회연구원(2022)의 추정에 따르면, 한국의 18세 미만 영케어러는 약 10만 명에 달한다. 이들 중 62.3%가 하루 평균 4시간 이상을 돌봄에 할애하며, 37.8%는 학업을 중단하거나 지연시켰다.

· **경제적 손실**: 영케어러 10만 명이 학업을 포기하고 20년간 저임금 노동에 종사할 경우, 1인당 생애 소득 손실은 약 2억 원으로 추정된다. 총 20조 원의 인적 자본 손실이다.

(2) 노노개호: 가족 시스템의 파멸

65세 이상 노인이 65세 이상 노인을 돌보는 구조다. 보건복지부의 2023년 「노인실태조사」에 따르면, 돌봄 제공자 10명 중 4명(39.9%)이 65세 이상이며, 특히 배우자가 노인을 돌보는 비율이 40.2%에 달한다. 노노개호는 이미 한국의 표준적인 돌봄 형태가 되었다.

· **일본의 경고**: 일본에서 노노개호는 간병 파산과 고독사를 넘어, 간병 살인이라는 비극적 결과를 낳는다. NHK의 2018년 조사에 따르면, 일본의 간병 살인 사건은 연간 약 40건에 달한다.

(3) 의료 시스템의 붕괴

국립중앙의료원의 「2022년 응급의료통계연보」에 따르면, 응급실 내원 환자의 53.7%가 경증 환자였으며, 이로 인해 중증 환자 치료가 지연되고 의료진의 피로도가 극대화되고 있다.

보건복지부의 2024년 통계에 따르면, 치매 환자 1인당 연간 관리 비용은 평균 약 2,000만 원에 육박하며, 공적 보험이 이를 흡수하지 못하면서 '간병 실업'이 만연한다.

2. 해외 사례와 노벨경제학상 수상자의 논리

(1) 시어도어 슐츠의 '인적 자본론'

1979년 노벨경제학상 수상자인 시어도어 슐츠(Theodore W. Schultz, 1902-1998)는 『인적 자본론(Human Capital Theory)』을 통해 인간에 대한 교육과 훈련 등의 투자가 경제 성장에 기여한다고 주장했다.

- **핵심 주장**: 노동자의 생산성은 단순히 노동 시간이 아닌, 교육과 건강에 대한 투자로 축적된 '인적 자본'에 의해 결정된다.
- **영케어러의 손실**: 영케어러는 현재 돌봄으로 인해 교육과 훈련을 포기하고 있으므로, 이는 '인적 자본에 대한 투자 기회'를 박탈당하는 것이다. 이들이 사회로 복귀할 수 있도록 지원금을 지급하는 것은 단기적인 복지 지출이 아니라, 미래 국가 생산성을 확보하기 위한 시스템적 투자다.

(2) 영국: 영케어러 지원 제도

영국은 영케어러를 포함하여 가족을 돌보는 이들에게 2024년 기준 주당 약 81.90파운드(연간 약 4,259파운드, 한화 약 720만 원)의 간병인 수당(Carer's Allowance)을 지급한다.

영국 지자체는 의무적으로 18세 미만의 영케어러에 대한 종합적인 평가를 실시하여, 그들이 학교생활을 유지하고 또래와의 관계를 지속할 수 있도록 맞춤형 지원 서비스를 제공한다.

(3) 독일: 간병보험

독일은 1995년에 간병보험을 도입하며 돌봄의 책임을 '노동력 보호' 차원으로 격상시켰다. 독일 간병보험은 간병이 필요한 가족을 둔 근로자에게 단기 간병 휴가(10일)와 장기간 간병 휴직(최대 6개월)을 법적으로 보장한다.

- **재원**: 독일의 간병보험료는 2024년 기준 총 소득의 3.4%(자녀 없는 경우 4.0%)를 납부하며, 근로자와 고용주가 절반씩 부담한다.

(4) 일본: 개호보험

일본은 2000년에 개호보험 제도를 도입하여 40세부터 모든 국민이 의무적으로 보험료를 납부하게 했다. 강제적 납부의 철학은 옳았으나, 서비스의 질과 양 확보에는 실패했다는 평가를 받는다.

3. 왜 '보험료 인상'인가

의료보험과 국민연금은 '모두가 보험료를 내고, 위험에 처했을 때 공동체가 연대하여 돕는다'는 가장 순수한 형태의 연대 시스템이다.

(1) 불황기 복지 확대의 정당성

경제학적으로 불황기에 사회 복지 지출을 늘리는 것은 경기 부양 효과를 가진다. 사회 보험을 통해 최빈층에게 제공된 현금이나 서비스는 소비 지출로 이어질 가능성이 매우 높다. 이는 경기 침체기에 내수 시장의 활력을 회복시키는 케인즈 경제학적 정당성을 확보한다.

복지 시스템 강화는 '최대 불행이 닥치지 않을 것'이라는 심리적 안정감을 제공하여, 가계가 과도한 방어적 저축을 줄이고 소비를 늘리도록 유도한다.

(2) 국민연금 재정의 위기

보건복지부의 제5차 국민연금 재정계산에 따르면, 국민연금 기금은 2041년 적자를 기록하고 2055년에는 고갈될 것으로 예측된다. 영케어러와 같은 미래 잠재 부채를 현재 시스템 내에서 흡수하고 '연금 고갈 시점'을 늦추기 위해서는 보험료 인상이 불가피하다.

4. 실행 방안: 2단계 점진적 인상

보험료 인상 단계별 실행 계획

구분	1단계: 의료보험 (즉각 인상)	2단계: 국민연금 (단계적 인상)
시기	2027년	2028년~2030년(3년간)
인상 내용	현행 7.09% ⋯▶ 7.5%	현행 9% ⋯▶ 10.5%
증가폭	0.41%p	1.5%p
월 300만 원 소득자 부담 증가(연간)	월 +1.2만 원 (연 +14.4만 원)	월 +4.5만 원 (연 +54만 원)
주요 효과 및 투입처	영케어러 지원 노노개호 돌봄 확대 의료 인력 충원	연금 고갈 시점 10년 연장 (2055년 ⋯▶ 2065년)

5. 경제 효과

의료보험 및 국민연금 인상 효과

항목	규모
[투입]	
의료보험 인상	4.62조 원
국민연금 인상	10조 원
연간 총 투입	14.62조 원
[효과]	
영케어러 인적자본	0.67조 원
간병 파산 방지	1.2조 원
의료비 절감	0.5조 원
연금 시스템 안정	무형
* 청년들의 미래 불안 해소	무형
총 경제 효과	2.37조 원

(1) 투입 비용(연간)

- **의료보험료 0.41%p 인상**: 2023년 징수액 80조 원(7.09%) 기준, 약 4.62조 원 추가 징수*

- **국민연금 1.5%p 인상**: 2023년 징수액 60조 원 기준, 약 10조 원 추가 징수

- **총 연간 투입**: 약 14.62조 원

---

* 추가 세수는 총 과세 표준액(국민 전체 소득 중 보험료 부과 대상 소득)에 세율을 적용하는 것이므로, 다음과 같이 비례식으로 계산해야 한다.
(0.41 ÷ 7.09) × 80조 원 = 4.626조 원

     해법 6 | 돌봄 파산을 막는 연대 비용: 보험료 즉각 인상

(2) 경제 효과(연간)

- **영케어러 인적 자본 손실 방지**: 10만 명의 생애(lifetime) 소득 손실액(인당 2억 원, 총 20조 원)을 30년으로 나눈 연간 가치 환산 약 0.67조 원
- **간병 파산 방지**: 적절한 돌봄 서비스 제공으로 인한 절감 약 1.2조 원
- **의료비 절감**: 응급실 정상화 등으로 인한 절감 약 0.5조 원

총 연간 경제 효과: 최소 2.37조 원

(장기/무형 효과) 연금 시스템 안정: 고갈 시점 10년 연장, 청년 미래 불안 해소

연간 2.37조 원의 직접적인 경제 효과뿐만 아니라, 20조 원에 달하는 미래 인적 자본 손실을 예방하고 연금 고갈을 10년 이상 늦출 수 있다.

결론: '최소 불행 사회'를 넘어설 단호한 제안

복지 지출은 더 이상 '재정의 누수'가 아니다. 복지 지출은 '파국을 막는 시스템적 보험료'이며, 영케어러와 노노개호라는 가장 약한 고리가 끊어질 때 발생하는 사회 전체의 비극을 막는 '생존 투자'이다.

영국은 영케어러에게 연 720만 원을 지급하여 미래 인적 자본을 보존하고, 독일은 간병보험료 3.4%를 강제 징수하여 노동력을 보호한다. 한국은 보험료 인상으로 연간 2.37조 원의 경제 효과를 달성하며 시스템 붕괴를 막을 수 있다.

국민 모두가 고통을 분담하는 보험료 인상은 '국가와 사회의 최

소 안전망을 유지하기 위한 국민적 의무'다. 이 강제된 연대 없이는 '최소 불행 사회'가 아니라 '최대 불행 사회'로의 경착륙을 피할 수 없다. 지금, 이 순간 고통스러운 연대를 선택하는 것이 '덜 불행해지는 유일한 길'이다. 우리는 이 비용을 지불해야만 '잃어버릴 30년'이라는 위기가 오더라도 국가 시스템과 개인 삶의 붕괴라는 최악의 재앙을 막을 수 있다.

   해법 6 | 돌봄 파산을 막는 연대 비용: 보험료 즉각 인상

'부모 배경란'이 감춘 질문:
출발선은 평등한가?

⋮

제가 우리 사회의 불평등 문제, 특히 세습되는 격차의 구조에 깊은 관심을 갖게 된 또 다른 계기는 2013년 가을의 경험 때문입니다. 당시 저는 대기업 입사지원서에 여전히 존재하는 '부모 학력 및 직업' 기재란의 실태를 취재했습니다. 이는 사회적 이슈를 넘어, '나의 능력과 무슨 상관인가?'라는 제 본인의 경험에서 비롯된 근본적인 문제의식이었습니다.

대학 시절, 한 대기업 인턴십에 지원하며 입사지원서의 한 칸 앞에서 멈칫했던 기억이 있습니다. '부모 학력 및 직업'을 적으라는 요구였습니다. 그 좁은 칸에 내가 가장 사랑하고 존경하는 나의 부모님 인생을 어떻게 다 담을 수 있을까요. 저는 아직도 그때를 생각하면 가슴이 먹먹해집니다.

어머니는 고등학교 때까지 매년 반장이었고, 성적도 늘 최우수였습니다. 담임 선생님은 서울의 최상위권 대학을 가라고 권했지만, 어머니는 어린 동생 둘을 키워야 했습니다. 19살에 종로의 한 회사에 취직하신 후 낮엔 일하고 밤엔 동생들 숙제를 봐주며, 스무 살도 안 된 나이에 집의 '가장이자 어머니' 역할을 했습니다. 그런 어머니의 인생을 '학력: 고졸' 네 글자에 담으라는 것. 그것은 단순한 차별이 아니라 심각한 모욕이었습니다. 그 순간 제 머릿속을 스친 것은, 이 작은 칸이 나를 포함한 수많은 친구에게 보이지 않는 장벽이 되겠구나 라는 불편한 직감이었습니다.

시간이 흘러 어느 주요 일간지 '사회정책부'의 인턴 수습기자가 된 저는 그때 생각이 나서 취재를 시작했습니다. 제가 인턴십을 지원할 때와 조금도 달라지지 않았습니다. 2013년 당시 국내 23개 대기업의 입사지원서를 살펴본 결과는 예상을 넘어섰습니다. 절반이 넘는 14개 회사가 부모의 학력뿐 아니라 현재 직위까지 요구하고 있었습니다. 그때 한 대기업 인사 담당 임원은 거리낌 없이 말했습니다. "부모·형제가 어떤 사람인가가 입사지원자의 성장 배경을 파악하는 요소이자 인성을 평가할 수 있는 근거가 된다."

더욱 씁쓸했던 것은 취업준비생들의 체념 섞인 침묵이었습니다. 인터뷰에 응했던 한 청년은 "아버지가 초등학교 졸업이면 안 뽑겠다는 것이냐"며 분노하면서도, 정작 기업에 항의조차 하지 못했습니다. "그러다 서류심사에서부터 탈락하면 어쩌려고 그러느냐"는 현실적인 두려움 때문이었습니다. 제가 취업준비생을 가장해 어떤 대기업 인사팀에 전화해 "아버지 직업은 적지 않고 싶다"고 하자 인사 담당자는 다짜고짜 "당신 이름이 뭐냐"며 "우리 회사에 입사하고 싶다면 묻는 대로 성실하게 적으라"고 압박하기도 했습니다.

'부모 이름, 나이, 학력, 직업, 직장에서의 직위'를 묻는 이 작은 칸은 단순한 '정보 수집'이 아니었습니다. 그것은 '당신의 부모가 누구인가'에서 더 나아가 결국 '당신은 어떤 계급 출신인가'를 확인하는 장치였습니다. 이러한 후진적 관행이 2013년 대한민국에서는 버젓이 작동하고 있었습니다.

그로부터 십여 년이 흘렀습니다. 우리 사회는 얼마나 나아졌을까요?

형식은 바뀌었을지 몰라도, '부모의 사회적 지위가 자녀의 기회를 결정한다'는 구조는 더욱 교묘하고 견고해진 듯합니다. 입사지원서의 '부모 학력란'은 사라졌을지 몰라도, 그 질문은 이제 출신 지역별 명문대 진학률, 고액 과외, 해외 연수 경험 등 '스펙' 곳곳에 보이지 않게 각인되어 있습니다.

그리고 그 불평등의 가장 가시적인 증거가 바로 '부동산'입니다.

서울 강남 아파트 한 채를 가진 부모와 지방 소도시 빌라를 가진 부모. 둘의 차이는 단순히 집값이 아닙니다. 그것은 자녀의 교육 기회, 문화 자본, 사회적 네트워크, 그리고 미래의 출발선 자체를 결정합니다. '부모 학력란'이 묻던 질문은 이제 '부모의 부동산'이 대신 답하고 있습니다.

십여 년 전, 저는 입사지원서에 어머니의 그 멋지고 보람된 인생을 '학력: 고졸' 네 글자로 축약해야 한다는 사실에 깊은 모멸감을 느꼈습니다.

하지만 이제 그 모욕은 더 교묘해졌습니다.

아무도 묻지 않지만, 모두가 알고 있습니다.

당신의 주소가, 당신의 출발선을 말해주고 있다는 것을.

이제 그 불공정한 출발선을 바로잡을 또 하나의 금기된 해법을
제안하겠습니다.

수도권
'메가시티세' 신설

집중의 대가는 집중된 곳이 내야 한다

논제

'제로제로 부동산'이 상징하는 지방 소멸을 막기 위해, 수도권 부동산으로 불로소득을 얻은 다주택자, 고가 주택 소유자, 법인 부동산에 '메가시티세(과밀화 이익세)'를 부과해야 한다. 이 재원을 지방 종합 활성화 정책에 투입하여, 국토 균형 발전이라는 최후의 마지노선을 지켜야 한다.

1. '제로제로 부동산'과 시스템적 불공정

지방의 '제로제로 부동산(가격 상승률 제로, 거래량 제로)'은 수도권 부동산 가격 폭등과 극명하게 대비된다.

한국부동산원의 2024년 통계에 따르면, 2020년 대비 2024년 수도권 아파트 가격은 평균 45.3% 상승한 반면, 비수도권은 8.7%

상승에 그쳤다. 서울 강남 3구는 62.4% 상승했다. 수도권 부동산 소유자는 자신의 노력과 무관하게 교통, 교육, 의료, 일자리, 문화라는 '집합적 인프라'가 밀집된 결과로 엄청난 불로소득을 얻었다. 특히 다주택자와 법인은 이 불로소득을 극대화한 주체다.

한국고용정보원의 「지방소멸 2025: 신분류체계와 유형별 정책과제」(2025.09.30.)에 따르면, 전국 시·군·구 중 129곳이 소멸 위험 지역으로 분류되었다. 통계청의 2023년 「국내 인구 이동 통계」에 따르면, 비수도권에서 수도권으로의 순유입 인구는 연간 약 7만 명에 달하며, 이 중 20~30대 청년층이 62.3%를 차지한다. 이는 지방의 생산가능인구와 세수를 고갈시키는 치명적인 인적 자본 손실이다.

2. 해외 사례: '과밀 비용'의 통제와 재원 활용

프랑스는 1990년부터 파리 일드프랑스 지역의 사무실 및 상업용 건물에 '사무실 세(Taxe sur les bureaux)'를 부과해왔다. 2025년 기준 파리 프리미엄 지역은 m^2당 연 €23.74(약 3.5만 원)를 징수한다.

이 재원은 현재 유럽 최대 인프라 프로젝트인 '그랑 파리 익스프레스(Grand Paris Express)' 건설에 사용된다. 총 예산 56조 원을 투입해 200km의 신규 지하철 노선을 건설하여 파리 외곽 소외 지역과 중심부를 연결하는 이 프로젝트는 연간 5.3조 원의 GDP 증가와 115,000개의 일자리 창출을 목표로 한다. 철학은 명확하다. 과밀을 유발하는 경제 주체(기업, 법인)에게 책임을 묻고, 그 재원을 광역 교통망 확충과 지역 균형 발전에 재투자한다는 것이다.

영국은 1947년 「도시 및 농촌 계획법」을 통해 런던 주변에 그린벨트를 지정, 현재 국토의 약 13%를 묶어 도시의 무분별한 팽창을 법적으로 통제한다. 런던은 2003년부터 중심부 진입 차량에 혼잡 통행료를 부과하며, 2024년 기준 평일 진입 시 £15(약 2.8만 원)를 징수한다.

3. 수도권 메가시티세의 헌법적 정당성

대한민국 헌법 제123조 2항: "국가는 지역 간의 균형있는 발전을 위하여 지역경제를 육성할 의무를 진다."

메가시티세는 국가의 헌법적 책무를 이행하기 위한 정책 수단이다. 공공의 이익(지방 소멸 방지)을 위한 사유재산권 제한은 헌법 제37조 2항의 '공공복리 원칙'에 부합한다.

나아가 헌법재판소는 2008년(2006헌바112) 종합부동산세에 대해 '합헌' 결정을 내렸다. 당시 헌재는 '토지의 공공성'과 '투기적 수요 억제'를 합헌의 근거로 들었다. 메가시티세 역시 수도권의 투기적 불로소득을 환수하여 '지방 소멸 방지'라는 공공복리를 달성하기 위한 것으로, 이미 확립된 헌법적 판례에 근거한다.

수도권 과밀화는 지방의 노동력 고갈, 공공 인프라의 가치 하락 등 전 국민에게 비용을 전가한다. 이는 경제학에서 말하는 '외부 불경제(External Diseconomy)'다. 메가시티세는 과밀화로 이익을 본 사람들이 그로 인한 피해를 보상하게 하는 제도다.

4. 실행 방안: 3단계 전략

메가시티세 단계별 실행 계획

단계	시기	대상	핵심 내용
1단계 즉각	2027년	메가시티세 신설	다주택자 중심 과세
2단계 억제	2028~2030년	부동산 총량규제	신규 개발 통제
3단계 유인	2030년~	지방 종합 활성화	다층 전략 투입

[1단계] 메가시티세 신설: 불로소득 3대 타겟

국가는 연간 4조 원의 '지방 소멸 방어 기금' 조성을 목표로 한다. 이는 2023년 종합부동산세 총액(약 4조 원)과 유사한 규모로, 실질적 불로소득을 얻은 주체만을 정교하게 타겟팅하여 조세 저항을 최소화한다.

- **과세 대상**

① 수도권 다주택자(2주택 이상):

　국세청 2023년 통계 기준 약 87만 명

② 수도권 초고가 1주택 소유자(공시가격 30억 원 초과):

　약 2.8만 가구

③ 수도권 법인 소유 주택 및 상업용 부동산:

　약 15만 호 이상

- **핵심 원칙**: 수도권 1주택 중산층은 과세 대상에서 완전히 제외하며, 실질적으로 불로소득을 얻은 주체만이 국토 균형 발전을 위한 연대 비용을 부담한다.
- **메가시티세 용도**: 전액 '지방 소멸 방어 기금'으로 적립

[2단계] 수도권 부동산 총량제

수도권 내 신규 택지 개발 및 주택 건설 허가 총량을 정부가 엄격하게 통제한다. 이는 '수도권의 개발 여지가 제한적'이라는 신호를 시장에 보내, 투자 자본의 흐름을 지방으로 유도한다.

[3단계] 지방 종합 활성화: 기금 활용 방안

확보된 연 4조 원의 기금은 다음과 같이 투입할 수 있다

(1) 경제활동 인구 정착 지원(연간 약 2.0조 원 규모)

지방 이주 또는 정착하는 경제활동 인구(근로 증빙 필수) 약 6만 명에게 1인당 연평균 약 3,300만 원 규모 지원(월급 매칭 + 자녀 교육비 + 주택 지원 등, 3년간). 무직자는 지원에서 제외하여 근로를 장려한다.

또는, 경제활동 인구 유인 대신 지방 출산·육아 환경 개선에 집중하는 방식도 가능하다.

• **출산 장려금:** 지자체 기존 지원금 외 중앙정부 추가 지급

첫째 3천만 원 / 둘째 5천만 원 / 셋째 1억 원(수도권 대비 2~3배)

• **육아 지원:** 0~6세 월 100만 원 육아수당, 국공립 어린이집 무상, 초중고 급식비 / 교육비 전액 지원

이를 통해 '출산하려면 지방'이라는 인식을 만들고, 청년 가구의 자발적 지방 이주를 유도할 수 있다.

(2) 기업 이전 및 SOC 확충(연간 약 1.5조 원 규모)

수도권 기업의 지방 이전 촉진(법인세 감면, 이전 비용 지원) 및 KTX 접근성 개선, 공공 병원 확충 등 핵심 인프라 투입

(3) 시니어 대학 타운 조성(연간 약 0.5조 원 규모)

기금 일부를 '시니어 대학 타운' 설립 및 운영 재원으로 활용

- 유휴 국유지 / 폐교 리모델링
- 기숙사형 주거 + 평생교육 프로그램
- 의료 / 문화 복합시설

이를 통해 '청년+시니어' 이중 활성화를 달성한다.

(4) 문화·생활 지원

문화 공연 순회 유치, 대중교통 할인, 이주 특혜(양도세 감면 등)로 생활의 질을 높인다.

이상의 정책들은 기금 규모와 지역 상황에 따라 우선순위를 정하고 단계적으로 시행하며, 정책 효과를 평가하여 지속적으로 조정한다.

[4단계] 부작용 최소화 및 연착륙 방안

- **고령 1주택자 보호**: 은퇴 후 현금 흐름이 부족한 고령층(65세 이상, 30억 초과 1주택자)은 상속·증여 시점까지 납부를 유예한다. 이렇게 메가시티세로 인한 강제 주거지 처분 및 이주하는 상황을 방지한다.

- **단계적 세율 적용**: 1년 차 50%, 2년 차 75%, 3년 차 100%로 세율을 단계적 적용하여 시장 적응 시간을 부여한다.

- **징수의 정당성**: 이는 영국의 경제학자 앤서니 B. 앳킨슨(Anthony Barnes Atkinson, 1944-2017)의 '자본소득에 대한 책임 부과 논리'를 부동산 불로소득에 직접 적용한 해법이다. 징수된 재원

은 전액 '지방 소멸 방어 기금'으로 적립되어야 한다.

5. 경제 효과

메가시티세를 통한 연 4조 원 규모의 지방 투입은 단순한 재정 이전이 아닌, 새로운 경제 활력을 창출하는 투자다. 연 4조 원의 투입으로 최소 7조 원 이상의 직접적 경제 효과를 기대할 수 있으며, 이는 시니어 대학 타운, 출산율 제고, 국토 균형 등 무형의 가치를 제외한 가장 보수적인 추정이다.

메가시티세로 인한 경제 효과 추정

항목	추정	근거
[투입]	4조 원	메가시티세
[효과](연간)		
직접 재분배	4조 원	지방 경제 직접 수혈
경제 활동/기업 소비	2~3조 원	이주 인력 직접 소비
인프라 승수 효과	1~2조 원	SOC 투자 1.5배 승수
총 경제 효과	(연간) 7~9조 원	ROI 1.7~2.2배(보수적 추정)

결론: 종합적 시스템 재배치를 통한 국토 생존

수도권 '메가시티세' 신설은 부동산 불로소득으로 실질적 이익을 얻은 다주택자, 고가 주택 소유자, 법인에 대한 '지역 간 공정 실현'이자, '국토 균형 발전'이라는 헌법적 가치를 실현하기 위한 종합적 시스템 재배치 처방이다.

프랑스는 1990년부터 사무실 세를 징수하여 56조 원 규모의

'그랑 파리 익스프레스'를 건설, 파리 외곽과 중심부를 연결하고 있
다. 영국은 그린벨트로 팽창을 통제하고, 런던은 혼잡 통행료로 과
밀 비용을 징수한다.

한국은 메가시티세로 연간 4조 원(종합부동산세와 동일 규모)을
징수하여, 지방 소멸 도시에 인구·출산·기업·시니어·인프라·문화
라는 다층적 전략을 펼칠 수 있다. 이는 곧 연간 7~9조 원의 경제
효과를 일으키고 국토 균형을 지킬 수 있게 해준다.

지방 소멸은 '국가 시스템 전체의 붕괴'를 의미한다. 수도권 불
로소득을 실질적으로 얻은 주체로부터 과밀화 이익을 환수하여 지
방 생존 비용으로 재투입해야 한다. 이는 국가 생존을 위한 최후의
마지노선이다.

노후 자산가에게 연대 비용 징수: 고령화 기금 신설

연대 비용이 당신의 자산을 지킨다

논제

노후 빈곤은 더 이상 개인의 책임 영역으로만 남겨둘 수 없다. 자산 양극화로 인해 노후가 완벽히 준비된 50대 이상 고소득／자산가 계층에게 '고령화 기금'을 강제 납부하게 하여, 미래 세대가 지게 될 부채를 현재 세대가 공동 부담하는 '세대 간 연대'를 구축해야 한다.

1. 두 노인의 비극 이론(The Theory of Two Elders' Tragedy): 세대 간 파산을 강요하는 불공정

최소 불행 사회의 가장 냉혹한 단면은 '노인 계층 내부의 극심한 양극화'다. 통계적으로는 65세 이상 인구가 증가하지만, 그들의 삶은 '두 노인의 비극'으로 분열된다.

두 노인의 비극 이론이란, 노인 계층이 재정적으로 '완벽히 준비된 자산가 노인'과 '완전히 파산한 빈곤 노인'으로 양극화되어, 후자의 복지 비용을 미래 세대가 강제로 떠안게 되는 시스템적 불공정이다.

- **자산가 노인**: 자산 축적기에 부동산 및 주식 시장의 혜택을 충분히 누려 안정적인 연금이나 현금 흐름을 확보한 계층. 이들의 겪은 비극은 개인적 빈곤이 아닌 '사회 붕괴' 리스크다. 빈곤 노인의 복지 비용을 청년 세대가 감당하지 못하고 시스템이 붕괴할 경우, 이들이 축적한 자산의 실질 가치와 사유재산권의 안정성 자체가 위협받는 파국적 위험에 놓이게 된다.

- **빈곤 노인**: 70대 후반 이상. 빈곤층으로 전락하여 기초연금이나 공적 부조에 의존하며, 막대한 간병 및 의료 비용을 지출해야 하는 계층(2부 4장 2015년 '하류 노인'에 해당).

- **시스템적 불공정**: 현재의 문제는 빈곤 노인이 겪는 복지 비용을 노후가 완벽히 준비된 자산가 노인이 아닌, '미래의 청년 세대'가 전적으로 떠맡게 된다는 '시스템적 불공정'에 있다.

- **불평등 연구의 대부, 앤서니 앳킨슨의 정의로운 재분배**

불평등 연구의 세계적 권위자인 앳킨슨은 40년 이상 불평등과 빈곤 문제를 연구한 경제학자다. 그는 2015년 저서 『불평등, 무엇을 할 것인가(Inequality: What Can Be Done?)』에서 소득 재분배 정책이 사회적 불안정성을 낮추고 성장에 도움을 준다고 강조하며, 부유층의 증세 및 자본소득에 대한 기여금 강화의 필요성을 주장했다.

- **노후 자산가의 '불로소득 이익'과 책임**: 성수 대상인 50대 이상

자산가 계층은 주로 1980~2000년대의 부동산 호황과 저금리 시대의 자산 증식이라는 시스템적 혜택을 누렸다. 통계청의 2023년 「가계금융복지조사」에 따르면, 50대 이상 가구주의 자산 중 실물자산 비중은 78.5%에 달하며, 금융자산 상당 부분도 주식, 채권 등 자본소득에서 발생한다. 이들의 자산 상당 부분은 노동의 대가가 아닌 '시대적 운'과 '불로소득'에 기반한다. 고령화 기금 강제 납부는 '이익을 누린 세대가 그 대가를 공동 부담하라'는 합리적인 요구이며, 이는 자본소득에 대한 복지 비용 분담 책임을 강화하는 앳킨슨적 해법의 일종이다.

2. 금기된 질문: "부자는 이미 충분히 내고 있지 않은가?"

(1) 예상되는 비판: '소득세'와 '자산소득'의 착시

• **비판 논리:** 한국의 부유층은 소득세를 통해 높은 세율을 부담하고 있으며, 추가적인 기금 납부를 강제하는 것은 '이중과세'이자 '형평성'에 어긋난다.

• **반박 논리:** '소득'과 '자산'의 괴리. 이러한 비판은 주로 노동소득에 집중된 현행 소득세에 기반한다. 그러나 징수 대상인 50대 이상 자산가 계층의 부는 노동 소득이 아닌 자본소득(이자, 배당, 주식 양도차익 등)에 압도적으로 치중되어 있다. 현행법 체계는 이 거대한 자본소득에 대한 복지 기여금을 충분히 징수하지 못하고 있다.

• **공정 회계의 요구:** 우리의 고령화 기금은 '소득세를 더 내라'는 요구가 아니라, '자본소득 이익을 누린 세대가 미래 부채를 공동

담보하라'는 공정 회계의 시스템적 요청이다. 이는 세대 간 형평성 붕괴에 대한 시대적 책임 비용이다.

(2) 예상되는 비판: 사유재산권 침해와 경제 위축

- **비판 논리 A**: 사유재산권 침해. 이미 합법적으로 축적된 사유재산에 대해 추가적인 의무를 부과하는 것은 자유시장 경제의 기본 원칙을 훼손하고, 부유층을 표적으로 하는 징벌적 과세라는 비판.

- **반박 논리 A**: 자산 안정성 보험료. 사유재산권은 안정적인 사회 시스템이 전제될 때만 유지 가능하다. 세대 간 부채로 인한 사회적 파국이 발생하면 모든 자산의 실질 가치는 무너진다. 고령화 기금 납부는 개인의 재산권을 지키기 위한 '사회 계약'의 갱신 비용이자 본인들의 '자산 보호 보험료'이며, 이는 '헌법상 공공복리 원칙'에 부합한다.

- **비판 논리 B**: 자본 유출 및 투자 위축. 자산에 기반한 강제 징수는 투자를 위축시키고, 고액 자산가들의 자본이 세율이 낮은 해외로 유출되는 자본 도피(Capital Flight) 현상을 초래할 수 있다.

- **반박 논리 B**: 불가피한 시스템 유지 비용. 고령화 기금은 주로 국내에서 발생하는 자본소득(이자, 배당 등)에 부과되며, 해외 이전이 어려운 소득원에 기반한다. 더욱이, 연금 고갈과 노인 빈곤으로 인한 사회적 비용은 자본 유출로 인한 손실보다 훨씬 크고 근본적인 경제 붕괴를 초래한다.

3. 해외 선례: 자본소득에 대한 복지 기여금 강화

구분	일본	프랑스	한국(제안)
제도명	개호보험	CSG	고령화 기금
도입	2000년	1991년	논의 시작
대상	40세 이상	전국민	50대 이상
과세 기반	의료보험료	모든 소득	자본 소득
세율	10~30%	9.7%	3~5%
규모(연간)	10.8조 엔 (약 100조 원)	1,000억 유로 (약 165.7조 원)	4~5조 원
철학	강제적 연대	자본 연대	세대 연대

우리의 '책임의 차등 부과' 논리는 선진국들이 이미 복지 재정 확충을 위해 자본소득에 대한 책임을 강화하는 흐름과 일치한다.

(1) 일본의 개호보험: '강제적 연대'의 기초

일본은 2000년에 개호보험(介護保險, Long-Term Care Insurance)을 도입하여 40세부터 64세까지의 국민(제2호 피보험자)이 의료보험료와 함께 납부하고, 65세 이상(제1호 피보험자)은 본인의 연금에서 징수하는 '전 세대 의무 연대'의 철학을 확립했다.

일본 후생노동성의 공식 자료에 따르면, 개호 비용은 시행 첫해인 2000년 3.6조 엔(약 34조 원)에서 2020년 10.8조 엔(약 104조 원)으로 20년간 3배 증가했으며, 개호서비스 이용자도 2021년 기준 680만 명을 넘어섰다. 개호보험료 본인 부담률은 기본 10%이지만, 일정 소득 이상 고령자는 2015년부터 20%, 2018년부터 30%로 확대되어 소득에 따른 차등 부담 원칙을 강화하고 있다.

(2) 프랑스의 '사회적 연대 기여금(CSG)'

프랑스는 1991년 '일반사회보장기여금(CSG: Contribution Sociale Généralisée)'을 도입하여 소득뿐 아니라 자본소득, 부동산 임대소득 등 광범위한 소득원에 대해 사회보장 목적세를 부과한다.

CSG는 근로소득 및 보상 관련 소득(퇴직연금, 실업수당 등)과 유산 및 자본·투자 소득(토지임대소득, 동산투자소득, 부동산투자소득 및 이들의 양도소득, 배당금, 은행 이자 등)에 부과된다. 한국보건사회연구원의 2018년 보고서에 따르면, 2018년 기준 피고용인은 다양한 소득에 대해 9.7%를 부담하고 있으며, CSG를 통한 수입은 매년 1,000억 유로 이상으로 프랑스 사회보장 재원에서 매우 중요한 부분을 차지한다.

- **철학:** 프랑스는 CSG를 통해 '근로소득뿐 아니라 자본소득도 사회적 연대에 기여해야 한다'는 원칙을 확립했다. 이는 자산 중심의 부유층이 복지 재정에 실질적으로 기여하게 만드는 선진적 모델이다.

4. 고령화 기금: 실행 방안

1. 징수의 정당성 및 대상: '자본소득' 중심

앞선 메가시티세가 부동산 불로소득을 통한 지역 균형을 목적으로 한다면, 8장 '고령화 기금'은 '자본소득 이익'을 통한 '세대 균형'을 목적으로 한다. 두 세금은 목적과 과세 대상이 명확히 구분된다.

- **징수 대상:** 50대 이상 고소득자 중, 연간 '총자본소득-이자소득, 배당소득, 주식 양도차익 등'이 1억 원을 초과하는 계층으로

한정한다(부동산 관련 불로소득은 해법 7 메가시티세로 일원화한다).

메가시티세 vs 고령화 기금

구분	메가시티세	고령화 기금
목적	지역 균형	세대 균형
대상	수도권 부동산	전국 자본소득
과세 기준	다주택자 고가주택 법인	50대 이상 자본소득 1억 초과
세율	0.3~0.7%	3~5%
목표	4조 원	4~5조 원
용도	지방 활성화 청년 정착	노인 복지 영케어러 시니어 대학 타운

• **징수 방식**: 프랑스 CSG 모델을 벤치마킹하여, 50대 이상 고소득/자산가의 총자본소득에 대해 별도의 '고령화 연대 기여금' 3~5%를 추가 부과한다.

• **목표**: 이를 통해 연간 약 4~5조 원의 기금을 조성한다. 이는 3부 6장에서 제안한 전 국민 보험료 인상분의 총액(약 4.62조 원)과 맞먹는 규모로, 미래 세대가 질 부채의 절반을 현 세대의 자산가들이 분담한다는 상징적 의미를 갖는다.

• **징수의 목적**: 이 기금 납부는 그들이 미래 세대에게 전가한 '돌봄과 노후 부채'를 현재 시점에 공동 부담하는 행위이며, '자본소득의 사회 환원'이라는 윤리적 당위성을 확보한다.

역할 분리: 해법 7 메가시티세(부동산 → 지역 균형) + 해법 8 고령화 기금(자본소득 → 세대 균형)으로 명확히 역할이 분리되어, 이 중과세 논란을 원천 차단한다.

2. 기금의 목적: 재정 리스크의 공동 담보

 • **기금의 목적:**

① 빈곤 노인 간병 및 의료비 보조

② 영케어러 지원 및 복귀 프로그램

③ '시니어 대학 타운' 설립 및 운영

④ 세대 간 연대 프로젝트 투자

 • **세대 간 화해의 상징:** 이 기금은 청년 세대에게 '미래가 완전히 부채로만 구성되지 않았다'는 최소한의 희망을 제공하는 세대 간 화해의 상징이 된다. '책임을 지는 세대'의 존재는 청년 세대가 미래에 대한 희망을 완전히 포기하지 않도록 하는 심리적 자본이 된다.

3. 고령화 기금은 '자산 보호 보험'이자 '명예 자본'이다

고령화 기금은 '보험'이다. 미래 사회 붕괴로 인한 자산 가치 폭락 리스크를 막기 위해, 현재의 자산가들이 선제적으로 지불하는 보험료인 것이다.

 • **위험 관리:** 사회적 불신과 경제적 붕괴는 결국 사유재산권의 안정성을 해친다. 고령화 기금은 빈곤 노인의 문제를 해결하여 사회 시스템의 파국을 막고, 자산가 노인이 축석한 사산의 안정

적인 미래 가치를 지키기 위한 가장 냉철한 위험 관리 전략이다.

- **사회적 명예 자본 부여:** 고령화 기금 납부액(혹은 자산 대비 납부액 비율)에 비례하여 '대한민국 세대 공존 기여 증서'를 발급하고, 이들을 '미래 세대 부채 상환 책임 시민'으로 명예롭게 등재한다.

공공시설 명명권(Naming Rights) 부여 등을 통해 부유층에게 '도덕적 해이' 대신 '사회적 존경'이라는 확실하고 새로운 보상을 제공하여 정책의 성공적 연착륙을 유도한다.

결론: 고령화 기금은 시스템의 지속 가능성을 담보하는 최후의 카드

고령화 기금 강제 납부 제도는 '노인 세대 내부의 불공정'을 해소하고, '미래 세대로의 부채 전가'를 멈추기 위한 냉철한 시스템 개혁이다.

일본은 2000년부터 40세 이상 모든 국민에게 개호보험 납부를 의무화하여 강제적 연대를 실현했다. 20년간 개호 비용은 3.6조 엔에서 10.8조 엔으로 3배 증가했지만, 전 세대가 의무를 분담하는 시스템으로 지속 가능성을 확보했다.

프랑스는 1991년부터 CSG를 통해 근로소득뿐 아니라 자본소득, 부동산 임대소득 등 모든 소득에 사회보장 기여금 9.7%를 부과하여 매년 1,000억 유로 이상을 확보하고 있다.

한국 또한 고령화 기금을 통해 50대 이상 자본소득 1억 원 초과자에게 3~5%의 기여금을 부과하여 연 4~5조 원을 조성해야 한다.

이 기금을 빈곤 노인 복지, 영케어러 지원, 시니어 대학 타운 등 세대 간 연대 프로젝트에 투입하여 사회 시스템의 붕괴를 막아야 한다.

이는 자산가 노인이 스스로의 자산을 지키는 '보험료'이자, '복지 시스템의 지속 가능성'을 담보하는 최후의 카드로, '최소 불행 사회'의 필수 전제이므로 국가적 생존을 위해 반드시 관철되어야 한다.

선거 투표권
면허제 도입

민주주의를 구하기 위해,
민주주의에 제한을 가하다

논제

포퓰리즘 정치가 초래한 시스템 붕괴를 막기 위해, 투표권에도 최소한의 책임이 필요하다

'한 표'의 무게가 같다는 것은 민주주의의 핵심 가치이다.

그러나 그 한 표가 무지와 선동에 기반할 때,

그것은 공동체 전체를 파국으로 몰아넣는 폭력이 된다.

1. 일본의 교훈: 무책임한 표가 만든 30년의 정체

1990년대 일본 정치는 '잃어버린 30년'의 시작점에서 치명적 실수를 저질렀다. 버블 붕괴 직후, 정치권은 구조 개혁 대신, 단기 부양책에 올인했다. 1990년부터 2000년까지 일본 정부는 10차례에 걸쳐 막대한 규모의 경기 부양책을 쏟아부었다. 그러나 이 재정 투입은 근본적인 구조 개혁 없이 토목 공사와 현금 살포에 집중되었다.

결과는 참혹했다.

1990년 GDP 대비 67%였던 일본의 국가 부채는 2024년 기준 264%로 급증했다. 2024년 기준 일본 국가 예산의 약 23%가 국채 이자 상환에 쓰인다. 미래 세대의 세금이 과거의 빚을 갚는 데만 소진되는 구조가 고착화된 것이다.

일본의 장기 침체는 복합적 요인의 결과다. 과도한 기업 부채, 부동산 과잉 투자, 금융 정책의 지연된 대응. 하지만 그 모든 잘못된 정책 선택의 배후에는 공통된 메커니즘이 있었다. 바로 유권자들의 단기적 요구에 영합한 포퓰리즘 정치였다.

일본 정치가 구조 개혁을 회피한 이유는 명확하다. 유권자들이 단기 처방을 원했기 때문이다. 1998년 오부치 게이조 내각은 '생활 방위를 위한 긴급 경제 대책'이라는 명목으로 24조 엔을 투입했고, 상당 부분이 '지역 진흥 상품권'이라는 현금성 지원으로 나갔다. 선거를 앞둔 정치인들에게 이보다 손쉬운 표 얻기는 없었다.

반면 구조 개혁은 정치적으로 고통스럽다. 노동 시장 유연화, 좀비 기업 정리, 연금 개혁은 모두 특정 유권자 집단의 즉각적인 반발을 불러온다. 일본의 정치인들은 다음 선거에서 살아남기 위해 개혁을 미루고 퍼주기에 집중했다. 유권자들은 자신들이 요구한 단기 처방이 미래 세대에게 어떤 부담을 안기는지 이해하지 못했고, 정치인들은 그 무지를 악용했다.

그 결과, 일본은 30년을 잃었다.

2. 무지의 대가: 브렉시트가 보여준 충격

2016년 6월 23일, 영국은 유럽연합(EU) 탈퇴 여부를 묻는 국민투표를 실시했다. 등록 유권자 4,650만 명 중 3,358만 명이 투표에 참여했고, 투표율이 72.2%로 1992년 총선 이후 최고치를 기록했다. 결과는 51.9% 찬성, 48.1% 반대로 브렉시트가 결정되었다.

그런데 투표가 끝난 직후, 영국에서 놀라운 일이 벌어졌다.

브렉시트 국민투표일 다음 날, 영국 유권자들이 구글에 가장 많이 검색한 질문 중 하나가 'What is the EU?(유럽연합이 뭐야?)'였기 때문이다. 이미 표를 행사하고 운명이 결정된 뒤에야, 수많은 유권자가 자신이 무엇에 투표했는지 알기 위해 검색을 시작한 것이다. 이 충격적인 진실은 무지한 한 표가 얼마나 큰 재앙을 초래할 수 있는지 극단적으로 보여준다.

하버드대학교에서 정치 제도를 가르쳤던 야스차 뭉크(Yascha Mounk, 1982-) 교수는 저서 『The People vs. Democracy』(2018)에서 영국의 이 사건을 '민주주의의 자기 파괴'라고 경고했다.* 정보 없는 투표가 오히려 민주주의를 내부에서 붕괴시킨다는 것이다.

브렉시트의 대가는 막대했다. 영국 예산책임처(OBR, Office for Budget Responsibility)는 브렉시트로 인해 영국 경제가 장기적으로 GDP의 4%를 영구적으로 상실할 것으로 추정했다. 매년 수십조 원 규모의 경제적 손실이다. 무지한 다수의 결정이 한 국가 전체를 경제적 침체로 몰아넣은 것이다.

---

* 『위험한 민주주의』 야스차 뭉크 저자(글)·함규진 번역, 와이즈베리, 2018.05.05.

3. 학술적 근거: 정보 수준과 투표의 질

선거 면허제의 핵심 논리는 '정보에 기반한 투표가 더 나은 결과를 만든다'는 것이다. 이는 직관이 아니라 실증 연구로 뒷받침된다.

2020년 미국 대선을 분석한 퓨 리서치 센터(Pew Research Center)의 보고서 『Education and the 2020 Election』은 교육 수준과 투표 행태의 명확한 상관관계를 제시한다. 대학 학위 소지자의 투표율은 77%로 고졸 이하(55%)보다 월등히 높았다. 정책을 비교한 후 투표하는 비율도 대졸자는 68%인데 고졸 이하는 42%에 그쳤다. 허위 정보 식별 능력에서는 더 큰 차이를 보였다. 대졸자는 팩트 체크를 활용하는 비율이 고졸 이하보다 3배 높았다.

유럽대학연구소(EUI, European University Institute)의 2019년 연구 『Education and Populist Voting in Europe』는 유럽 28개국 데이터를 분석해 충격적인 결과를 제시했다. 고등교육 이수자의 포퓰리즘 정당 지지율이 17.3%인 반면, 중등교육 이하는 41.2%로 2배 이상 차이를 보였다. 교육 수준이 낮을수록 복잡한 사회 문제를 단순한 적대 구도로 이해하는 경향이 강했다.

이는 '고학력자가 더 현명하다'는 엘리트주의가 아니다. 교육을 통해 정보를 비판적으로 평가하는 능력이 향상된다는 것을 의미한다. 교육은 사람의 도덕성을 높이지 않지만, 복잡한 정보를 처리하는 '도구'를 제공한다. 교육은 '자격'이 아니라 '도구'다.

선거 투표권 면허 시험 제도는 교육 수준으로 사람을 차별하는 것이 아니라, 모든 시민에게 필요한 '도구'를 제공하려는 시도다. 시험을 통과하지 못한 사람은 '2등 국민'이 아니라, 아직 도구를 빌지 못한 사람일 뿐이다. 그리고 국가는 그들에게 무상 교육과 무제한 재시험 기회를 보장해야 한다.

선거 면허제의 한계: 증상과 원인의 구분

하지만 정직하게 인정해야 할 것이 있다. 교육 수준과 합리적 투표의 상관관계가 입증되었다고 해서, '교육(지식) 부족'이 문제의 근본 원인이라고 단정할 수는 없다. 경제적 불평등, 정보 접근성 같은 구조적 요인이 진짜 '원인'이고, '낮은 교육 수준'과 '포퓰리즘지지'는 둘 다 그 구조적 문제의 '결과'일 수 있다.

따라서 선거 면허제는 '만병통치약'이 아니다. 이 제도는 경제적 불평등 해소, 공교육 강화, 지역 균형 발전 같은 근본적 처방과 '병행'되어야 한다. 이 책의 다른 8가지 제안들—최저임금 차등제, 메가시티세, 시니어 대학 타운 등—이 바로 그 근본적 처방들이다. 선거 면허제는 그 처방들이 효과를 발휘할 시간을 벌어주는, 포퓰리즘이라는 급한 불을 끄기 위한 '긴급 조치'다.

4. 해외 유사 제도: 조건부 참정권의 선례

참정권에 최소한의 조건을 요구하는 제도는 이미 존재한다. '투표권은 무조건적 권리가 아니라 최소한의 책임을 요구할 수 있다'는 원칙의 선례들이다.

• 미국: 귀화 시민 시험

미국에 귀화하려는 이민자는 반드시 역사, 헌법, 정부 구조 등을 묻는 '시민권 시험'을 통과해야 한다. '미국 헌법의 최고법은 무엇인가?', '대통령의 임기는 몇 년인가?' 같은 기본적인 질문들이다. 3회

이상 재시험자를 포함하면 최종 합격률은 98%에 달한다.

이 간단한 시험이 던지는 메시지는 강력하다. "투표권은 책임을 이해한 자에게 주어진다." 결국 한국의 선거 면허제는 이 원칙을 내국인에게 확장하는 것이다.

• 스위스: 청소년 시민 교육과 투표권의 연계

스위스의 글라루스 주는 16세에게 투표권을 부여하되, '청소년 시민 교육 이수'를 의무화한다. 교육받지 않으면 투표권이 유예된다. 그 결과, 교육받은 16~18세의 투표율(45%)이 교육 없이 투표권을 가진 18~25세(32%)보다 높게 나타났다. '교육과 투표권의 연계'가 배제가 아니라 오히려 참여를 높이는 긍정적 제도가 될 수 있음을 보여준다.

5. 한국형 선거 면허제: 설계의 핵심

선거 면허제의 성패는 설계에 달려 있다. 핵심은 '배제'가 아니라 '기회 제공'이다.

• 차별 금지 장치: 기회의 완벽한 평등

첫째, 국가의 무상 교육 의무다. 교육부는 시험에 통과하지 못한 모든 시민을 위해 모바일과 온라인 기반의 무상 공적 학습 프로그램을 즉각 제공해야 한다. 헌법 기초, 삼권분립, 조세 구조, 복지 정책의 원리, 가짜뉴스 식별법, 정책 비교 방법론 등을 포함한다.

둘째, 즉각적인 재시험 기회 보장이다. 시험 탈락 시 횟수 제한 없이 즉각적인 재응시 기회를 제공한다. 미국 귀화 시험의 최종 합격률이 98%인 것처럼, 한국의 선거 면허 시험노 '의시가 있는 사람은 누구나 통과할 수 있는' 수준으로 설계되어야 한다.

셋째, 접근성 보장이다. 장애인, 고령자, 저소득층을 위한 완벽한 접근성 보장. 음성 지원, 큰 글씨, 무료 Wi-Fi 공간, 동네 주민센터 내 시험장 설치. 외국인 영주권자를 위한 10개 언어 다국어 지원.

이 세 가지 장치를 통해 선거 면허제는 투표권을 '빼앗는' 것이 아니라 '획득하게' 함으로써 권리의 가치와 책임을 복원하되, 국가가 그 기회를 완벽히 보장하는 구조가 된다.

· 출제 기관의 독립성

누가 시험 문제를 출제하는가? 정권이 바뀔 때마다 '정답'이 바뀐다면, 이는 '합법적 여론 통제' 수단으로 전락한다. 해법은 출제 기관의 독립성 확보다. 가칭 '국가시민역량검증원(NICC, National Institute for Civic Competence)'과 같은 독립 기관을 설립한다.

첫째, 여야 동수 구성. 출제위원회는 국회 의석수와 무관하게 여당과 야당이 각각 50%씩 추천한 위원으로 구성한다.

둘째, 헌법재판소나 중앙선거관리위원회와 같은 수준의 정치적 중립성을 법으로 보장한다. 위원의 임기는 6년으로 하며, 정권 교체와 무관하게 연임한다.

셋째, 모든 문항은 출제 전에 '공개'하여 시민사회와 학계의 검증을 받는다. 이념적 편향이 지적된 문항은 즉시 폐기한다.

넷째, 문항은 사실(Fact) 기반으로 제한한다. "대통령 임기는?", "국회의원 정수는?" 같은 객관적 사실만을 묻는다. "어떤 정책이 더 좋은가?"와 같은 가치 판단 문항은 원칙적으로 금지한다.

시험 내용: 사실에 기반한 중립적 문항

선거 투표권 면허 시험 (예시)
총 20문항 | 객관식 | 70점 이상 합격

파트 A. 기초 지식 (10문항, 50점)
대한민국의 역사와 헌법의 기본 원리

1. 세종대왕은 보기 나라 중 어느 나라 임금이었는가?

   ① 고려　　　② 조선　　　③ 백제　　　④ 신라

2. 이순신 장군이 맞서 싸워 물리친 나라는 어디였는가?

   ① 중국　　　② 일본　　　③ 몽골　　　④ 러시아

3. 대한민국의 주권은 누구에게 있는가?

   ① 대통령　　　② 국회　　　③ 국민　　　④ 헌법재판소

4. 대한민국 대통령의 임기는 몇 년이며, 중임할 수 있는가?

   ① 4년, 1회 중임 가능　　　② 5년, 중임 불가

   ③ 5년, 1회 중임 가능　　　④ 6년, 중임 불가

파트 B. 정책 이해 (10문항, 50점)
정책의 기본 메커니즘과 작동 원리

5. 국가 예산은 어디서 주로 조달되는가?

   ① 세금　　　② 복권　　　③ 해외 원조　　　④ 기업 기부

6. 정부가 복지 지출을 늘리면서 동시에 세금을 줄인다고 공약했다.
   이 경우 발생할 수 있는 문제는?

   ① 재정 적자 증가 가능성　　　② 아무 문제 없음

   ③ 경제가 즉시 회복됨　　　④ 복지와 감세는 양립 불가능

7. 대한민국의 국회의원 정수는 대략 몇 명인가?

   ① 약 100명　　　② 약 300명　　　③ 약 500명　　　④ 약 1,000명

※ 핵심 원칙: 모든 문항은 '사실(Fact)'에 기반하며, 이념 논쟁을 유발하는 문항은 배제한다.

※ 합격 기준: 20문항 중 14문항 이상 정답 (70점 이상)

국가시민역량검증원(NICC) | 예시 문항 (실제 시험 아님)

6. 기술적 실현 가능성: 민방위 시스템

"수천만 명을 어떻게 시험 보게 할 것인가?"라는 반문에 대해, 한국은 이미 강력한 기술적 토대를 가지고 있다. 바로 민방위 사이버 교육 시스템이다.

대한민국은 「민방위 기본법」에 따라 만 20세부터 40세까지 전 국민의 상당수가 매년 의무적으로 교육을 이수한다. 2020년 팬데믹 이후 사이버 교육과 평가 시스템이 고도화되어, 언제 어디서든 모바일이나 PC로 교육을 수강하고 객관식 문항으로 구성된 시험을 통과해야 이수가 완료되는 구조다.

이 시스템은 대규모 온라인 교육 플랫폼과 평가 및 관리 체계를 이미 검증했다. 선거 면허 시험은 이 기존 시스템을 공적 지식 교육으로 전환하여 활용하면 된다. 한국은 이미 이 제도를 실행할 수 있는 인프라를 갖추고 있다.

한편, 부정행위 방지는 생체 인증 시스템(스마트폰 지문 인증, AI 안면 인식, 시험 중 랜덤 재인증)과 오프라인 시험장 병행 운영으로 해결한다. 시험은 문항 은행 시스템에서 랜덤 출제한다. 부정행위 적발 시에는 3년간 응시 금지 및 형사 처벌을 가한다.

7. 단계별 도입: 헌법 개정 없이 시작하기

전체 로드맵은 약 14년에 걸쳐 진행된다. 가장 중요한 것은 1단계(4년)는 헌법 개정 없이 시작할 수 있다는 점이다.

1단계: 지방선거 시범 도입 [2027-2030, 4년]

「공직선거법」 개정만으로 가능하다. 인구 10만 이하 지자체 5곳을 선정하여 기초의회 선거에만 면허제를 적용한다. 2030년까지 준비와 교육, 2030년 전국 지방선거에서 시범 선거를 실시한다.

시범 지역에서는 면허 취득자에게 주민세 일부 감면(연 1~2만 원 수준)이나 공공시설 이용료 할인 등 합리적 보상을 제공한다. 이를 통해 무관심층도 자발적으로 교육에 참여하도록 유도하여 투표율 하락 문제를 최소화한다.

단계	기간	주요 내용	법적 장벽
1단계	2027-2030(4년)	준비+시범 도입	「공직선거법」 개정만 필요 (헌법 개정 불필요)
2단계	2030-2033(3년)	효과 검증+국회 논의	없음
3단계	2033-2038(5년)	여론 형성+정치권 합의	없음
4단계	2038-2040(2년)	헌법 개정+전국 확대	국회 2/3+국민투표
총 기간	약 14년	지방⋯▶전국 단계적 확산	1단계(4년)는 헌법 개정 없이 가능

2단계: 효과 검증 및 국회 논의 [2030-2033, 3년]

전문 기관 공동 TF가 시범 지역의 효과를 분석한다. 투표의 질, 지방 재정 건전성, 포퓰리즘 공약 변화 등을 객관적으로 평가한다. 국회 공청회와 전국 여론 조사를 통해 사회적 합의 기반을 마련한다. 국민 과반이 찬성할 때만 다음 단계로 진행한다.

3단계: 국민 여론 형성 [2033-2038, 5년]

정당별 당론 채택, 시민 교육 캠페인 전개, 국회 헌법개정특위 구성. 시범 지역을 점진적으로 확대하여 전국민의 10% 이상이 이 제도를 경험하게 만든다.

4단계: 헌법 개정 및 전국 확대 [2038-2040, 2년]

헌법 제24조에 시민 교육 이수 요구 및 국가의 교육과 재시험 보장 의무를 명시한다.

헌법 개정안 예시. 핵심은 제3항이다.

제24조(선거권)
① 모든 국민은 법률이 정하는 바에 의하여 선거권을 가진다.
② 단, 국가는 민주적 의사결정의 질을 높이기 위해 법률로 정하는 최소한의 시민 교육 이수를 요구할 수 있다.
③ 국가는 제2항의 교육을 무상으로 제공하고, 재시험 기회를 무제한 보장하여야 한다.

국가가 교육을 요구하는 동시에 그 교육을 무상으로 제공하고 재시험 기회를 무제한 보장함으로써, 이 제도가 배제가 아닌 교육 기회의 확대임을 헌법에 명시한다. 이는 '엘리트주의' 비판에 대한 가장 강력한 방패다.

국회 재적 2/3 찬성과 국민투표 과반 찬성으로 개헌을 완료한다.

1년의 유예 기간을 거쳐 2040년 총선부터 전면 적용한다.

8. 예상되는 비판과 반론

선거 면허제는 3부에서 제안한 9가지 해법 중 가장 격렬한 비판을 받을 것이다. 하지만 일본이 30년을 잃고, 영국이 브렉시트로 GDP 4%를 날린 지금, 우리에게 '비판받지 않을 온건한 제안'을 할 여유는 없다.

"이것은 엘리트주의다"

이에 대한 반론은 명확하다. 이 제도는 출발선의 학력을 묻지 않는다. 고졸이든 대졸이든, 노인이든 청년이든, 모두에게 동일한 교육 기회와 시험 기회가 주어진다. 시험 난이도는 '의지가 있는 사람은 누구나 통과할 수 있는' 수준이다. 미국 귀화 시험의 합격률이 98%인 것처럼, 이것은 배제의 장치가 아니라 교육의 장치다.

국가는 무상 교육과 무제한 재시험을 보장한다. 이것은 '가진 자'에게 유리한 제도가 아니라, '배우려는 자'에게 기회를 주는 제도다.

더 근본적인 비판이 있다. "이것은 미국 남부 문해력 테스트의 부활 아니냐?" 1890~1965년 미국 남부 주들은 흑인 투표권을 박탈하기 위해 사실상 통과 불가능한 시험을 강요했다. 하지만 결정적 차이가 있다. 미국 남부는 특정 인종만 시험 봤고, 교육 기회도 없었고, 재시험도 없었다. 한국의 '선거 면허제'는 모든 국민에게 동일한 시험, 무상 교육, 무제한 재시험을 보장한다. 미국 남부는 배제가 목적이었다. 한국의 제안은 교육이 목적이다.

존 스튜어트 밀은 1859년 『자유론』에서 경고했다. "어리석은 다수의 독재보다 위험한 것은 없다." 밀이 말하는 '어리석음'은 지능이 아니라 '정보 부족'을 의미한다. 선거 면허제는 모든 시민이 '정보를 갖춘 유권자'가 되도록 돕는 제도다.

"이것은 민주주의의 후퇴다"

민주주의는 '다수결'이 본질이 아니다. 로버트 달(Robert Dahl, 1915-2014) 예일대 교수는 1989년 『민주주의와 그 비판자들』(Democracy and Its Critics)에서 이렇게 정의했다. "민주주의는 시민의 역량만큼만 작동한다."

무지한 다수가 선동에 의해 독재자를 선출한 역사는 수없이 많다. 1933년 히틀러는 '민주적 선거'를 통해 집권했다. 민주주의가 스스로를 파괴하는 것을 막기 위해서는 시민의 역량을 높여야 한다.

선거 면허제는 민주주의를 후퇴시키는 것이 아니라 진화시킨다. 19세기 민주주의가 '모든 성인 남성'에게 투표권을 주었다면, 20세기 민주주의는 '여성과 소수자'에게까지 확대했다. 21세기 민주주의는 '모든 시민'에게 투표권을 주되, 그들이 '책임 있는 시민'이 되도록 교육하는 단계로 나아가야 한다.

"시험 문제가 편향될 것이다"

이 비판은 중요하다. 이것이 이 제도가 실패할 가장 큰 리스크다. 만약 집권 세력이 시험 문제를 통해 특정 이념을 주입한다면, 이것은 '합법적 사상 검증'으로 전락한다. 조지 오웰이 『1984』에서 경고한 '2+2=5'를 강요하는 전체주의 국가가 될 것이다.

싱가포르가 그 위험성을 보여준다. 싱가포르는 고학력 이민자에게 시민권 취득 과정을 간소화하여 세계에서 가장 효율적인 정부를 만들었고 1인당 GDP는 미국을 추월했다. 하지만 그 대가로 민주주의를 희생했다. 싱가포르는 민주주의 지수에서 '결함 있는 민주주의(Flawed Democracy)'로 분류되며, 표현의 자유와 언론의 자유가 심각하게 제한된다.[*] 만약 한국의 면허제가 출제 기관의 중립성을 지키지 못한다면, 우리도 같은 길을 걸을 것이다.

해법은 세 가지다. 출제 기관의 독립성 확보(여야 동수, 헌법재판소급 중립성). 문항의 사전 공개와 시민사회 검증. 그리고 문항을 사실(Fact) 기반으로 제한하는 것이다.

하지만 정직하게 인정해야 한다. 독립성, 검증, 객관성 이렇게 세 가지 장치에도 불구하고, 완벽한 중립성을 담보하기는 매우 어렵다. 만약 시범 도입 단계에서 출제 기관의 중립성이 무너지고 특정 이념이 정답으로 강요되는 것이 확인된다면, 이 제도의 전국 확대는 즉각 중단되어야 한다. 이것이 이 제도가 가진 가장 큰 위험이며, 동시에 가장 신중하게 관리해야 할 지점이다.

9. 면허제가 가져올 변화: 공론장의 대반격

선거 투표 면허제는 단기적으로 투표율을 낮출 수 있다. 하지만 장기적으로는 공론장의 질을 획기적으로 높여 사회적 불행 비용을 줄이는 '시스템 개혁의 엔진'이 될 것이다.

첫째, '묻지마 투표층'이 와해될 것이다. 시민들은 투표권을 얻기 위해 자발적으로 학습하게 된다. 이 과정에서 정책을 비교하고, 공약의 실현 가능성을 따지며, 재원 조달 방안을 묻는 습관이 생긴다. 무

---

[*] 『Democracy Index 2023: Age of Conflict』 The Economist Intelligence Unit(EIU), 2024.02.15.

분별한 투표가 줄어들고, 후보자들은 더 이상 감성팔이로 표를 얻을 수 없게 된다.

둘째, 정치 경쟁의 질이 근본적으로 변한다. 정치권은 더 이상 '퍼주기' 공약에 의존할 수 없다. 다수의 유권자가 "재원은? 재정 건전성은? 인플레이션 영향은?"이라고 물을 것이다. 합리적이고 구조적인 해법을 제시하는 후보만이 선택받게 된다. 포퓰리즘 정치가 설 자리를 잃는다.

셋째, 공론장이 회복될 것이다. 시민들이 객관적 정보를 찾기 시작하면, 이는 공영 방송과 교육 시스템이 제 기능을 회복하도록 강제하는 시장 압력이 된다. 언론은 클릭 수를 위한 자극적 기사 대신 심층 분석을 제공해야 하고, 교육은 '책임지는 시민'을 길러내는 본연의 역할을 되찾게 된다.

넷째, 정치적 무임승차가 불가능해진다. 개인은 '나의 무책임한 1표가 결국 나의 불행으로 돌아온다'는 진실을 깨닫고, 정치 참여를 생존을 위한 능동적 행위로 재인식하게 될 것이다.

다섯째, 다민족 국가로의 전환을 준비할 수 있다. 270만 명이 넘는 체류 외국인 시대를 맞아, '선거 면허제'는 '지방선거 투표권'을 가진 '외국인' 영주권자에게 대한민국 시민으로서의 기본 소양 교육을 의무화하는 수단이 될 수 있다.

결론: 책임 있는 민주주의로의 전환

선거 면허제는 '투표를 막는' 것이 아니다. '국가 비용으로 시민을 교육하여 책임 있는 투표를 유도하는' 행위다. 투표권을 '주는'

것이 아니라 '획득하게' 함으로써 권리의 가치와 책임을 복원하는 것이다.

일본은 30년 동안 포퓰리즘 정치의 대가를 치렀다. GDP 대비 264%의 국가 부채를 떠안게 되었고, 미래 세대는 과거의 빚을 갚는 데만 인생을 소진하고 있다. 영국은 브렉시트로 GDP의 4%를 영구적으로 상실했다. 무지한 투표가 얼마나 큰 대가를 치르게 하는지는 수많은 역사가 증명한다.

한국은 민방위 사이버 교육 시스템이라는 기술적 토대를 이미 갖추고 있다. 지금부터 준비를 시작하면 2030년 지방선거에서 시범 도입할 수 있다. 5개 지자체에서 시작한 작은 실험이 전국으로 확대되어, 2040년엔 대한민국을 '책임 있는 시민'이 만드는 새로운 민주주의 국가로 탈바꿈시킬 수 있다.

이것은 민주주의의 후퇴가 아니라 진화다. 19세기가 참정권의 확대였다면, 21세기는 참정권의 질적 향상이다. 모든 시민이 투표할 권리를 갖되, 그 권리를 행사하기 전에 최소한의 지식과 책임을 갖추도록 돕는 것. 이것이 선거 면허제의 본질이다.

선거 투표 면허제는 '개인의 무책임한 선택'이 '공동체의 최소 불행'을 넘어 '최대 불행'으로 치닫는 것을 막기 위한 최후의 방어선이다. 합리적이고 지속가능한 새로운 민주주의 국가로 나아가는 첫걸음이다.

브렉시트 투표 다음 날, 영국인들은 'EU가 뭐야?'를 검색했다.
다음 선거 투표 후, 당신은 무엇을 검색할 것인가?

"어리석은 다수의 독재보다 위험한 것은 없다."
존 스튜어트 밀, 『자유론』, 1859

"민주주의는 시민의 역량만큼만 작동한다."
로버트 달, 『민주주의와 그 비판자들』, 1989

3부 결론

9가지 제안의 유기적 연결:
최소 불행 사회 시스템의 큰 그림

지금까지 9가지 금기된 해법을 살펴보았다.

이 제언들은 각각 독립적인 의제처럼 보이지만, 실제로는 하나의 유기적 시스템을 구성한다.

첫째, 시스템 신뢰 및 효율성 회복

'선거 면허제'와 '인터넷 실명제'는 민주주의와 공론장의 질을 높인다. 책임 있는 시민과 건강한 토론 문화를 만들어, 포퓰리즘 정치와 혐오 확산의 비용을 줄인다. '부가가치세(VAT) 별도 표기'는 정부 정책의 투명성을 높여 조세 저항을 완화하고 재정 건전성 확보의 토대를 마련한다. 시민들이 세금의 쓰임새를 명확히 인식할 때, 복지 확대나 연대 비용 부담에 대한 수용성이 높아진다.

'선거 면허제'와 '인터넷 실명제', '부가가치세(VAT) 별도 표기'

세 가지가 맞물리면, 시스템에 대한 신뢰가 회복되고 사회적 비용이 절감되어 다른 처방들을 실행할 여력이 생긴다.

둘째, 경제·지역 불균형 해소

'최저임금 차등제', '메가시티세', '시니어 대학 타운'은 수도권 집중과 지방 소멸이라는 구조적 문제를 정면으로 다룬다. 최저임금 차등제로 지방 기업의 인건비 부담을 줄이면 기업 이전과 지역 일자리 창출이 가능해진다. 메가시티세로 수도권 집중의 비용을 가시화하면 자발적인 지방 이동 유인이 생긴다. 시니어 대학 타운이 폐교를 활용해 지방에 새로운 경제 생태계를 만들면 은퇴자들의 귀촌이 촉진되고 지역 경제가 활성화된다.

'최저임금 차등제', '메가시티세', '시니어 대학 타운'은 국토의 지속 가능성을 확보하고, 경제적 기회의 불균형을 완화한다.

셋째, 사회적 연대 자본 재건

'보험료 인상', '노후 자산가 연대 비용 징수', '세대 간 의무 멘토링'은 세대 간·계층 간 부채와 단절을 해소한다. 노후 연대 비용을 젊은 세대가 함께 부담하면 노인 빈곤과 고독사라는 미래의 재앙을 예방할 수 있다. 부유한 노년층이 연대 비용을 지불하면 세대 간 형평성이 확보된다. 의무 멘토링으로 청년과 노인이 직접 만나 지식과 경험을 나누면 단절된 세대 간 신뢰가 회복된다.

시스템의 선순환 구조

이 9가지 처방이 맞물려 돌아갈 때, 비로소 우리는 '최소 불행 사회'라는 시스템적 안전망을 구축할 실마리를 찾을 수 있다.

시스템 신뢰가 회복되면 ⋯▶ 국민들이 연대 비용 부담을 수용하고, 경제·지역 불균형이 해소되면 ⋯▶ 수도권 청년도 지방 노인도 희망을 되찾고, 사회적 자본이 재건되면 ⋯▶ 공동체 전체의 회복 탄력성이 높아진다.

반대로 이 처방들이 하나라도 빠지면 시스템은 작동하지 않는다. 지역 불균형을 해소해도 시스템 신뢰가 무너지면 정책은 표류한다. 연대 비용을 징수해도 세대 간 단절이 지속되면 불만만 쌓인다.

9가지 해법은 논쟁의 시작이다.

이 제안들에 동의하든, 반대하든, 중요한 것은 우리가 더 이상 이 질문들을 외면하지 않는 것이다.

서론에서 제기한 선택의 순간이 지금 여기에 있다. 불편하지만 필요한 시스템 개혁을 감수하며 함께 살아남을 것인가, 아니면 각자도생의 환상 속에서 모두 함께 무너질 것인가.

최소불행사회 시스템 개혁 효과

제안 (Proposal)	투입 비용 (Input Cost)	경제 효과 (Economic Effect)
시니어 대학 타운	입주자 본인 + 정부/지자체	지방 소멸 방어, 실버 경제 유입 고독사 예방, 세대 통합
부가가치세 별도 표기	2,000억 원 (1회성 비용)	연간 56.5조 원 규모 (내수 경기 침체 회복 가능성)
세대 간 멘토링	연간 1,000억 원 + 참여자 세금 감면 혜택으로 세수 감소	연간 최소 4,800억 원 규모 세대 간 갈등 완화 격차 사회 완화
인터넷 실명제 재도입	연간 2,000억 원	연간 9.2조 원 규모
최저임금 차등제	150억 원 (1회성 비용)	연간 15조 원 규모
보험료 인상	연간 14.62조 원	연간 2.37조 원 미래 부채 예방, 시스템 안정 사회적 비용 감소, 미래 세대 부담 경감
수도권 메가시티세	연간 4조 원 (징수 목표)	연간 7~9조 원 규모 지방 도시 소멸 완화
고령화 기금 신설	연간 4~5조 원 (징수 목표)	세대 균형, 시스템 붕괴 방지 자산가의 '자산 보호 보험료'
투표권 면허제도	민방위 교육 시스템 활용	포퓰리즘 정치 방지, 공론장 회복 민주주의의 질적 향상

1부, 2부, 3부는 '각자도생의 역설'을 말했다.

4부는 '각자 살아남는 법'을 펼친다. 모순처럼 보일 수 있다.

'함께 살아야 한다'고 외치면서,

왜 다시 '각자 생존하는 법'을 알려주는가?

하지만 이것은 모순이 아니다.

3부의 시스템 개혁이 현실화되려면 최소 10년이 걸린다. 우리 사회의 붕괴는 이미 시작되었고, 당신의 생계는 10년을 기다려주지 않는다. 시스템을 바꾸는 동시에, 당장 살아남아야 한다.

3부가 위로부터의 개혁이라면, 4부는 아래로부터의 생존이다.

하지만 1, 2부에서 경고한 '고립된 각자도생'이 아니다. 4부의 11가지 매뉴얼은 1부와 2부에서 진단한 사회 변화 속에서 새로운 형태의 연대를 창조하는 '함께 도생'의 방법이다.

파국을 버텨내는 11가지 생존 매뉴얼

2030년 한국에서 반드시 유행할 사업 아이템

혁명가도 먹고살아야 한다

1부, 2부, 3부는 '각자도생의 역설'을 말했다.
4부는 '각자 살아남는 법'을 펼친다. 모순처럼 보일 수 있다.

'함께 살아야 한다'고 외치면서,
왜 다시 '각자 생존하는 법'을 알려주는가?

이것은 모순이 아니다. 3부의 시스템 개혁이 현실화되려면 최소 10년이 걸린다. 우리 사회의 붕괴는 이미 시작되었고, 당신의 생계는 10년을 기다려주지 않는다. 시스템을 바꾸는 동시에, 당장 살아남아야 한다.

3부가 위로부터의 개혁이라면, 4부는 아래로부터의 생존이다.

하지만 1, 2부에서 경고한 '고립된 각자도생'이 아니다. 4부의 11가지 매뉴얼은 1부와 2부에서 진단한 사회 변화 속에서 새로운 형태의 연대를 창조하는 '함께 도생'의 방법이다.

'초솔로사회'가 고착화되었기에 ⋯▸ '1인 바비큐'가 '눈치 보지 않을 권리'를 제공하는 공간이 된다.

'덕질 병원'은 '소확행'조차 지키기 힘든 시대에 ⋯▸ 개인의 '작은 행복(자산)'을 지켜주는 복원 사업이다.

3부에서 제안한 '시니어 대학 타운'이 활성화된다면 ⋯▸ '시니어 패션 잡지'는 거대한 신규 시장이 될 것이다.

변화를 만들 사람이 먼저 굶어 죽으면 변화는 일어나지 않는다. 혁명가도 먹고살아야 한다.

이 아이템들로 당신이 버티길 바란다. 버텨낸 당신이, 3부의 변화를 만들어주길 바란다.

하지만 그 전에, 먼저 하나의 이야기를 들려주고 싶다. 지극히 개인적인 '덕질'이 어떻게 공동체적 '연대'가 되었는지.

2024년 여름, 서울에서 있었던 작은 기적의 이야기를.

각자도생 시대,
낭만으로 연대하다

:

30여 년 전의 애니메이션 《전설의 용자 다간》은 제 유년 시절의 소중한 추억과 연결되어 있습니다. 바쁜 맞벌이 부모님 아래, 어린 동생과 함께 몇 번이고 돌려보던 기억을 간직하며 어른이 된 후 관련 셀화와 원화를 꾸준히 수집해왔습니다.

2024년 여름, 저는 그간 수집한 애니메이션 셀화 및 원화 100여 점을 프라모델 도색 예술가이자 같은 시대의 추억을 공유하는 동료 컬렉터 '반도의 중년'님의 작품과 함께 서울에서 전시했습니다. 〈우리의 낭만전〉이라는 이름의 이 작은 전시회는, 입장료 대신 보육원 후원을 위한 의연금을 모금하는 '자선 행사'로 기획되었습니다.

네이버 카페 '모두의 건프라'와 '액션피겨', '브릭나라', '키덜트 드림 놀이터'를 비롯한 커뮤니티 '루리웹'의 회원님들께 이 소식이 알려지자 놀랍게도 정말 많은 분이 공감해주셨고, 관심과 응원은 예상을 훨씬 뛰어넘은 381분의 발걸음으로 이어졌습니다.

전시회에 온 한 30대 직장인은 말했습니다. "저도 혼자 덕질만 하는 게 의미 없다고 생각했는데, 이렇게 모이니까 뭔가 되는 것 같아요." 평소 온라인에서만 열심히 활동하던 한 회원은 이런 오프라인 전시회에 처음 왔다고 했습니다. "제 취미가 누군가에게 도움이 될 수 있다는 게…… 신기해요."

이렇게 모인 '우리'의 의연금은 전시회를 찾아주신 방문객 각자의 이름을 기록한 명단과 함께 전액 서울시 종로구 보육원 '선덕원'에 기부되었습니다. 이 경험은 저에게 '최소 불행 사회'와 '각자도생의 역설'을 넘어설 작은 가능성을 보여주었습니다. 개인의 추억과 취미(덕질)라는 지극히 사적인 영역(각자도생)이, 단순한 자기만족을

                                                    저자 노트 7

넘어 타인과의 연결고리가 되고, 나아가 사회에 기여하는 '함께 도생'의 형태로 발현될 수 있음을 확인했기 때문입니다.

서브컬쳐 팬들 사이에서 이 일이 '각자도생 시대의 새로운 공존 방식'이자 '건강한 키덜트 문화의 지향점'으로 회자되었다는 점은, 차가운 현실 속에서도 우리가 어떻게 의미 있는 연대를 만들어갈 수 있는지에 대한 희망적인 질문을 던져줍니다.

381명의 발걸음은 숫자가 아니었습니다. 그것은 '나 혼자 버티는 것'이 아니라 '우리가 함께 버티는 것'이 가능하다는 증명이었습니다. 시스템이 바뀌기까지 우리는 버텨야 합니다. 하지만 혼자가 아니라 함께입니다. 각자의 낭만으로 서로를 지탱하며, '최소 불행 사회' 시스템이 구축될 때까지 당신이 버텨낼 11가지 방법을 지금부터 펼칩니다.

11가지 생존 매뉴얼

2030년 한국에서 반드시 유행할 사업 아이템

매뉴얼	초기 자본	성공 확실성	핵심
(1) 인테리어 컨설턴트	★	★★★	포트폴리오 필수
(2) 덕질 병원	★	★★★★★	블루오션
(3) 렌털 쇼케이스	★★	★★★★★	입지 의존적
(4) 정오/자정 영업	★★	★★★	파트너 리스크
(5) 2인 결혼식	★★	★★★★	틈새 명확
(6) 1인 바비큐 식당	★★★	★★★★★	압도적인 수요
(7) 가치 중화 레스토랑	★★★	★★★	300만 외국인
(8) 강아지 유치원	★★★	★★★★	안전사고 주의
(9) 아트 콜라보 카페·레스토랑	★	★★★★	연대 비즈니스
(10) 24시 무인 헬스장	★★★	★★★★	기존과 차별화 필수
(11) 시니어 잡지	★	★★★★	초고령사회 진입

표 읽는 법

- **초기 자본**: 하(500만 원 이하) / 중(500~3,000만 원) / 상 (3,000만 원 이상)
- **성공 확실성**: 하(실험적) / 중(검증 필요) / 상(검증 완료)

당신에게 맞는 사업 아이템은?

초기 자본이 부족하다면	확실한 성공을 원한다면	실험적 도전을 원한다면
1, 2, 4번	2, 3, 5, 7, 9번	6번

혁명가도 먹고살아야 한다

인테리어 컨설턴트:
저비용 고효율 컨셉팅

'감각 자본'으로 폐업 위기
소상공인을 구하다

'감각 자본'이란 무엇인가?

디자인 감각, 트렌드 분석력, 공간 스토리텔링 능력처럼

물리적 자산 없이도 가치를 창출하는 개인의 미적 역량을 말한다.

각자도생 프로필

초기 자본	★★★★★ (개인 역량이 자본)
전문 기술	★★★★★ (디자인 감각, 트렌드 분석력, 소통 능력)
운영 난이도	★★★★★ (포트폴리오 구축, 고객 만족도 관리)
성공 확실성	★★★★★ (주의점만 숙지하면 위험도가 매우 낮음)
추천 성향	#감각적 #트렌드세터 #소통왕 #소자본창업

40년 데이터로 본 '감각 자본'의 가치

1, 2부에서 분석한 징후들이 증명하는
자영업 100만 폐업 시대의 유일한 기회:

경쟁 지옥

가격 파괴 | 땡큐 세트 | 슈링크플레이션

→ 가성비만으론 공멸한다

소비의 분화

분중 시대 | 사토리 세대 | 소확행

→ 취향 저격 컨셉만이 살아남는다

공간의 경험화

거점 주거 | 돈키호테 | 정원 가꾸기

→ 컨셉이 가격을 이긴다

컨셉이 폐업 위기를 막는 유일한 해법이다.

대한민국 자영업의 현실은 처참하다. OECD 최고 수준의 자영업 비율 이면에는 과도한 경쟁, 높은 임대료, 가파른 인건비 상승, 그리고 온라인 플랫폼의 공세 속에서 생존 자체가 위태로운 수많은 소상공인이 있다. 1989년 자영업자 비율이 약 30%에서 2025년 9월 기준 19.4%(569만 6천 명)까지 줄어들었다.[*] 2025년

---

[*] 『경제활동인구조사 2025년 9월 고용동향 종사상 지위』, 통계청 2025.10.17.

중소벤처기업부에 따르면 매년 70만 개 이상의 소상공인이 폐업하는 실정이다.

특히 팬데믹 이후 소비자들은 단순히 상품이나 서비스를 구매하는 것을 넘어, '공간 경험' 자체를 중시하게 되었다. 인스타그램 등 'SNS에서 시각적으로 매력적인 공간(인스타그래머블)'이 강력한 마케팅 수단이 되면서 차별화된 '컨셉'과 '분위기'는 소규모 매장의 필수 조건이 되었다. 하지만 대부분의 영세 자영업자는 높은 비용 때문에 전문적인 인테리어 디자인 서비스를 이용할 엄두를 내지 못한다.

기존 서비스와의 명확한 차별점

이 매뉴얼에서 제안하는 '저비용 고효율 컨셉팅 전문 인테리어 컨설턴트'는 고액의 설계 / 시공을 담당하는 전통적인 인테리어 디자이너나 건축가와는 목표와 역할이 다르다. 이들의 핵심 역량은 '감각'과 '정보력'을 바탕으로, 최소한의 예산으로 최대의 효과를 내는 '공간 컨셉 기획'과 '실행 가능한 솔루션 제공'에 있다. 구체적인 서비스는 다음과 같다.

- **상권 및 타겟 고객 분석 기반 컨셉 설정**: 매장의 위치, 주변 경쟁 환경, 주 고객층의 특성을 분석하여 차별화된 공간 컨셉(예: 레트로 감성 분식집, 식물 특화 카페, 특정 취미 커뮤니티 공간)을 제안한다.

- **온라인 트렌드 분석 및 적용**: 인스타그램, 핀터레스트, 유튜브 등에서 최신 인테리어 트렌드, '#오오티디 맛집', '#사진맛집' 키워드를 분석하여 고객의 시선을 사로잡을 시각적 요소(컬러, 조

명, 포토존 등)를 제안한다.

• 예산 맞춤형 공간 효율 극대화: 주어진 예산 안에서 동선 효율화, 가구 재배치, 저비용 마감재 활용, DIY 가능한 요소 제안 등을 통해 공간 활용도를 높이는 구체적인 아이디어를 제공한다.

• 가성비 자재/소품 소싱 지원: 온라인 마켓(오늘의집, 집꾸미기 등), 중고 가구 플랫폼, 저렴한 조명/소품 도매상 등 예산에 맞는 구매처 정보를 제공하거나, 필요시 구매 대행 서비스를 제공한다.

1단계: 공간 확인

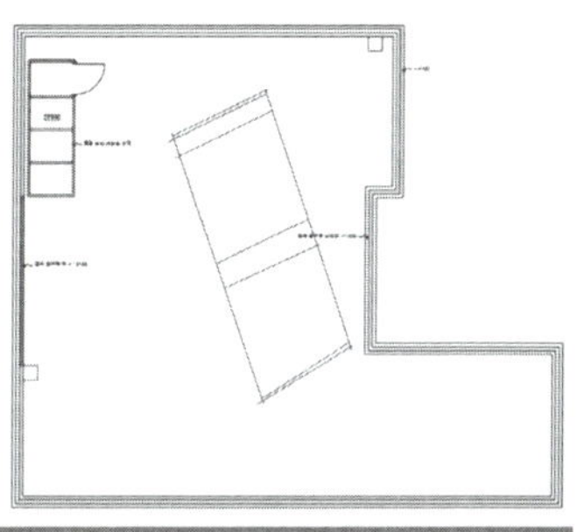

2단계: 공간 비우기

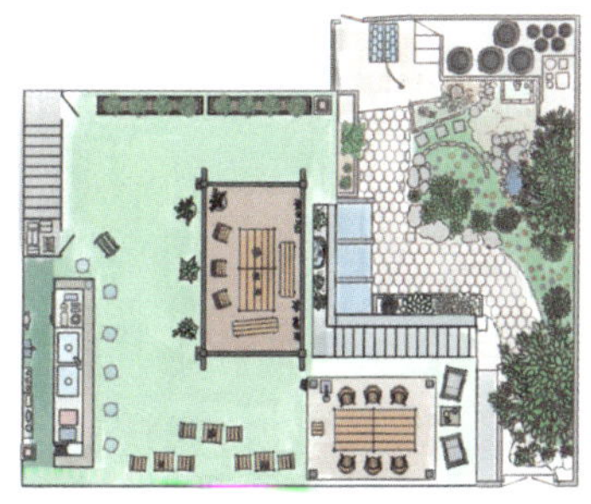

3단계: 공간 재설계

4단계: 공간 재창출 완성

• **SNS 홍보 연계 컨설팅**: 완성된 공간을 효과적으로 SNS에 노출하는 방법(사진 촬영 구도, 필수 해시태그, 인플루언서 협업 등)까지 컨설팅하여 실질적인 마케팅 효과로 이어지도록 돕는다.

이처럼 인테리어 컨설턴트는 공간의 새로운 창출을 도와준다.

한국 시장 기회

창업과 폐업이 빈번한 한국의 자영업 시장, 특히 SNS 브랜딩이 중요한 카페, 식당, 소매점, 공방 등을 운영하는 젊은 창업가나 리뉴얼을 고민하는 기존 소상공인에게 이 서비스는 매우 매력적이다.

고액의 인테리어 공사 대신, 합리적인 비용으로 '컨셉 기획'과 '실행 가이드'를 제공받아 스스로 공간을 개선하거나, 최소한의 시공만 진행할 수 있도록 돕기 때문이다. 디자인 감각과 트렌드 분석 능력만 있다면 자격증 없이도, 소자본으로 시작할 수 있는 비즈니스다.

액션 플랜

인테리어 컨설턴트 사업의 핵심은 '저비용'이다. AI와 AR을 기반으로 경쟁력을 강화하면 비싼 설계 도면 없이도 고객에게 즉각적인 시각적 결과물을 보여줄 수 있다. 이는 기존 인테리어 업체를 이길 수 있는 가장 강력한 무기가 된다.

• **AI/AR 기반 목업(Mockup)서비스 도입**: 전문 기술(디자인 감각)의 진입 장벽을 낮추고, 고객에게 빠르고 저렴하게 시각적 결과물을 제공함으로써 컨설팅의 효율을 극대화할 수 있다.

• **AI 도구 적극 활용**: 'Midjourney'로 무드보드 제작 ⋯▸ Planner

5D로 3D 시뮬레이션 생성이 가능하다.

- **타겟 명확화 & 전문성 부각:** 특정 업종(예: 소규모 카페 전문, 베이커리 전문, 1인 미용실 전문)이나 예산 범위(예: 500만 원 이하 리뉴얼 전문)를 설정하여 타겟 고객에게 명확하게 어필하고 전문성을 강조한다.

- **서비스 상품화 & 투명한 가격:** 컨설팅 단계를 세분화하여 모듈형 서비스로 제공한다. [1단계] 컨셉 및 레이아웃 제안 [2단계] 자재 및 소품 리스트업 [3단계] 온라인 구매 대행 [4단계] SNS 홍보 가이드같이 각각의 단계별 정액 요금을 투명하게 공개하여 고객의 부담을 덜고 신뢰를 높인다.

- **결과로 증명하는 포트폴리오:** 실제 컨설팅을 통해 변화된 공간의 Before & After 사진·영상과 함께, 구체적인 비용 절감 효과, 고객 반응 변화(매출, 방문객 수, SNS 언급량 등) 데이터를 중심으로 설득력 있는 포트폴리오를 구축한다. 이를 개인 웹사이트, 블로그, 인스타그램 등에 꾸준히 업데이트한다.

- **온라인 중심 활동 & 네트워킹:** 초기에는 온라인 플랫폼(크몽, 탈잉 등)을 통해 서비스를 제공하며 인지도를 쌓는다. 지역 소상공인 커뮤니티, 창업 지원 센터, 관련 분야 프리랜서(사진작가, 마케터, 시공 기술자 등)와 적극적으로 네트워킹하여 협업 기회를 만들고 고객을 소개받는다.

주의점

건축법, 소방법, 위생법 등 관련 법규에 대한 이해가 필수적이다.

생존 매뉴얼 1 | 인테리어 컨설턴트: 저비용 고효율 컨셉팅

컨설팅 범위는 '기획'과 '자문'에 한정하며, 콘셉트 시안을 제시하기 위한 간이 도면(앞장에서 보인 것 같은)을 제외한 본격적인 실제 설계 도면 작성이나 시공 감리는 자격 있는 전문가 영역임을 고객에게 명확히 설명한다. 고객의 주관적인 취향과 예산 제약 속에서 최적의 결과물을 제안해야 하므로 뛰어난 소통 능력과 문제 해결 능력이 요구된다. 성공적인 포트폴리오가 쌓이기 전까지는 안정적인 수익 확보가 어려울 수 있으므로 초기엔 부업으로 시작하는 것을 추천한다.

덕질 병원:
피규어 / 프라모델 수리 전문가

'파손된 덕심' 복원,
돈 되는 손재주

각자도생 프로필

초기 자본	★★★★★ (소규모 작업실 및 기본 공구)
전문 기술	★★★★★ (3D 모델링 및 조립, 정밀 도색 등 높은 숙련도 요구)
운영 난이도	★★★★★ (고객 신뢰 확보 및 작업 일정 관리)
성공 확실성	★★★★★ (주의점만 숙지하면 위험도 낮음)
추천 성향	#손재주 #덕질 #꼼꼼함 #소자본창업

[진단] 최소 불행 징후: '덕질 자산'의 파손과 공식 AS의 부재

저출산 기조에도 불구하고 국내 완구 시장은 2조 원 규모를 유지하며(한국완구공업협동조합 추산),* 성인 키덜트 시장이 그 성장을

---

* 장난감 시장의 큰손 30~40대 '어른이'… 키링·가챠·피규어에 푹 빠졌다, 조선비즈, 2025.05.05.

부업으로 피규어 도색과 수리를 하는 도쿄의 한 연극인의 작품

견인하고 있다. 특히 건담 프라모델(건프라), 고가 피규어, 한정판 스태츄 등은 단순한 장난감을 넘어 수집 가치를 지닌 '자산'으로 인식되기도 한다. 하지만 이 섬세하고 값비싼 제품들은 작은 충격에도 쉽게 파손되며, 부품 분실도 잦다. 더 큰 문제는, 대부분의 제조사가 파손이나 사용자 부주의로 인한 문제에 대해 공식 AS를 제공하지 않는다는 점이다. 수십, 수백만 원짜리 소장품이 한순간에 애물단지가 되는 상황은 수집가들에게 '덕심'에 큰 상처를 입히는 심각한 스트레스다.

일본의 선례

키덜트 문화가 오래전부터 발달한 일본에서는 '모형 수리 전문점'이나 개인 공방 형태의 수리 서비스가 활성화되어 있다. 파손 부위의 정밀 복원, 접착 및 퍼티 작업, 분실 부품의 3D 모델링 및 프린팅 복제, 재도색 및 커스텀 작업 등 전문적인 서비스를 제공하며, 숙련된 기술자들은 높은 수입을 올리기도 한다. '하비병원' 등으로 불리며 하나의 전문 직업 분야로 인정받고 있다.

 저자와 친밀하게 지내는 도쿄 30대 남성의 본업은 연극 무대 연출가이자 배우다. 2020년~2022년 코로나 시기 공연이 불가능한 상황에서, 그는 유튜브 영상을 참고해 피규어 도색 및 수리를 익혔다. 그 기술로 생계를 유지할 수 있었다. 엔데믹 이후에도 적은 시간을 투자해 부업만으로 3인 가족의 월 생활비 이상의 고수입을 얻고 있다.

한국 시장 기회

국내엔 아직 극소수의 개인이 온라인 커뮤니티를 통해 비공식적으로 수리 서비스를 제공하는 수준에 머물러 있다. 수요는 넘쳐나지만, 공급이 턱없이 부족하여 작은 부품 하나를 수리하는 데도 기본 10만 원 이상의 비용과 몇 달씩 기다려야 하는 경우가 비일비재하다. 뛰어난 손재주와 전문 기술만 있다면 소자본으로도 충분히 고수익을 창출할 수 있는 명백한 블루오션이다.

액션 플랜

예시 가격표:

- 관절 파손 복원: 5만 원~
- 도색 복원: 10만 원~
- 3D 프린팅 부품 제작: 3만 원~

• **핵심 기술 확보**: 프라모델 조립/개조/도색 기술은 기본. 파손 부위 복원을 위한 접착/퍼티/사포 작업 능력, 분실 부품 복제를 위한 3D 모델링 및 3D 프린터(레진/FDM) 운용 기술, 자연스러운 마감을 위한 에어브러쉬 도색 및 웨더링 기술 등을 전문적으로 익힌다. 필요하다면 관련 학원이나 온라인 강좌를 수강한다. 특정 분야(예: 관절 파손 전문, LED 개조 전문, 특정 브랜드 피규어 도색 복원)에 특화하는 것도 경쟁력 확보에 유리하다.

• **온라인 작업실 구축**: 초기에는 오프라인 매장 없이 집이나 작은 작업실에서 시작한다. 개인 블로그, 유튜브 채널, 인스타그램 등을 개설하여 수리 전/후 비교 사진과 상세한 작업 과정 영상을 꾸준히 업로드하며 자신의 기술력을 증명하고 포트폴리오를 쌓는다. 온라인(카카오톡 채널, 문의 게시판 등)으로 견적 상담 및 수리를 의뢰받고, 택배를 통해 제품을 접수 및 발송하는 시스템을 구축한다.

• **신뢰 기반 가격 정책**: 파손 정도, 작업 난이도, 필요한 재료(퍼티, 도료, 레진 등), 작업 시간 등을 고려하여 투명하고 합리적인 가격 정책을 제시한다. 작업 시작 전 고객과 충분한 상담을 통해 작업 범위와 예상 비용, 기간을 명확히 합의하고 기록으로 남긴다.

• **커뮤니티 소통**: 관련 온라인 커뮤니티에 자신의 작업물을 공유하며 활동하고, 다른 회원들의 질문에 답변해주며 신뢰와 인지도를 쌓는다. 잠재 고객과의 직접적인 소통 채널을 확보하는 것이 중요하다. 오프라인 키덜트 행사(하비 페어 등)에 참여하여 직접 기술 시연을 하거나 상담 부스를 운영하는 것도 효과적이다.

• **인증된 수리 마스터 시스템 강조**: 고가품을 맡기는 고객의 신뢰를 얻기 위해 (가상의) 전문 교육 기관 연계나 수리사 등급제를 신설하여, 높은 숙련도와 신뢰를 확보하는 방안도 추가해야 한다.

주의점

고객의 소중한 고가품을 다루는 만큼, 작업 중 추가 파손이나 분실이 발생하지 않도록 극도의 신중함이 요구된다. 작업 전후 상태를 꼼꼼히 촬영 / 기록하고, 만일의 사고에 대비한 책임보험 가입을 고려해야 한다. 또한 고객과의 명확한 소통(작업 범위, 비용, 기간, 결과물 퀄리티 기대치 등)을 통해 분쟁 소지를 최소화해야 한다. 끊임없이 새로운 모델과 소재, 도색 기법이 등장하므로 꾸준한 기술 연마와 학습, 서브 컬쳐에 대한 관심이 필수다.

포인트

키덜트 제품에 관심이 많고, 취향에 잘 맞는다면 이보다 적은 초기 투자로 막대한 수입을 올릴 수 있는 분야도 드물다.

TIP 키덜트(덕질) 산업은 불경기일수록 호황을 맞는 업종이다.

　　생존 매뉴얼 2 | 덕질 병원: 피규어/프라모델 수리 전문가

렌털 쇼케이스

오타쿠 '덕질 자산'을 현금화하는
오프라인 아지트

각자도생 프로필

초기 자본	★★★★★ (핵심 상권 임차료 및 쇼케이스 설비 비용)
전문 기술	★★★★★ (사업 모델은 단순한 '공간 임대업')
운영 난이도	★★★★★ (재고/보안 관리, 커뮤니티 운영)
성공 확실성	★★★★★ (블루오션, 비교적 낮은 고정비 지출)
추천 성향	#서브컬처 #커뮤니티 #공간사업 #아이디어

[진단] 최소 불행의 징후:

덕질 문화의 폭발과 온라인 거래의 불안감

40년 데이터로 본 '덕질 경제'의 진화

1, 2부에서 분석한 징후들이 증명하는 덕질 자산 현금화의 기회:

자산이 된 취미

신세기 에반게리온 | 모에 | 오시카츠

→ 수집품이 공식 AS 없는 자산이 됨

과시와 통제 욕구

오픈런 | 프라모델 조립 | 초솔로사회

→ 소유를 전시하고 싶어 함

교류의 단절

무연사회 | 고독한 가족의 나라 | 야미바이토(온라인 사기)

→ 온라인 거래 불안을 대체할 아지트 필요

**렌털 쇼케이스는 불안한 온라인을
안전한 오프라인으로 치환하는 최소 단위 공간 임대 사업이다.**

K-팝, 웹툰, 게임을 필두로 한국의 서브컬처 시장은 국경을 넘어 폭발적으로 성장하고 있다. 한국콘텐츠진흥원(KOCCA)에 따르면 국내 캐릭터 산업 시장 규모는 이미 20조 원을 넘어섰으며(2022년 기준), 키덜트 시장 역시 급성장하며 주요 소비 트렌드로 자리 잡았다.

'덕질'은 더 이상 소수의 음지 문화가 아닌, 개인의 정체성이자 적극적인 소비 활동이다. 하지만 늘어나는 굿즈(Goods)와 수집품을 보관할 공간 부족, 중고 거래 시 사기 위험과 번거로움, 그리고 자신의 '덕질 자산'을 오프라인에서 공유하고 인정받고 싶은 욕구는 온라인 플랫폼만으로는 충족되지 않는다.

일본 렌털 쇼케이스 상점 전경

일본의 선례

서브컬처의 성지인 일본 아키하바라, 나카노 브로드웨이 등지에서는 '렌털 쇼케이스 상점'이 필수 매장으로 자리 잡았다. 개인이 매장에 설치된, 잠금장치가 있는 유리 진열장(쇼케이스)의 한 칸을 월정액으로 빌려 자신의 소장품이나 창작품을 전시하고 가격표를 붙여 위탁 판매하는 방식이다. 매장은 월정액 형태의 공간 임대료를 주 수익원으로 하며, 판매 성사 시 판매액의 일부(통상 5~15%)를 추가 수수료로 받거나, 혹은 임대료를 낮추고 수수료율을 높이는 등 다양한 수익 모델을 운영한다. 개인(판매자)은 재고 부담이나 고객 응대 없이 자신의 물건을 안전하게 판매/전시할 수 있고, 구매자(매장 방문객)는 희귀한 중고품이나 개인 제작품을 직접 눈으로 확인하고 안심하며 구매할 수 있으며, 매장을 운영하는 측은 안정적인 임대료 수익으로 모두에게 윈-윈-윈(Win-Win-Win)인 사업구조다.

서울 용산 아이파크몰 도파민스테이션(좌), 서초동 국제전자센터(우)

한국 시장 기회

홍대 AK플라자, 용산 아이파크몰, 국제전자센터 등 한국의 서브컬처/키덜트 상권은 일본 못지않게 빠르게 성장하며 거대한 '덕질 자본'이 모이는 중심지가 되고 있다. 이러한 상권에 일본식 렌털 쇼케이스 사업 모델을 도입하면, 온라인 중고 거래의 불안감과 번거로움을 해소하고, 개인의 소장품을 안전하게 전시/판매/교환할 수 있는 신뢰도 높은 오프라인 플랫폼이자 '덕후들의 아지트'로 자리매김할 가능성이 높다.

수익 모델

- 쇼케이스 50칸 x 월 5만 원 = 월 250만 원
- 판매 수수료 10% = 월 50만 원 추가
- 예상 순이익: 월 230~250만 원(매장 임대료에 따라 천차만별)

- **최적 입지 선정**: 궁극적으로는 서브컬처 유동 인구가 가장 많은 핵심 상권(홍대, 용산, 국제전자센터 등) 내, 혹은 서울이 아닌 다른 지역일 경우 접근성이 뛰어난 주요 상권에 가시성이 좋은 매장을 확보하는 것을 목표로 한다. 초기에는 10~20평 내외의 소규모 공간으로 시작하여 시장 반응을 테스트한다.

- **임대할 쇼케이스(아크릴형 렌털 박스)**는 아크릴 케이스의 위치, 크기에 따라 가격을 차등한다. 개업 초기엔 방문객을 늘리기 위해 사업주가 직접 희귀한 피규어, 유명 모델러가 도색한 도색 작품, 개업 시점에서 유행하고 있는 서브 컬쳐(예를 들어 2025년 초는《귀멸의 칼날》관련 상품, 2025년 연말은《체인소 맨》관련 상품으로 하는 등)를 메인으로 둔다.

- **핵심은 '매력적인 공간 임대'**: 사업의 본질은 피규어 판매 대행이 아니라, '안전하고 보기 좋은 전시 공간 임대업'임을 명심해야 한다. 밝고 균일한 LED 조명, 개별 잠금장치, 다양한 크기와 형태(계단식, 회전식 등)의 쇼케이스를 촘촘히 설치하여 공간 효율을 극대화한다. 쇼케이스 위치와 크기에 따라 렌털 박스 임대료를 차등 적용한다.

- **'아지트(사회 연대)' 기능 추가**: 단순 판매 공간을 넘어, 소규모 동호회 모임 공간 대여, 희귀 소장품 특별 전시회, 프라모델·피규어 커스텀 강좌, 플리마켓 이벤트 등을 주기적으로 개최하여 커뮤니티 허브 역할을 추가한다. 관련 유튜버나 인플루언서와의 협업도 고려한다.

고가품이 많으므로 도난 및 파손 방지를 위한 철저한 보안 시스템(CCTV, 쇼케이스 잠금, 직원 상주 등) 구축이 필수적이다. 위탁 판매 상품의 진위 여부(가품 문제) 확인 절차 및 관련 규정을 마련해야 한다. 쇼케이스 임대 계약 시 계약 기간, 임대료, 수수료율, 상품 분실/파손 시 책임 범위 등을 명확히 명시해야 한다.

특히, 고가품 입점 시 정품인증서 또는 구매 영수증 사본 제출 의무화, 가품 판매 적발 시 즉시 계약 해지 및 위약금 부과 조항 명시, 전문 감정 업체(또는 신뢰할 수 있는 개인)와의 제휴 등도 필요하다.

정오 영업, 자정 영업

'공간 이모작'으로 임대료의 저주를 풀다

각자도생 프로필

초기 자본	★★★★★ (기존 사업상 보유) / ★★★★★ (신규 창업 시)
전문 기술	★★★★★ (운영 노하우가 중요)
운영 난이도	★★★★★ (파트너와의 신뢰 및 계약 관리)
성공 확실성	★★★★★ (주의점 반드시 숙지, 파트너와의 계약서가 관건)
추천 성향	효율성 #아이디어 #협업 #위기관리

[진단] 최소 불행 징후:

'자영업 붕괴'와 살인적인 고정 비용의 압박

"월급 빼고 다 오른다"는 말이 현실이 된 고물가 시대.

특히 천정부지로 치솟는 '핵심 상권' 상가 임대료는 대한민국 자영업자들의 숨통을 조이는 가장 큰 고정 비용이다. 서울 주요 상권의 상가 임대료는 코로나19 팬데믹 이후에도 꾸준히 상승세를 보이고 있다[*]. 설상가상으로 업종 특성상 특정 시간대에만 고객이 집중되는 경우(예: 점심시간에만 붐비는 백반집, 저녁 늦게 손님이 몰리는 술집)에는 비싼 임대료를 내는 공간이 하루 절반 이상 비는 비효율이 발생한다. 운영 시간을 늘리자니 인건비와 관리비 부담이 커지고, 줄이자니 임대료가 아깝다. 불황에 생존하기 위해서는 '공간 활용의 극대화'가 절실하다.

일본의 선례

살인적인 임대료로 악명 높은 도쿄 등 일본 대도시에서는 이미 오래전부터 하나의 공간을 시간대별로 나누어 서로 다른 가게가 영업하는 '이모작(二毛作) 점포'나 '간판 바꿔달기(看板掛け替え) 점포' 모델이 활성화되어 있다. 이는 크게 ① 한 명의 점주가 시간대에 따라 업종을 바꾸는 방식과 ② 기존 가게의 영업 외 시간에 공간을 빌려 다른 가게가 영업하는 '마가리(間借り)' 방식으로 나뉜다.

①의 사례로, 낮에는 샐러드와 샌드위치를 파는 브런치 카페였던 공간이 저녁에는 위스키와 칵테일을 파는 바로 변신하는 것을 들 수 있다. 실제로 도쿄 신주쿠의 '아키텍처 카페 스미카(棲家)'는 낮에는 정교한 건축 모형을 감상하는 '건축 모형 카페'로 운영되다, 저녁 6시가 되면 조명을 낮추고 '나이트 뮤지엄 바'로 완벽히 탈바꿈한다.

---

[*] 한국부동산원 상업용 부동산 임대동향조사

일본의 핵심 상권인 도쿄 시부야의 모습

또한 점심에는 카레 전문점이었다가 저녁에는 꼬치구이 전문 이자카야로 운영되기도 하는데, 도쿄 간다의 '토프카(トプカ)'는 낮에는 카레 맛집으로, 밤에는 붉은 등을 내건 이자카야로 운영되는 대표적인 사례다.

②의 '마가리' 모델은 고정 비용인 임대료 부담을 파트너와 분담하는 전략으로, 특히 저녁에만 영업하는 바(Bar)의 공간을 낮에만 빌려 카레를 파는 '마가리 카레(間借りカレー)' 하나의 트렌드로 자리 잡았다.

이는 각 시간대별 유동 인구와 고객 니즈에 맞춰 매출을 극대화하는 매우 합리적이고 효율적인 생존 전략이다.

한국 시장 기회

한국 역시 높은 임대료와 인건비 부담, 특정 시간대 고객 쏠림 현상으로 어려움을 겪는 자영업자들이 많다. 특히 상권은 좋지만 업종 특성상 영업시간이 제한적인 가게(예: 점심 장사 위주 식당, 저녁 장사 위주 술집, 낮 시간대 공유 오피스/스터디 카페, 저녁 시간대 원데이 클래스 공방 등)에게 '공간 공유(Space Sharing)' 모델은 임대료 부담을 획기적으로 줄이고 새로운 수익을 창출할 수 있는 합리적인 생존술이다. 서로 다른 업종, 다른 타겟 고객을 가진 파트너와 협력하여 시너지를 낼 수 있는 가능성은 무궁무진하다.

액션 플랜

- **'시간 보완적' 파트너 탐색**: 자신의 매장이 비어 있는 시간대에 운영하기 적합하고, 주요 시설(주방, 테이블, 화장실 등)을 공유할 수 있으며, 타겟 고객층이 겹치지 않아 상호 보완적인 시너지를 낼 수 있는 파트너 업종을 찾는다. 예를 들어 점심 백반집 ↔ 저녁 삼겹살집/낮 카페 ↔ 저녁 와인바/평일 공유 오피스 ↔ 주말 취미 공방 등이다. 동일 상권 내 기존 사업자, 혹은 온라인 창업 커뮤니티 등을 통해 새로운 파트너를 물색한다.
- **'철저하고 명확한' 계약**: 성공적인 공간 공유의 핵심은 '신뢰'와 '명확한 계약'이다. ▲임대료 및 관리비 분담 비율 ▲공과금(전기, 수도, 가스, 인터넷 등) 정산 방식 ▲공간 사용 시간 및 요일 명확화 ▲청소 및 시설 관리 책임 범위 ▲주방 기기, 테이블 등 시설 공동 사용 규칙 ▲간판, 인테리어 소품 등 브랜딩 요소 활용 방안 ▲계약 기간 및 해지 조건 ▲분쟁 발생 시 해결 절차 등을 아주 구체적으로 명시한 계약서를 작성해야 한다. 주의점에 상세히 서술했다. 결론적으로 반드시 변호사 등 법률 전문가의 검토를 거쳐

는 것이 안전하다.

- **'독립 운영' 시스템 & '협력' 마케팅:** 사업자 등록, 영업 인허가(식품위생, 주류 판매 등), 포스(POS) 시스템, 직원 관리, 식자재 구매 및 관리 등은 각 파트너가 독립적으로 운영하는 것을 원칙으로 한다. 다만, 서로의 고객에게 할인 혜택을 제공하거나 공동 이벤트를 기획하는 등 협력 마케팅을 통해 시너지를 창출할 수 있다. 직원들에게 공간 공유 규칙과 파트너 업장에 대한 기본 정보를 교육하여 고객 응대에 혼선이 없도록 한다.

- **'변신 가능한' 공간 디자인:** 시간대에 따라 분위기를 쉽게 전환할 수 있도록 가변적인 공간 디자인을 고려한다. 조명 밝기 및 색상 조절(낮에는 밝게, 밤에는 어둡고 은은하게), 이동 가능한 가구 배치, 파티션 활용, 교체 가능한 메뉴판이나 소품 등을 활용한다. 각 사업자의 브랜드 정체성을 드러내는 최소한의 요소(로고, 대표 색상 등)를 조화롭게 배치하는 디자인 감각이 필요하다.

주의점

가장 큰 리스크는 파트너와의 갈등이다. 법무법인(유한) 바른의 2024년 7월 '상가임대차 분쟁 실무' 자료에 따르면, '공간 공유' 관련 분쟁의 80% 이상이 명확한 계약서 부재에서 발생한다. 민법 제265조에 따라 공유물의 관리에 관한 사항은 공유자의 지분 과반수로 결정하며, 공동임대인들의 임대차보증금 반환채무는 성질상 불가분채무에 해당한다. 따라서 공간 공유 시 계약서는 다음 필수 항목을 반드시 포함해야 한다:

정오 영업, 자정 영업

[공간 공유 계약 필수 7대 항목]

1. 임대료 및 관리비 분담 비율: 시간대별 사용 비율에 따른 명확한 분담금액
2. 공과금 정산 방식: 전기·수도·가스 등 월별 정산 방법 및 기한
3. 공간 사용 시간 및 요일: 사용 시작/종료 시각, 주말·공휴일 사용 여부
4. 청소 및 시설 관리 책임: 일일 청소, 주간 청소, 시설 점검 담당자
5. 주방 기기·테이블 등 공동 시설 사용 규칙: 사용 후 원상복구, 파손 시 책임
6. 간판·인테리어 소품 등 브랜딩 요소 활용 방안: 교체 시간, 보관 장소
7. 계약 기간 및 해지 조건: 최소 계약 기간, 중도 해지 시 위약금, 분쟁 해결 절차

[분쟁 사례예시]

저녁 주점 파트너가 낮 카페 파트너의 고급 원두를 무단으로 사용.

[실제 분쟁 사례와 대응]

운영 시간, 공간 사용 범위, 청결 상태, 비용 분담 등 사소한 문제로도 신뢰가 깨질 수 있다. 계약서는 반드시 법률 전문가의 검토를 거치고, 각 업종에 따른 법적 요구 사항(위생, 소방 안전, 주류 판매 시간 제한 등)을 양쪽 모두 완벽하게 숙지하고 준수해야 한다. 한 공간에서 시간대별로 다른 가게가 운영되는 것에 대해 고객들이 혼란을 느끼지 않도록 명확한 안내(입간판, 영업시간 안내문, 간판 교체 등)와 일관성 있는 서비스 품질 유지가 중요하다.

2인
결혼식 사업

거품 뺀 '진짜 스몰 웨딩'으로
관계의 본질에 집중하다

각자도생 프로필

초기 자본	★★★★★ (제휴 중심이므로 초기 시설 투자 부담 적음)
전문 기술	★★★★★ (공간 기획, 마케팅, 제휴 업체 관리, 웨딩 스토리텔링/디자인 능력)
운영 난이도	★★★★★ (기존 웨딩 시장의 관행과 경쟁)
성공 확실성	★★★★★ (한국에선 아직 블루오션, 수요 〉 공급인 상황)
추천 성향	#트렌드민감 #공감능력 #기획력 #관계중심

[진단] 최소 불행의 징후:

'과시적 소비'에서 '관계의 부채'로 전락한 결혼 문화

"결혼식, 꼭 이렇게 해야 할까?"

수천만 원의 예식 비용은 이제 '최대 행복'의 상징이 아닌, 인생을 빚으로 시작하게 만드는 '최소 불행'의 방어선 붕괴를 의미한다. 축의금 문화는 관계의 증명이 아닌 '경제적 품앗이'라는 압박으로 변질되었다. 이는 결혼이라는 인생의 중요한 관문마저 개인의 행복을 보장해주지 못하는 '시스템의 실패'를 상징적으로 보여준다. '스몰 웨딩'이라는 대안마저 높은 비용의 덫에 걸린 지금, 진정한 의미의 '최소 웨딩'에 대한 갈망은 폭발 직전이다.

전통적인 결혼 문화는 이제 청년 세대에게 감당하기 어려운 '사회적 부채'로 인식되고 있다. 실제로 통계청에 따르면 평균 초혼 연령은 계속 높아지고 있으며(2023년 남성 34.0세, 여성 31.5세), 혼인 건수 자체도 급감하는 추세다(2023년 19만 3천 건). '스몰 웨딩'이 대안으로 떠올랐지만, 이름만 '스몰'일 뿐 여전히 높은 비용과 복잡한 준비 과정에 실망하는 목소리가 높다. 결혼의 본질인 '두 사람의 약속'보다 '남에게 보여주기 위한 형식'에 매몰된 웨딩 시장의 한계를 보여준다.

일본의 선례

버블 붕괴 이후 장기 불황을 겪은 일본에서는 결혼 문화 역시 실용적으로 변화했다. 특히 코로나19 팬데믹을 거치며 불필요한 대규모 행사를 지양하는 분위기가 확산되면서, 고급 료칸이나 호텔들이 생존 전략으로 내놓은 '2인 결혼식 패키지'가 큰 호응을 얻고 있다.

2인 결혼식 패키지 상품을 판매하는 일본의 한 호텔

일본 하코네의 한 호텔은 아름다운 자연 속 채플 대관, 최고급 코스 식사, 드레스/턱시도 대여, 메이크업, 전문 사진작가의 촬영까지 포함하여 20만 엔대(한화로 200만 원대)에 제공한다. 이는 결혼 당사자인 두 사람에게만 온전히 집중하며, 비용 부담 없이 특별한 추억을 만들고자 하는 커플들의 니즈를 정확히 충족시킨 성공 사례다.

한국 시장 기회

기존 스몰 웨딩 vs 2인 결혼식 비교		
항목	기존 스몰 웨딩	2인 결혼식
하객	20~80명	0~2명 또는 0~10명
장소	중소형 웨딩홀 위주	자연/독특한 공간
콘셉트	간소화	스토리텔링
가격	최소 750만 원~수천만 원	200만 원대~

형식적인 대규모 예식에 대한 피로감과 경제적 부담 속에서, 한국 역시 진정한 의미의 '초소형 프라이빗 웨딩'에 대한 잠재 수요는 폭발 직전이다. 기존 웨딩 산업이 놓치고 있는 '관계의 본질'에 집중하는 시장을 새롭게 창조할 수 있다.

이 사업의 핵심 타겟은 명확하며, 시장 규모는 이미 통계로 검증되었다.

- **재혼 커플(연 42,613쌍)**: 통계청의 2024년 혼인·이혼 통계에 따르면, 2024년 재혼 건수는 42,613건에 달한다. 이들은 대규모 예식보다 의미 있는 소규모 행사를 압도적으로 선호하는 핵심 고객층이다.

- **국제 커플(연 20,759쌍)**: 2024년 국제결혼 건수는 20,759건으로 3년 연속 증가세다. 절차, 언어, 문화적 차이로 인해 간소하고 프라이빗한 예식을 원하는 수요가 높다.

- **실용주의 MZ세대(약 30~60%)**: 2024년 어피티(UPPITY)의 2030세대 1,247명 설문조사 결과, 63.6%가 결혼식이 '필요 없다'고 답했다. 또한 2024년 결혼정보업체 가연의 조사에서도 미혼남녀의 37.8%가 '예식 생략 가능' 의사를 밝혔다. 이 거대한 실용주의 시장이 잠재 고객이다.

하객 수(10명 미만, 혹은 0명)에 구애받지 않고, 오직 두 사람만의 스토리를 담아내는 특별한 경험을 합리적인 비용으로 제공하는 것이 핵심이다.

예상 수익 구조

- **기본 패키지(일본 선례):** 약 200만 원(공간 대여 + 스냅 + 의상 / 메이크업)
- **월 목표:** 10건 계약 시 = 월 매출 2,000만 원
- **부가 서비스 매출:** 맞춤형 영상 제작, 여행 연계, 특별 이벤트 기획 등으로 월 200만 원 이상 추가 수익 가능

액션 플랜

- **틈새 공간 발굴:** 천편일률적인 웨딩홀을 벗어나 국내의 숨겨진 보석 같은 공간을 발굴한다. 자연 속 펜션, 특색 있는 인테리어의 카페나 레스토랑, 고즈넉한 분위기의 고택, 소규모 갤러리 등과 제휴하여 유니크하고 합리적인 비용의 예식 공간을 확보한다.
- **'경험' 중심 패키지:** 비용 절감만을 내세우기보다, '둘만의 잊지 못할 경험'을 설계하는 데 집중한다. 둘만의 취미나 스토리를 반영한 테마 웨딩(예: 캠핑 웨딩, 서핑 웨딩, 반려동물 증인 웨딩), 특정 지역 여행과 결합한 데스티네이션 웨딩, 맞춤형 스토리텔링 영상 / 사진 촬영, 둘만을 위한 작은 음악회 등을 기획한다.
- **타겟 마케팅:** 인스타그램, 유튜브 등 SNS를 통해 '#2인결혼식', '#초소형웨딩', '#미니멀결혼식', '#가성비결혼' 등의 해시태그로 실제 비용과 후기를 투명하게 공개하며 타겟 고객(예: 재혼 커플, 국제 커플, 실용적인 MZ세대 커플)에게 직접 소구한다.
- **글로벌 확장:** 일본 등 해외의 2인 결혼식 전문 업체와 제휴하여 한국 커플에게 현지 웨딩 상품을 소개하거나, 반대로 K-컬처

오직 두 사람에게만 집중하는 '진짜 스몰 웨딩'

에 관심 있는 외국인 커플을 대상으로 한국의 아름다운 장소(제주도 자연, 고궁, 한옥마을 등)를 활용한 'K-Wedding' 패키지를 개발한다.

주의점

기존 웨딩 산업의 높은 진입 장벽과 관행에 맞서야 하므로, 초기 시장 개척에 어려움이 있을 수 있다. 투명한 가격 정책과 실제 고객의 높은 만족도 후기를 통해 신뢰를 쌓는 것이 무엇보다 중요하다. 제휴 업체(공간, 드레스, 사진 등)와의 긴밀하고 안정적인 협력 관계 구축 역시 사업 성공의 필수 조건이다.

1인 전용
바비큐 레스토랑

눈치 보지 않고 즐기는 '나 홀로 BBQ'

각자도생 프로필

초기 자본	★★★★★ (상가임대, 개인용 화로 및 환기 설비 투자)
전문 기술	★★★★★ (프랜차이즈화 용이)
운영 난이도	★★★★★ (높은 회전율 관리, 1인 고객 응대)
성공 확실성	★★★★★ (한국에선 아직 블루오션, 압도적 수요 〉 공급)
추천 성향	#혼밥 #시스템화 #요식업 #트렌드민감

[진단] 최소 불행의 징후:
'초솔로사회'의 도래와 '혼밥'의 장벽

40년 데이터로 본 '1,000만 솔로'의 욕망

1, 2부에서 분석한 징후들이 증명하는 이 사업의 필연성:

거대한 시장

무연사회 | 초솔로사회

→ 1인 가구 1,000만, 혼밥이 표준인 시대

숨겨진 욕망

고독한 미식가 | 소확행

→ 혼자 잘 먹고 싶은 문화적 열망

사회적 장벽

KY(눈치가 없다) | 자숙경찰

→ 고기=2인분이라는 낡은 시스템

거대한 시장과 높은 심리적 장벽 사이의 완벽한 블루오션이다.

"월드 스타가 고깃집서 혼밥을"*

슈퍼스타가 혼자 식당에서 식사하는 모습이 최근 들어 온라인에서 큰 이슈가 되고 있다. 2025년 10월엔 세계적인 스타인 그룹 방탄소년단(BTS)의 멤버 정국이 혼자 고깃집에서 식사하는 모습이 포착되어 인터넷에서 크게 화제가 되었다. 바야흐로 1인 가구 1,000만 시대(통계청, 2023년 기준 993만 가구 추산)다.

혼밥, 혼술은 거스를 수 없는 대세이며, 특히 팬데믹 이후 비대면 문화 확산으로 혼자 식사하는 것에 대한 심리적 장벽은 낮아졌다. KB금융지주 경영연구소의 『2023년 한국 1인 가구 보고서』에 따르면 1인 가구 상당수가 혼밥을 선호하거나 편안하게 느낀다. 하

---

* "월드스타가 고깃집서 혼밥을"…BTS 정국, 식당 목격담 화제, 매일경제, 2025.10.31.

지만 유독 한국인이 사랑하는 삼겹살, 갈비 등 '구워 먹는 고기'만큼은 여전히 혼자 즐기기 어려운 영역으로 남아있다.

대부분의 고깃집이 2인분 이상 주문을 요구하거나, 테이블 구조 자체가 단체 손님 위주로, 혼자 고기를 굽는 것에 대한 주변의 시선도 부담스럽다. 일본 드라마《고독한 미식가》의 주인공처럼 '누구의 방해도 받지 않고 오롯이 음식에만 집중하고 싶은' 미식 혼밥족의 숨겨진 욕구는 매우 크다.

일본의 선례

일본에서는 이미 '1인 야키니쿠(燒肉, 일본식 불고기)' 전문점이 외식 시장의 새로운 강자로 떠올랐다. 대표적인 프랜차이즈 '야키니쿠 라이크(燒肉ライク)'는 철저히 1인 고객에 최적화된 시스템으로 큰 성공을 거두었다. 마치 독서실처럼 칸막이가 설치된 바(Bar) 형태의 좌석, 자리마다 놓인 개인용 미니 화로, 터치패드(태블릿)를 이용한 비대면 주문 시스템, 주문 후 3분 안에 고기가 나오는 빠른 서빙 속도, 그리고 50g 단위로 주문이 가능한 다양한 부위의 고기와

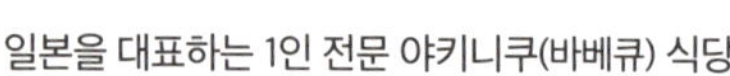

일본을 대표하는 1인 전문 야키니쿠(바베큐) 식당

1만 원 내외의 가성비 높은 세트 메뉴(밥, 국, 김치 포함)가 특징이다. '혼자서도 빠르고, 싸고, 맛있게 야키니쿠를 즐길 수 있다'는 명확한 콘셉트로 바쁜 직장인과 학생들에게 폭발적인 인기를 얻고 있다.

한국 시장 기회

삼겹살과 소주를 사랑하는 한국인들에게 '나 홀로 K-BBQ'를 눈치 보지 않고 즐길 수 있는 공간은 분명 강력한 소구 포인트를 가진다. 기존 고깃집들이 간과했던 1인 고객의 편의성과 심리적 만족감에 집중한다면, 혼밥 시장의 블루오션을 개척할 수 있다. 특히 점심 시간이나 퇴근 후 혼자 간단히 고기를 즐기고 싶은 직장인, 학생들에게 지금 바로 인기를 끌 수 있는 완벽한 블루오션 시장이다.

액션 플랜

- **'1인 최적화' 공간 설계**: 모든 좌석을 1인용으로 설계한다. 옆 사람과의 시선을 차단하는 높은 칸막이를 설치하고, 테이블마다 개인용 환풍구(강력한 하향식 또는 측면 흡기 방식)를 설치하여 연기와 냄새를 최소화한다. 개인 소지품 보관 공간, 스마트폰 충전 포트 및 거치대(혼밥족은 대부분 유튜브나 OTT 영상을 보며 식사한다) 등 편의 시설을 갖춘다.
- **'솔로 맞춤' 메뉴 개발**: 삼겹살, 목살, 항정살, 소갈비살, 차돌박이 등 한국인이 선호하는 다양한 부위의 고기를 50g~100g 단위의 소량으로 주문할 수 있게 한다. 밥, 된장찌개(또는 김치찌개), 기본 찬(김치, 쌈무, 파절이 등)이 포함된 1인 세트 메뉴를 주력으로

하되, 점심 특선 메뉴(예: 삼겹살 1인분+공깃밥)를 합리적인 가격(1만 원 이내)으로 제공하여 초기 고객을 유인한다. 고기 품질은 유지하되, 불필요한 고급 부위나 과도한 반찬 가짓수는 줄여 가격 경쟁력을 확보한다.

- **'비대면+고효율' 운영**: 테이블마다 설치된 태블릿이나 키오스크를 통해 고객이 직접 주문하고 결제까지 완료하는 시스템을 도입한다. 추가 반찬(김치, 마늘, 쌈장 등)은 셀프 바(Bar) 형태로 운영하여 직원의 동선을 최소화하거나 유료로 제공한다. 주방에서는 주문 즉시 고기를 정량으로 썰어 제공하고, 필요하다면 서빙 로봇을 활용하여 인건비를 절감하고 회전율을 극대화한다. 불필요한 접객은 최소화하여 고객이 식사에만 집중하도록 돕는다.

- **전략적 입지 선정:**

1인 바비큐 레스토랑 최적 입지 Top 3:
1순위: 대학가(혼밥 문화 강함)
2순위: 오피스 상권 지하(점심 특수)
3순위: 지하철 환승역(퇴근길 수요)

주의점

고기 품질은 절대 타협해서는 안 된다. 가성비를 추구하더라도 최소한의 품질 기준을 유지해야 재방문을 유도할 수 있다. 강력한 개인별 환기 시스템 설치는 필수적이며, 옷에 냄새가 배지 않도록 신경 써야 한다. 매장 내 청결 유지와 화로 관리(안전 문제)에도 각별한 주의가 필요하다. 빠른 회전율을 목표로 하므로, 피크 타임(점심,

저녁)의 효율적인 운영 매뉴얼을 구축해야 한다.

포인트

‘1인’ 전문점의 아이덴터티 유지와 초기 입소문을 위해 테이블 좌석은 절대 두지 말아야 하며, 빠른 회전율을 위해 과도한 음주를 지양하는 형태로 운영한다. 초기엔 소규모(15~25평) 매장으로 시작해 운영 노하우를 쌓는다. 고기의 신선도와 불필요한 인력(시간) 낭비를 막기 위해 창업 초기엔 배달/포장 서비스는 고려하지 않는다.

가치 중화
레스토랑

*300만 외국인과 '미식 노마드'의
입맛을 저격하라*

각자도생 프로필

초기 자본	★★★★★ (요식업 기본 비용＋현지 식자재 확보)
전문 기술	★★★★★ (현지 요리사 확보 또는 레시피 전수)
운영 난이도	★★★★★ (문화적 차이 관리, 식자재 수급)
성공 확실성	★★★★★ (기존 현지 식당과 차별화 필요)
추천 성향	#글로벌 #미식가 #커뮤니티 #문화이해

[진단] 최소 불행 징후:
'가짜 체험'에 지친 사람들 '날것'에 대한 갈망

한국은 더 이상 단일 민족 국가가 아니다. 법무부 출입국·외국인 정책본부에 따르면 2025년 7월 기준, 국내 체류 외국인 수는 273만 명을 넘어서며 역대 최고치를 경신했다. 유학생, 외국인 근로자, 결혼 이민자, 전문직 종사자 등 그 구성도 매우 다양해졌다. 이들은 한국 생활에 적응하면서도 마음 한편으로는 고향의 맛을 그리워한다. 하지만 한국에서 접하는 대부분의 외국 음식은 한국인의 입맛에 맞춰 변형(현지화)된 경우가 많아 아쉬움을 느낀다. 동시에, 해외여행 경험이 풍부해지고 미식 문화(유튜브 먹방, 인스타그램 맛집 탐방 등)가 발달하면서 내국인 중에서도 현지화되지 않은 '진짜 외국의 맛'을 찾아 적극적으로 탐험하는 '미식 노마드(Gourmet Nomad)'들이 늘고 있다.

일본의 선례

코로나19 팬데믹으로 해외여행길이 막혔던 시기, 일본에서는 현지화 과정을 거치지 않은 중국 본토 요리를 그대로 재현하는 '가치 중화(ガチ中華)' 레스토랑이 폭발적인 인기를 끌었다. 이는 일본 내

현지화를 하지 않은 본토 요리

          생존 매뉴얼 7 | 가치 중화 레스토랑

급증하는 중국인 인구(유학생, 직장인 등)를 일차적인 타겟으로 삼았지만, 동시에 '진짜 중국의 맛'을 경험하고 싶어 하는 일본인 미식가들의 호기심까지 자극하며 새로운 외식 트렌드를 형성했다. 이는 기존 요식업계의 일반적인 '현지화(Localization)' 전략과는 정반대의 접근으로 성공을 거둔 주목할 만한 사례다.

한국 시장 기회

국내 체류 외국인 300만 명 시대의 도래는 해당 국가의 '본토 음식 전문점'이 안정적으로 성장할 수 있는 확실한 고객 기반을 제공한다. 특히 중국(약 97만 명), 베트남(약 27만 명), 태국(약 20만 명), 우즈베키스탄(약 8만 명), 러시아(약 6만 명) 등 특정 국가 출신 외국인이 밀집해 거주하는 지역(예: 서울 대림동/가리봉동, 안산 원곡동 국경 없는 마을, 인천 차이나타운, 부산 초량동 텍사스 거리 등)은 직접적인 공략 대상이다. 또한, 인스타그램이나 유튜브를 통해 이색 맛집을 찾아다니는 내국인 미식가들에게 '한국 속 작은 외국', '숨겨진 현지인 맛집'으로 강력하게 어필할 수 있다.

액션 플랜

- **세분화된 타겟팅**: 막연히 '외국 음식'이 아니라, 특정 국가 또는 더 나아가 특정 지역의 요리를 선택하여 전문성을 부각한다. 예를 들어 중국 사천 요리, 베트남 북부 하노이 가정식, 태국 이산 지방 길거리 음식, 우즈베키스탄 전통 화덕 요리, 멕시코 오악사카 지방 음식 등 국내 체류 외국인 통계, 지역별 커뮤니티 분포,

최근 SNS 미식 트렌드, 현지 식재료 수급 가능성 등을 종합적으
로 고려하여 결정한다.

- **'현지의 맛' 철저 구현**: 해당 국가 출신 요리사를 영입하거나, 현지에서 직접 레시피를 전수받는 등 맛의 오리지널리티를 확보하는 데 집중한다. 현지에서 사용하는 식재료와 향신료를 최대한 사용하고, 조리법 또한 현지 방식을 고수한다. 인테리어, 식기, 음악, 소품 등도 현지 분위기를 물씬 느낄 수 있도록 연출하여 '공간 경험' 자체를 차별화한다.

- **'문화 체험' 마케팅**: 단순히 음식을 파는 곳이 아니라, '그 나라의 문화를 경험하는 공간'임을 강조한다. 메뉴판에 음식의 유래나 문화적 배경에 대한 설명을 곁들이고, 현지 식사 예절 등을 안내한다. 타겟 국가의 외국인 커뮤니티(온라인 카페, 페이스북 그룹, 유학생회 등)와 국내 미식 커뮤니티(맛집 블로거, 인스타그램 인플루언서, 유튜브 먹방 채널 등)를 중심으로 적극적인 바이럴 마케팅을 펼친다. '#가치중화', '#현지인맛집', '#찐베트남음식' 등의 해시태그를 활용한다.

- **최소한의 현지화, 최대한의 소통**: 한국인 고객을 위해 약간의 편의(예: 매운맛 단계 조절, 특정 향신료 제외 요청)는 제공하되, 음식 본연의 맛을 해치지 않는 선을 반드시 지킨다. 한국어 메뉴판과 함께 해당 국가 언어(영어 병기)로 된 사진 메뉴판을 반드시 준비한다. 직원이 음식의 특징과 먹는 방법에 대해 친절하게 설명할 수 있도록 교육하고, 필요한 경우 해당 국가 언어가 가능한 직원을 고용한다.

추천 타겟 국가 순위:

1순위: 중국(대한민국 체류 97만 명, 식재료 수급 용이)

2순위: 베트남(대한민국 체류 27만 명, 한국인 선호도 높음)

3순위: 태국(대한민국 체류 20만 명, 미식 트렌드)

4순위: 우즈베키스탄(대한민국 체류 8만 명, 경쟁 없음)

주의점

현지 식재료를 안정적으로 수급하고 신선하게 보관하는 것이 관건이다. 특정 식재료는 수입 절차가 까다롭거나 비용이 높을 수 있다. 낯선 향신료나 조리법에 대한 내국인 고객의 초기 거부감을 해소하기 위한 노력이 필요하다(시식 메뉴 제공, 친절한 설명 등). 문화적 차이에서 오는 서비스 오해(팁 문화, 식사 속도 등) 가능성에 대비하고, 직원 교육을 통해 응대 매뉴얼을 마련해야 한다. 모든 고객에게 공평하게 위생 관리는 가장 기본적이고 중요한 요소다.

강아지
정규 유치원

'내 새끼'의 사회성, 전문가에게 맡기세요

각자도생 프로필

초기 자본	★★★★★ (시설 임차 및 인테리어, 차량 운영비)
전문 기술	★★★★★ (동물행동학, 훈련사 자격, 위생 관리)
운영 난이도	★★★★★ (안전사고 리스크, 인력 관리, 법규 준수)
성공 확실성	★★★★★ (적지 않은 초기 자본, 기존 실패 사례 분석 필수)
추천 성향	#반려동물 #교육사업 #꼼꼼함 #책임감

[진단] 최소 불행의 징후:

'가족 파산' 시대, 반려동물에 대한 이중 부담

대한민국은 반려동물 양육 인구 1,546만 명 시대에 접어들었다. 전체 가구 차지하는 비율은 26.7%로 전체 가구 4가구당 1가구가 반려동물을 키우는 중이다.* 관련 시장 규모는 이미 6조 원을 넘어섰고, '펫코노미(Pet+Economy)'는 불황 속에서도 꾸준히 성장하는

저자와 함께 사는 반려동물들

유망 산업으로 꼽힌다. 특히 반려동물을 가족 구성원이자 자녀처럼 여기며 아낌없이 투자하는 '펫 휴머니제이션(Pet Humanization)' 현상이 두드러진다. 하지만 1인 가구와 맞벌이 가구의 증가는 필연적으로 반려동물이 혼자 집에 있는 시간을 늘린다.

이는 분리불안, 헛짖음, 배변 실수, 공격성 등 다양한 문제 행동으로 이어지기 쉽고, 보호자에게 큰 스트레스가 된다. 기존의 애견 호텔이나 단순 놀이방(데이케어)은 임시방편일 뿐, 반려견의 사회성 함양과 행동 교정에 대한 근본적인 해결책을 제시하지 못하는 경우가 많다. 보호자들은 이제 단순 위탁을 넘어, 전문적이고 체계적인 '교육'을 원하고 있다.

일본의 선례

반려동물 문화가 발달한 일본에서는 이미 2010년대 초반부터 '강아지 유치원'이 보편화되었다. 단순 돌봄을 넘어 '교육 기관'으로

---

* 『2025 한국 반려동물 보고서』 KB금융지주, 2025.06.

서의 역할을 강조한다. 어린이 유치원처럼 아침저녁으로 등하원 셔틀버스(일명 '스쿨버스')를 운행하고, 연령, 크기, 성격 등을 고려하여 반을 편성한다. 전문 훈련사(교사)의 지도 아래 다른 강아지들과 어울리며 사회성을 기르고, 기본 예절(앉아, 기다려, 이리와 등)과 산책 매너를 배운다. 놀이 시간, 낮잠 시간, 간식 시간 등 체계적인 일과표에 따라 운영되며, 보호자는 전용 앱을 통해 반려견의 활동 모습을 실시간으로 확인하고 일일 알림장 형태의 피드백을 받는다. 월 이용료는 수십만 원에 달하지만, 반려견의 긍정적인 변화에 대한 만족도가 높아 꾸준히 성장하고 있다.

한국 시장 기회

국내에서도 강아지 유치원이 점차 생겨나고 있지만, 아직 시장 초기 단계이며 대부분 수도권 일부 지역에 편중되어 있다. '우리 아이'의 행복과 건강한 성장을 위해서라면 기꺼이 지갑을 여는 '펫팸족(Pet+Family)'의 증가와 반려견 문제 행동에 대한 사회적 관심 증가는 전문 교육 기반의 강아지 유치원에 대한 수요를 폭발적으로 증가시킬 잠재력을 보여준다.

한국소비자원(2024년 7월) 조사에 따르면 서울 시내 반려견 유치원의 월평균 이용료는 25만 4,800원으로 집계되었으나, 이는 단순 돌봄 기준이다. 강남 등지의 전문 교육 및 행동 교정 프로그램은 월 100만 원을 호가하기도 한다.

예상 수익 구조(교육 중심 프리미엄 모델 기준)

- **월 이용료(주 5회 등원)**: 평균가보다 높은 월 50만 원 책정(교육 특화 프로그램 기준)
- **월 목표(소수 정예)**: 20마리 등록 시 = 월 매출 1,000만 원
- **부가 서비스**: 픽업/하원, 주말 호텔링, 미용, 1:1 교정 등으로 월 300만 원 추가 수익
- **예상 월 매출**: 1,300만 원
- **예상 순이익**: 창업 플랫폼 '마이프차' 데이터에 따르면, 펫 사업은 업종에 따라 20~37%의 순이익률을 기록한다. 이를 적용 시, 높은 임대료와 전문 인력 인건비를 제외하고 월 260만 ~ 480만 원 수준의 순이익을 기대할 수 있다.

액션 플랜

- **'교육' 중심 차별화**: 단순 놀이 위탁이 아닌, 긍정 강화 기반의 체계적인 교육 프로그램을 핵심 경쟁력으로 삼는다. 반려동물 행동 전문가, 전문 훈련사 등 자격 있는 인력을 확보하여 커리큘럼(퍼피 사회화 클래스, 성견 매너 클래스, 문제 행동 교정반 등)을 직접 설계하고 운영한다. 소수 정예(교사 1인당 담당 강아지 수 제한)로 교육의 질과 안전성을 높인다.
- **'안심' 케어 시스템**: 안전하고 쾌적한 등하원 셔틀 서비스, 넓고 안전한 실내외 놀이 공간(미끄럼 방지 바닥, 안전 펜스 필수), 수의사와의 연계를 통한 건강 관리 시스템, 전용 앱을 통한 실시간 영상 확인 및 양방향 소통(알림장, 상담) 기능을 구축하여 보호자

의 신뢰를 얻는다.

- **최적 입지 & 안전 시설**: 아파트 단지 상가, 신도시 근린 상가 등 반려견 양육 가구가 밀집하고 보호자가 등하원하기 편리한 곳을 선정한다. 방음, 냉난방 및 환기 시설, 안전 잠금 장치, CCTV 등을 완벽하게 갖추고, 정기적인 소독과 청소로 위생 관리에 만전을 기한다.

부가 서비스 확장: 주말 특별 활동(어질리티 체험, 수영장 파티 등), 보호자 대상 교육 세미나(행동 문제, 건강 관리 등), 1:1 문제 행동 심층 상담, 호텔링/놀이방 연계 운영, 전문 미용/스파 서비스 등을 제공하여 수익 모델을 다각화하고 고객 만족도를 높인다.

주의점

동물보호법, 동물위생관리법 등 관련 법규를 철저히 준수해야 한다(동물 위탁 관리업 등록 등). 자격 있는 전문 인력(훈련사, 펫시터 등) 확보가 사업 성공의 가장 중요한 요소다. 강아지들 간의 물림 사고, 전염병 확산, 시설물 파손, 등하원 시 교통사고 등 발생 가능한 모든 안전사고에 대한 예방 및 대응 매뉴얼을 철저히 준비하고, 배상 책임 보험에 가입해야 한다. 초기 시설 투자 비용이 높고, 경쟁 심화 가능성을 염두에 두어야 한다.

반려견 유치원 안전사고 실제 사례:

사례 1 **2024년 여름 열사병 사망 사고**

- **원인**: X 애견유치원의 폭염 관리 소홀
- **결과**: 프렌치 불독 사망, 법원 손해배상 판결(약 400만 원)

• **교훈**: 온도 관리 및 환기 시스템 필수, 특히 단두종 특별 관리

 반려견 유치원 개 물림 사고(KBS 보도)

• **원인**: 같은 유치원에서 두 번의 개 물림 사고 발생

• **결과**: CCTV 공개 거부로 신뢰도 추락, 보호자 분노

• **교훈**: 전견종 성향 파악, 놀이 시간 철저한 모니터링, 보험 가
입 필수

• **가장 빈번한 사고**: ①실종 ②개물림 ③사망

사고 발생 시 평판 붕괴로 폐업 위험 극대화

아트 콜라보
카페·레스토랑

불황일수록 미술관에 몰리는 사람들,
그 흐름에 올라타라

각자도생 프로필

초기 자본	★★★★★ (기존 매장 활용 시) / ★★★★★ (신규 창업 시)
전문 기술	★★★★★ (메뉴 개발, 미술관 협업 교섭력, 저작권 이해)
운영 난이도	★★★★★ (한시적 운영, 재고 관리, 콜라보 종료 후 메뉴 정리)
성공 확실성	★★★★★ (일본 40년 검증 모델 + 한국 미술 전시 붐)
추천 성향	#기존사업자 #차별화전략 #문화콘텐츠 #지역연대

[진단] 최소 불행의 징후:

카페 10만 곳 시대, '커피'만으론 살아남을 수 없다

80년 데이터로 본 '불황과 미술'의 역설

1, 2부에서 분석한 징후들이 증명하는 이 사업의 필연성:

경제적 불안 속 역설

대공황 | 버블 붕괴 | 리먼 쇼크

→ 불확실한 미래 앞에서 '확실한 아름다움'을 갈망

값싼 위안의 한계

SNS 피로 | 알고리즘 중독 | 무한 스크롤

→ 디지털 자극을 넘어선 '진짜 감동'에 대한 목마름

의미 소비의 부상

시마 현상 | 인스타그래머블 | 소확행

→ "나는 이런 것을 소비하는 사람이다"라는 정체성 표현

아트 콜라보 카페·레스토랑은 불황기 사람들의 심리적 욕구와 카페 과포화 시대의 차별화 전략을 동시에 해결하는 '연대의 비즈니스'다.

1929년, 대공황의 한복판.

뉴욕 현대미술관(MoMA)에서 열린 반 고흐 특별전에 수십만 명이 몰렸다. 실업과 빈곤이 거리를 뒤덮은 시대, 사람들은 왜 굶주린 배를 움켜쥐고 미술관으로 향했을까?

심리학자들은 이를 **승화(sublimation)**'라고 설명한다. 현실의 고통을 직접 해결할 수 없을 때, 인간은 아름다움을 통해 고통을 '의미 있는 것'으로 전환하려 한다. 반 고흐의 삶 자체가 그랬다. 가난과 정신병에 시달리면서도《별이 빛나는 밤》을 그렸던 화가. 대공황기 미국인들은 그의 그림 앞에서 자신의 고통에 '서사'를 부여받았다.

이 현상은 100년이 지난 지금도 반복된다.

2008년 리먼 쇼크 직후, 일본 국립신미술관의 르누아르전은 역

대 최다 관객을 기록했다. 2020년 코로나 팬데믹 시기, 한국 국립 중앙박물관의 온라인 전시 조회수는 전년 대비 300% 증가했다. 2023년, 한국의 미술 전시 관람객 수는 사상 최초로 연간 1,000만 명을 돌파했다.

불황일수록 사람들은 미술관에 간다.

그리고 미술관을 나선 사람들은 배가 고프다. 커피가 마시고 싶다. 방금 본 감동을 누군가와 나누고 싶다. SNS에 올릴 예쁜 사진을 찍고 싶다.

일본은 이 심리를 40년 전부터 '시스템'으로 만들었다.

일본 고베 '위대한 고흐 전' 연계 콜라보 상품들

반 고흐 런치 - 사프란 소스의 연어 감자 포테

반 고흐 스위트 - 루미에르 쇼콜라

unimocc art cafe gallery 콜라보 음료

karendo 콜라보 부케

일본의 선례

2025년 가을, 고베 시립 박물관에선 고베·한신 대지진 30주년을 기념하는 **'위대한 고흐 전: 밤의 카페 테라스'**가 열렸다. 흥미로운 건 미술관 안이 아니라 **미술관 밖**에서 벌어지는 일이다.

고베 시내 카페, 레스토랑, 꽃집, 호텔이 일제히 '반 고흐 콜라보 상품'을 출시했다.

① karendo | **콜라보 부케(¥1,980)**

"꽃과 초록을 통해 사람들에게 두근두근, 행복, 즐거운 생활을 전달한다"를 콘셉트로 하는 플라워숍 karendo는《밤의 카페 테라스》를 이미지한 소프 플라워(비누꽃) 부케를 판매한다. 가스 램프의 노란 불빛을 해바라기와 장미로 표현하고, 밤하늘에 깜빡이는 별의 반짝임은 LED 라이트로 연출했다. 에키모 우메다점, 아베노 큐즈몰점, 산치카점 등 6개 점포에서 판매한다.

② unimocc art cafe gallery | **콜라보 음료(¥1,800)**

"아트를 본다. 알다. 전한다."를 콘셉트로 회화에서 영감을 받은 음료나 아트 체험을 할 수 있는 아트 카페.《밤의 카페 테라스》를 이미지 한 안나 고구마와 소금 바닐라 디저트다. 농후한 안나 고구마 젤라토와, 짠맛이 악센트가 되어 단맛을 돋보이는 바닐라 무스에, 아니스(달콤하고 독특한 향을 즐길 수 있는 허브 스파이스) 시럽을 사용한 젤리를 거들었다. 마치 고구마 스위트 같은 음료다.

③ **고베 포트피아 호텔 | 반 고흐 런치(¥3,200)**

고흐의 열정적인 색채와 강력한 브러쉬를 통해 착상을 얻어 레스토랑 요리사와 파티시에가 시행을 거듭한 특별한 메뉴다. 감자를 테마로 한 점심. 고흐에게 감자는 사람들의 삶과 온기를 상징하는 재료다.《밤의 카페 테라스》를 연상시키는 화려한 소스에는, 고흐가 사랑했다고 하는 '압생트'의 향기를 들려준다. 빵또는 라이스, 수프, 샐러드, 음료가 포함된다.

④ 루미에르 쇼콜라 | 고흐 스위트(¥1,800)

《밤의 카페 테라스》로부터 착상을 얻은 일품. 금박과 은박으로 밤하늘을 표현한 초콜릿의 무스 중에는 가스등의 따뜻한 빛을 이미지한 생생한 패션 쥬레가 숨겨져 있다. 테이크아웃 시 ¥650.

⑤ 고베 메리켄 파크 오리엔탈 호텔 | 티켓 포함 숙박 플랜(¥11,950~)

고흐나 모네, 르느와르 등의 명작에 마음을 담아 천천히 감상해 주셨으면 하는 생각에서 기획한 숙박 플랜. 전시 티켓과 조식 뷔페를 결합한 기본 플랜부터,《밤의 카페 테라스》에 맞춰 호텔 메인 다이닝 'ALL FLAGS'의 오픈 테라스석에서 석식을 즐기는 플랜(¥17,050~)까지 있다.

⑥ PRONTO | 체인점 콜라보 메뉴(¥660~990)

전시회 캐릭터 '호고상'을 활용한 카페라테(¥660)와 스플레 팬케이크(¥990)를 판매한다. 새하얀 우유 캔버스에 호고상을 그려 넣었다. 오사카, 교토, 고베, 히메지, 후쿠이, 마쓰야마, 와카야마 등 18개 점포에서 동시에 진행한다.

⑦ 인근 레스토랑 콜라보 | 6개 점포 동시 참여

구 거류지, 산노미야, 모토마치 에이리어의 6개 음식점이 고흐

작품을 오마주한 메뉴를 제공한다

⑧ 지역 상점가 | 미니 카드 배포 이벤트

MINT 고베, 고베 국제회관, EKIZO, 고베 마루이, 산치카 등 5개 대형 상업시설에서 일정 금액(약 1,000엔) 이상 구매 시 전시회 특제 미니 카드(6×5cm)를 증정한다. 스마트폰 케이스에 넣으면 고흐의 명작을 언제라도 볼 수 있다. 심지어 상선미쓰이 산후라와 페리(고베↔오이타 항로)에서도 선내 매점 2,000엔 이상 구매 시 미니 카드를 증정한다.

전시회 하나가 도시 전체, 바다 위까지 연결한다. 이것이 핵심이다.

미술관 혼자 흥행하는 게 아니라, 도시 전체가 하나의 '반 고흐 테마파크'가 된다.

미술관은 관람객을 유치하고, 관람객은 주변 상권에서 소비하고, 상권은 다시 전시회를 홍보한다. 모두가 이기는 구조. 이것이 1부에서 경고한 '고립된 각자도생'의 반대편에 있는 **연대의 경제학**이다.

'순회전'이라는 기회

'위대한 고흐 전'은 한 도시에서 끝나지 않는다. 2025년 가을 고베에서 시작해, 2026년 봄에는 후쿠시마, 2026년 여름에는 도쿄로 순회한다.

의미심장한 동선이다. 한신 대지진의 고베, 동일본 대지진의 후쿠시마 참사가 있던 도시를 먼저 순회한 뒤 수도에서 대미를 장식하는 구조다. 고흐의 그림이 상처 입은 도시들을 위로하고 나서야 마침내 도쿄에 도착한다.

순회전은 콜라보 카페에게 더 큰 기회를 의미한다. 한 도시에서 끝나는 게 아니라, 전시가 이동할 때마다 새로운 상권에서 콜라보 기회가 열린다. 고베에서 성공한 '고흐 런치' 콘셉트가 후쿠시마의 카페에서 '후쿠시마산 복숭아를 활용한 고흐 디저트'로 재탄생할 수 있다.

한국도 마찬가지다. 알폰스 무하 전, 반 고흐 특별전, 모네 특별전 등등 블록버스터 전시는 서울에서 시작해 수원, 청주, 부산, 광주, 전주, 대구, 대전 등 주요 도시를 순회하는 경우가 많다. 서울에서 성공한 콜라보 모델을 지방 순회전에서 복제할 수 있다면? 당신의 카페가 서울에 없어도 기회는 있다.

한국의 미술 전시 시장은 폭발 직전이다.

- 2023년 국립현대미술관 관람객: 약 320만 명
- 예술의전당 한가람미술관 블록버스터 전시: 회당 평균 50만 명 이상
- 디뮤지엄, 아라리오뮤지엄 등 사립 미술관 급성장
- MZ세대의 '전시 인증샷' 문화 확산

그런데 한국에는 일본과 같은 **'미술관-상권 연계 시스템'**이 없다.

예술의전당에서 전시를 보고 나온 관람객은 어디로 가는가? 근처 프랜차이즈 카페에서 아메리카노를 마신다. 전시의 감동은 휘발되고, 상권은 '그냥 지나가는 손님'만 받는다. 서로 시너지를 낼 기회를 놓치고 있는 것이다.

기회는 여기에 있다.

한국 카페 시장: 약 10만 개, 연간 폐업률 20% 이상. "또 새로운 카페를 차려라"는 답이 아니다. 이미 있는 카페가 어떻게 살아남을 것인가? 콘텐츠 차별화만이 답이다. 그리고 미술 전시는 가장 강력한 콘텐츠다.

기존 카페 vs 아트 콜라보 카페·레스토랑 비교

항목	기존 카페	아트 콜라보
차별화 요소	인테리어, 원두 품질	스토리, 한정성, 문화 경험
고객 체류 동기	커피 맛, 분위기	전시 연계 경험, SNS 인증
마케팅 비용	자체 부담	미술관과 공동 홍보
재방문 유도	단골 형성 어려움	전시 기간 한정 → 희소성

특히 유망한 입지:

- 예술의전당·국립현대미술관 서울관 반경 500m
- 홍대·성수동 갤러리 밀집 지역
- 디뮤지엄(한남동)·아모레퍼시픽미술관(용산) 인근
- 지방 국립박물관 주변(경주, 부여, 광주 등)
- 순회전 개최 도시

기존 사업자 활용 모델

초기 투자: 약 300~800만 원(메뉴 개발 및 라이선스 비용)
손익분기점: 전시 기간 내 2~4주
시장 검증: 일본에서 40년간 검증된 모델, 한국은 도입 초기 단계

이 사업은 '새로 차리는 것'이 아니라 '이미 있는 것을 살리는 것'이다. 카페 창업을 꿈꾸는 사람보다, 이미 카페를 운영하며 차별화에 목마른 사장님들에게 권한다.

수익 모델

기존 카페(20석 규모)가 3개월 전시 기간 동안 콜라보를 운영한다고 가정:

- 콜라보 메뉴 객단가: 15,000원(음료+디저트 세트)
- 일일 콜라보 메뉴 판매: 20건
- **월 매출 증가분: 15,000원 × 20건 × 30일 = 900만 원**
- **3개월 전시 기간 총 매출 증가분: 약 2,700만 원**

• 예상 순이익: 월 230~250만 원(메뉴 원가율에 따라 변동)

액션 플랜

- **타겟 전시 선정**: 예상 관람객 30만 명 이상, 인지도 높은 작가 (고흐, 모네, 클림트, 뭉크 등), 전시 기간 3개월 이상, SNS 바이럴 가능성, 내 매장과의 거리 500m 이내인 '블록버스터 전시'를 노려라. 순회전 일정도 미리 확인하라.

- **미술관 마케팅팀 접촉**: 대형 전시는 대부분 외부 기획사가 주관한다. 미술관 홈페이지에서 주최/주관사를 확인하고 마케팅 팀에 콜라보 제안서를 보내라. 의외로 문턱이 낮다. 미술관 입장에서도 주변 상권과의 연계는 홍보 효과가 있기 때문이다.

- **라이선스 협상**: 작품 이미지를 상업적으로 사용하려면 저작권 협의가 필요하다. 단, 반 고흐·모네 등 사후 70년이 지난 작가의 작품은 퍼블릭 도메인이므로 이미지 자체는 자유롭게 사용 가능하다. 다만 '공식 콜라보'라는 타이틀을 얻으려면 미술관과의 협약이 필요하다.

- **메뉴 개발 — '먹는 작품'을 만들어라**: 작품의 색감과 스토리를 접시 위에 옮기는 것이 핵심이다. 고흐 「별이 빛나는 밤」이라면 남색 버터플라이피 라떼 + 노란 레몬커드 소용돌이, 금박 초콜릿 무스 + 은하수 젤리. 메뉴 이름에 작품명이나 작가 이름을 넣어라.

- **공간 연출**: 테이블 한 곳에 '포토존'을 만들어라. 작품 복제 포스터, 이젤, 팔레트 소품 등을 배치하면 SNS 인증샷 유도 효과가

크다. 조명은 따뜻한 톤으로, 미술관 분위기를 연장시켜라.

- **한정 굿즈 제작**: 엽서, 스티커, 미니 포스터 등 소량 제작 가능한 굿즈를 준비하라. 메뉴 주문 시 증정하거나 별도 판매한다. 단가 대비 마진이 높고, '수집 욕구'를 자극한다.
- **타이밍**: 전시 오픈과 동시에 콜라보 메뉴를 공개하라. 얼리버드 관람객들이 SNS에 올리면서 자연스럽게 바이럴된다. 전시 종료 2주 전에는 '마지막 기회' 마케팅으로 막판 수요를 끌어라.

주의점

- **저작권 문제에 주의하라**: 사후 70년이 지난 작가의 작품은 퍼블릭 도메인이지만, 미술관이 촬영한 '사진'에는 별도의 저작권이 있을 수 있다. 작품 이미지는 위키미디어 커먼즈 등 정식 무료 소스를 활용하거나, 미술관과 협의하라.
- **'공식'과 '비공식'을 명확히 하라**: 미술관과 정식 협약을 맺지 않았다면 "○○전 공식 콜라보"라고 광고하면 안 된다. "○○ 작가에게서 영감받은 메뉴"라고 표현하라.
- **전시 종료 후 메뉴 정리**: 콜라보 메뉴는 반드시 전시 기간에 맞춰 종료하라. '한정'이라는 희소성이 가치를 만든다. 전시가 끝났는데 계속 판매하면 콘셉트가 흐려진다.
- **미술관과의 관계를 장기적으로 구축하라**: 한 번 성공적인 콜라보를 하면, 미술관 측에서 다음 전시 때 먼저 연락이 온다. 이것이 진짜 자산이다. 단발성 이벤트가 아니라 '미술관의 단골 파트너'가 되는 것을 목표로 하라.

각자도생의 시대, 혼자 살아남으려 발버둥치지 마라. 미술관과 손잡아라. 도시와 연결되어라. 함께 움직일 때, 우리는 함께 살아남는다.

24시 편의점형
무인 헬스장

월 3만 원, 궁극의 가성비와 접근성

각자도생 프로필

초기 자본	★★★★★ (다점포 전략 및 시스템 구축 비용)
전문 기술	★★★★★ (운영 시스템화가 핵심)
운영 난이도	★★★★★ (무인 보안 / 안전 / 위생 관리, 법규 준수)
성공 확실성	★★★★★ (입지 매우 중요 = 높은 임대료, 기존 업계 반발 우려)
추천 성향	#시스템구축 #자동수익 #가성비 #스케일업

[진단] 최소 불행의 징후:
'갓생' 열풍 속 건강 강박과 경제적 부담의 충돌

'갓생' 열풍 속 건강 관리는 필수적인 자기계발 요소로 자리 잡았지만, 시간 부족과 비용 부담은 여전히 운동 시작의 큰 장벽이다. 기존 헬스장은 높은 월회비(평균 5~10만 원 이상), PT 강요, 장기 계약 유도, 특정 시간대(퇴근 후) 이용객 쏠림 현상 등으로 인해 꾸준히 다니기 어렵다는 인식이 강하다. 특히 가격에 민감하고 유연한 라이프스타일을 추구하는 MZ세대에게는 더욱 그렇다. 한편, 키오스크, CCTV, 스마트폰 앱 기반 출입 통제 등 무인 운영 기술의 발전은 인건비 등 고정 비용을 획기적으로 절감할 수 있는 기반을 마련해주었다.

일본의 선례

유명 헬스 기업 RIZAP 그룹이 2023년 런칭한 '초코잡(choco ZAP)'은 이러한 시장의 빈틈을 정확히 파고들며 일본 피트니스 업계에 센세이션을 일으켰다. 핵심 성공 요인은 압도적인 가성비(월 2,980엔, 약 3만 원), 전국 1,300개 이상의 방대한 점포 네트워크(편의점처럼 어디에나 있음), 24시간 완전 무인 운영, 그리고 스마트폰 앱 하나로 모든 지점 이용 가능이라는 극단적인 편리성이다. 심지어 운동복이나 실내 운동화 착용 의무도 없어, '퇴근길에 잠깐', '약속 시간 전에 5분' 등 일상 속 자투리 시간을 활용한 운동을 가능하게 했다. 이는 운동을 '특별한 이벤트'가 아닌 '일상의 습관'으로 만들려는 전략으로, 특히 운동 초심자들에게 폭발적인 호응을 얻었다. 일부 지점에는 셀프 네일아트, 제모기, 마사지 체어 등 부가 서비스도 제공한다.

한국 시장 기회

한국 역시 24시간 헬스장이나 저가형 피트니스 센터는 존재하지만, 초코잡 수준의 초저가, 초근접성, 초편의성을 모두 갖춘 전국 단위 모델은 아직 없다. 글로벌 파이낸스(Global Finance) 선정 '세계 안전 국가 순위'에서 한국(17위)이 일본(22위)보다 높다는 점은 무인 운영의 안정성 측면에서 매우 유리한 조건이다.[*] 2025년 9월 기준, 국내 헬스장(체력단련장업) 수는 이미 1만 6천여 곳에 달해,[**] 기존 소규모 헬스장과의 제휴나 M&A를 통해 단기간에 전국적인 네트워크를 구축할 잠재력도 있다.

액션 플랜

- **'월 3만 원' 파격가 & '편의점급' 접근성:** **월 3만 원대(부가세 포함)의 압도적인 가격 경쟁력을 핵심 무기로 삼는다. 편의점처럼 주택가 골목, 대학가, 오피스 빌딩 지하, 지하철역 출구 등 생활 동선 곳곳에 소규모(15~25평) 점포를 집중적으로 개설하여 접근성을 극대화한다.

- **완전 무인화 & 앱 중심 운영:** 전용 앱을 통해 회원 가입, 월 구독료 결제, 지점 검색 및 예약(필요시), QR코드 기반 출입 통제, 운동 기록 관리까지 모든 과정을 처리한다. 매장 내부는 AI 기반 지능형 CCTV를 설치하여 실시간으로 보안 상황(무단 침입, 기구 파손, 회원 간 다툼, 쓰러짐 등 응급 상황)을 감지하고, 관제 센터 또는 보안 업체와 연동하여 신속하게 대응한다. 청소 및 기구 점

---

[*] 2023 Global Finance
[**] 2025년 10월, 행정안전부 지방행정인허가네이터 그룹별 업종 조회 참고

검/소독은 전문 용역 업체를 통해 정기적으로(예: 매일 새벽) 실시한다.

- **'핵심'만 남긴 시설**: PT, GX룸, 샤워실, 락커룸 등 부가 시설을 과감히 없애거나 최소화하여 공간 효율을 높이고 운영 비용(수도세, 전기세, 관리 인력 등)을 절감한다. 대신, 핵심 근력 운동 기구(랙, 스미스머신, 덤벨존 등)와 유산소 기구(러닝머신, 사이클)를 충분히 확보하고, 사용법 안내 영상 QR코드 등을 부착하여 초심자도 쉽게 이용할 수 있도록 돕는다.

- **부가 서비스로 차별화(선택적)**: 기본 서비스는 운동에 집중하되, 일부 플래그십 지점이나 특정 상권 지점에는 초코잡처럼 안마의자, 스트레칭 전용 공간, 셀프 사진 부스, 무인 카페 등 차별화된 부가 서비스를 유료 또는 무료로 제공하여 고객 만족도를 높이는 전략을 고려할 수 있다.

- **프랜차이즈 확장**: 1호점(직영점)의 수익 모델 및 무인 운영 시스템이 검증되면, 이를 '초코잡'처럼 프랜차이즈 사업으로 즉각 전환한다. 가맹점주에게는 시스템(앱, 보안, 기구)을 제공하고 가맹비와 월 로열티를 확보하여, 전국 단위의 '편의점형 헬스장' 네트워크를 구축하는 것을 최종 목표로 한다.

주의점

- **관련 법률 준수**: 국내 「체육시설의 설치·이용에 관한 법률」에 따라 운동 전용면적이 $300m^2$를 초과하면 체육지도자 배치 의무가 발생하므로, 점포 규모 설계 시 법규를 준수해야 한다. 무인 운영

의 가장 큰 리스크는 안전사고다. 운동 중 부상, 회원 간 다툼, 성추행, 외부인 무단 침입 및 기물 파손 등에 대한 철저한 예방 및 대응 매뉴얼(비상벨 설치, CCTV 사각지대 최소화, 보험 가입, 신속 출동 시스템 연계 등) 마련이 필수적이다. 위생 관리(기구 소독, 환기 시스템) 소홀은 고객 불만 및 이탈의 주요 원인이 될 수 있다.

• **기존 헬스장과의 출혈 경쟁 가능성**: 이미 국내 헬스장 시장은 저가형(월 3~5만 원대)으로도 포화 상태다. '초코잡' 모델의 성공은 압도적인 가격(월 3만 원 이하)뿐만 아니라, 편의점급 접근성(다점포 전략)을 동시에 확보할 수 있느냐에 달려있다. 전국의 편의점 대부분은 15평 내외로 상가 건물 1층, 유동 인구가 많은 길거리에 있다는 점을 기억하자.

[틈새 전략 TIP] '런닝 크루 라운지'

2026년 초, 도쿄 니혼바시 하마초 인근(도쿄 스미다강 강변)에 하나둘 생겨나기 시작한 '런닝 크루 라운지'가 현지 SNS에서 큰 화제가 되고 있다. '런너'들이 많은 도쿄에서 이런 런너들을 위해 '러닝, 사우나, 맥주' 3가지 요소를 접목시킨 새로운 개념의 복합 웰니스 공간이다.
이런 라운지는 강변의 '카페'가 있을 법한 자리에 위치하며 내부엔 '사우나'와 '냉탕', '샤워시설'이 마련되어 있다. 그리고 씻은 뒤 맥주를 마실 수 있는 바(bar)가 함께 준비되어 있다.
24시 편의점 무인 헬스장 붐을 일으킨 일본의 차세대 웰니스 공간으로, 서울의 한강을 비롯해 전국 각지에 런너와 런닝 크루가 많은 우리 역시 매우 주목할 만한 사업 아이템이다.

시니어 패션 / 라이프스타일 잡지

160조 시장의 '젊은 언니 / 오빠'를 위한
취향 저격 콘텐츠

각자도생 프로필

초기 자본	★★★★★ (콘텐츠 제작, 인쇄, 플랫폼 구축 비용)
전문 기술	★★★★★ (미디어 기획, 편집, 마케팅, 광고 영업)
운영 난이도	★★★★★ (구독자 확보, 수익 모델 다각화)
성공 확실성	★★★★★ (리스크 감소를 위해 SNS부터 단계적 시작 권장)
추천 성향	#미디어 #시니어비즈니스 #콘텐츠기획 #트렌드분석

[진단] 최소 불행의 징후:

'하류 노인'과 '액티브 시니어'의 양극화, 콘텐츠의 부재

40년 데이터로 본 '액티브 시니어'의 3가지 욕망

1, 2부에서 분석한 징후들이 증명하는 160조 원 시장의 기회:

피하려는 공포

하류 노인 | 노노개호 | 무연사회 | 치매 머니

→ 노인 문제 해결 콘텐츠에 대한 절실한 수요

가진 자산

부유층 | 부자 아빠

→ 자산관리·상속 콘텐츠 구매력

추구하는 삶

1억 총활약 | 리스킬링 | 오시카츠

→ 노인이 아닌 현역의 욕망 대변

시니어 전용 잡지는 불안과 욕망을 동시에 공략하는 유일한 시니어 매체다.

대한민국은 인류 역사상 가장 빠른 속도로 늙어가고 있다.

통계청 장래인구추계에 따르면, 2025년, 65세 이상 인구가 전체 인구의 20%를 넘어 초고령사회에 진입했다. 2035년에는 노인 인구가 30%를 돌파하고, 2050년에는 40%인 완전 노인 사회가 도래한다.

특히 한국 경제 성장의 주역이었던 베이비붐 세대(1955~1963년생)가 본격적으로 시니어 시장의 중심으로 편입되면서, 과거의 '노인'과는 전혀 다른 소비 행태와 욕구를 가진 '액티브 시니어(Active Senior)'가 강력한 소비 주체로 부상하고 있다. 한국보건산업진흥원은 국내 고령 친화 산업 시장 규모가 2030년 168조 원에 달할 것으로 전망하며 거대한 잠재력을 예고했다.

하지만 이들의 넘치는 활력과 소비력에 비해, 이들의 눈높이에 맞는 세련되고 감각적인 미디어 콘텐츠, 특히 패션과 라이프스타일을 전문적으로 다루는 매체는 절대적으로 부족하다. 기존 시니어 매체는 여전히 '건강 정보', '노후 설계', '트로트' 등 제한적이고 기능적인 정보에 머물러, 젊고 활동적인 시니어들의 다양한 취향과 욕구를 제대로 반영하지 못하고 있다.

일본의 선례

우리보다 먼저 초고령사회를 경험한 일본은 시니어 시장의 중요성을 일찍 깨닫고 관련 미디어 산업이 크게 발달했다. 패션, 여행, 취미(골프, 등산, 사진 등), 건강 관리, 디지털 기기 활용법, 재테크, 손주 육아법 등 시니어 세대의 세분화된 관심사를 겨냥한 다양한 종류의 잡지들이 꾸준히 발행되며 안정적인 시장을 형성하고 있다.

일본에선 50대 이상 여성을 대상으로 하는 잡지 『하루메쿠(ハル
メク)』가 종이 잡지 시장의 불황 속에서도 46만 명이라는 경이로운
유료 정기 구독자를 확보하고 연 매출 2,800억 원을 달성하며 시니
어 미디어의 성공 신화를 썼다(2024년 기준). 특히, 시니어들이 어려
움을 겪는《스마트폰 활용법 특집》이 매년 압도적인 호응을 얻는다
는 점은, 노년층이 실용적인 정보에 대한 높은 니즈를 보여준다.[*]

한국 시장 기회

한국의 '뉴 시니어', '오팔 세대(Old People with Active Lives)'는
은퇴 후에도 경제력을 바탕으로 적극적인 사회 활동과 소비 생활을
영위하며, 젊은 세대 못지않게 패션, 뷰티, 문화생활, 자기계발에 관
심이 높다. 이들은 디지털 환경에도 비교적 익숙하며, '노인'이라는
고정관념에서 벗어나 '나답게, 멋있게 나이 들기(Well-aging)'를 추
구한다.

이들의 높아진 눈높이와 다양한 취향을 만족시킬 수 있는 고품
질의 콘텐츠와 세련된 디자인을 갖춘 잡지는 충분한 성공 가능성을
지닌다. 특정 타겟을 명확히 한 버티컬(Vertical) 미디어는 오히려
충성도 높은 독자층을 확보하기 유리하다.

---

[*] 라이프 일본 여성 시니어 잡지 '하루메쿠'…어떻게 46만 명 유료 구독자를 모았나, 경향
신문, 2024.09.07.

단계적 접근 제안:
Step 1: 시니어 인스타그램/유튜브 채널 운영(자본 0원)
Step 2: 구독자 1만 명 달성 후 뉴스레터 유료화
Step 3: 잡지 창간은 3단계 목표로

TIP 이 잡지는 '시니어 대학 타운'의 공식 교지(校誌)이자 커뮤니티 플랫폼으로 시작할 수 있다.

• **'멋진 나이 듦' 콘텐츠:** 단순히 '노화 방지'나 '건강 유지'를 넘어, '나이 들어서 더 멋있어지는 법'에 초점을 맞춘다. 체형 변화를 고려한 세련된 시니어 패션/뷰티 스타일링 팁, 활동적인 라이프스타일 제안(여행, 스포츠, 취미 클럽), 디지털 세상 즐기기(SNS 활용법, 유용한 앱 추천, 온라인 쇼핑 노하우), 품격 있는 자산 관리 및 증여/상속 플랜, 사회 공헌 및 재능 기부 정보, 세대 간 소통 노하우, 손주 데리고 가기 좋은 식당, 카페, 전시회 등 실용적이면서도 삶의 영감을 주는 깊이 있는 콘텐츠를 기획한다.

• **'진짜 시니어' 모델 & 필진:** 젊은 모델이 노인 분장을 하는 대신, 개성 있는 실제 시니어 모델이나 시니어 인플루언서를 적극적으로 기용하여 현실감과 공감대를 높인다. 각 분야별 전문가(의사, 교수, 금융 전문가, 여행 작가, 패션 스타일리스트 등)와 함께, 타겟 독자층의 신뢰와 공감을 얻을 수 있는 시니어 필진(은퇴 후 제2의

삶을 사는 인물, 특정 분야 전문가 등)을 발굴한다.

• **온-오프라인 통합 플랫폼:** 전통적인 종이 잡지 발행과 더불어, 웹사이트, 모바일 앱, 유튜브 채널, 카카오톡 채널, 인스타그램 등 다양한 디지털 플랫폼을 구축하여 콘텐츠 접근성을 높이고 독자와의 실시간 소통을 강화한다. 독자들이 직접 참여하는 커뮤니티(온라인 게시판, 오프라인 강연회/동호회/여행 프로그램)를 활성화하여 소속감과 로열티를 높인다.

• **수익 모델 다각화:** 안정적인 정기 구독 모델을 기반으로, 시니어 타겟 기업과의 광고/협찬 유치, 커머스 연계(잡지 추천 상품 공동 구매, 자체 브랜드 상품 개발), 유료 교육 강좌(디지털 활용, 재테크, 취미 등) 및 문화/여행 이벤트 운영 등 수익 구조를 다각화하여 지속 가능한 모델을 구축한다.

주의점

가장 경계해야 할 것은 '노인'에 대한 편견과 고정관념이다. 타겟 독자의 실제 라이프스타일, 관심사, 가치관을 정확히 파악하고 존중하는 자세가 필수적이다. 젊은 세대의 트렌드를 무조건 따라 하거나 과거의 향수에만 기대는 콘텐츠는 외면받기 쉽다. 디지털 소외 계층을 위한 쉬운 인터페이스와 오프라인 접근성(서점, 주민센터 등 배포처 확보) 확보 방안도 중요하다. 초기 브랜드 인지도 구축과 충성도 높은 구독자 확보에는 상당한 시간과 마케팅 노력이 필요하다.

당신만이 만들 수 있는, '새로운 10년'

희망은 온기가 아니라, 계산된 안전망에서 시작된다.

3부 아홉 개의 해법은 모두 '금기된 제언'이었다.

포퓰리즘의 달콤한 약속을 해체하고, 세대와 지역, 계층 간 기득권 시스템에 메스를 들이댔다. 이 책은 당신에게 막연한 행복을 약속하지 않는다. 거대한 위기 속에서 불행을 최소화하는 방법만을 이야기했을 뿐이다.

이 시스템 개혁이 현실화된 10년 뒤,
2036년의 대한민국을 그려보자.

에필로그:
비극을 피한 두 노인의 황혼

⋮

2036년 아침.

일흔다섯이 된 박 씨는 지방의 한 시니어 대학 타운에서 눈을 떴다. 창문으로 햇살이 쏟아졌다. 더 이상 반지하가 아니었다. 예전 사회라면 그는 이미 반지하 방에서 홀로 쓸쓸히 생을 마감했을지 모른다. 폐교를 활용한 이 타운은 그에게 저렴한 주거와 새로운 역할을 안겼다. 투표권 면허제로 시작된 시민 교육으로 그는 처음 스스로 목소리를 낼 수 있다는 자신감을 얻었다. 보험료 인상으로 확충한 공적 간병 덕에 이제 박 씨는 아파도 참지 않고 병원으로 향한다.

그는 더 이상 고립되지 않았다. 요즘 그는 세 가지 일을 한다.

아침이면 노란 유치원복을 입은 강아지들과 산책을 나선다. 점심과 오후엔 타운 내 유아원에서 아이들 안전을 살핀다. 박 씨에게 아이를 맡긴 젊은 부모는 그를 '할아버지 선생님'이라 부르며 존중한다.

온라인 실명제 정착으로 세대 갈등도 현저히 줄었다.

물론 박 씨는 여전히 부유하지 않다. 문득 외로움을 느낄 때도 있다. 하지만 시스템이 보장하는 최소한의 존엄 속에서, 무연고 사망의 공포 대신 공동체 안에서 안전하고 따뜻한 황혼을 보낸다.

주말 아침, 박 씨는 은둔형 청년을 만나 실패담을 들려주었다.

"나도 젊었을 때 일자리를 잃고 혼자 숨어 살았어.

세상도 사람도 무섭고 나 자신이 제일 무서웠지. 괜찮단다. 애야, 정말 괜찮아."

입술을 꾹 깨문 청년은 그의 손을 잡고 천천히 고개를 끄덕였다. 박 씨 말에 힘을 얻은 청년은 이력서를 들고 용기 내어 집 근처 1인 바비큐 레스토랑 문을 열었다. 김 회장의 막내아들이 운영하는 곳이다.

…

같은 시간, 여든 살 김 회장은 한남동 자택에서 평온한 아침을 맞이한다. 현관엔 정부가 발행한 명예시민 명패가 걸려 있다.

10년 전, 김 회장은 자산이 증발할까 봐 전전긍긍했다. 이제 그는 매년 자산 일부를 고령화 기금과 메가시티세로 납부한다. 처음엔 반발했지만 이내 깨달았다. 이것이 내 자산을 지키는 가장 확실한 보험료임을.

세금이 투명하게 표기되면서 포퓰리즘 경계심도 높아졌다.

견고해진 시스템 속에서 장남은 구조조정 없이 정년까지 근무한 뒤 컨설팅 회사를 차렸다. 딸은 번아웃 없이 환자를 돌보며 가끔 렌털 쇼케이스 상점을 찾아 피규어를 구경한다. 그리고 막내. 마흔여덟. 방에서 나온 지 5년이 됐다. 30년 가까이 은둔했던 그가 세상 밖으로 나온 건 시스템이 바뀌었기 때문이다. 은둔 청년 의무 멘토링 프로그램. 처음엔 거부했다. 하지만 일흔 넘은 멘토 할아버지가 매주 찾아와 문 앞에서 말을 걸었다. 1년을 꼬박. 어느 날, 막내가 문을 열었다.

지금 막내는 1인 바비큐 레스토랑을 운영한다. 형이 초기 자금을 댔다. 최근 들어온 직원이 성실해 지역 최저임금보다 더 준다며 드물게 웃었다. 그 직원이 박 씨가 멘토링한 청년임을 막내는 아직 모른다.

주말엔 어느새 김 회장만큼 훌쩍 큰 손주가 찾아온다. 장남의 아이와 딸의 아이. "할아버지, 이거 봐요!" 손주는 자신이 도색한 건담을 내밀기도 하고, 할아버지가 요즘 하는 일에 귀를 기울이기도 한다.

최근 김 회장은 새로운 일에 빠져 있다. 시니어 대학 타운을 기반으로 한 무료 라이프스타일 잡지 창간이다. 적지 않은 돈을 투자했고, 편집 회의에도 참석해 젊은 편집자와 토론한다. '나답게 나이 드는 법'이나 '최신 가전 사용법'을 잡지에서 어떻게 다룰지. 김 회장이 젊은 스태프에게 말한다.

"이건 사업이 아니야.
새로운 문화를 만드는 일이지."

김 회장이 낸 연대 비용은 박 씨 같은 사람의 불행을 막았고, 안정된 시스템은 다시 그의 자산을 지켰다. 김 회장은 부를 움켜쥐고만 있다가 다 같이 파멸하는 대신, 함께 나누며 존경받는 노년을 산다.

막내의 레스토랑에서 박 씨가 멘토링한 청년이 고기를 굽는다. 김 회장이 낸 세금으로 박 씨가 병원에 간다. 박 씨 이야기가 은둔했던 청년을 세상 밖으로 이끌었다.

연대의 고리가 비로소 완성됐다.

일본은 30년을 잃었다.

우리에겐 아직 골든 타임이 남아있다.

각자도생이 아니다.

함께 도생할 시간이다.

2036년, 당신은 어떤 사람이 되어 있을 것인가?

무너지는 시스템을 원망하는 시민인가,

아니면 존엄을 지키는 시스템을 함께 만든 시민인가.

그 미래는 오늘, 이 책을 덮는 당신의 '연대'에서 시작된다.

당신은 이제 각자도생을 멈출 준비가 되었습니까?

당신만이 만들 수 있는, '새로운 10년'

나는 아주 오랫동안, 우리 사회가 더 나은 방향으로 나아갈 방법을 진심으로 고민해왔습니다.

내가 성인군자라거나 착한 사람이어서가 아닙니다. 바로 나부터 그런 세상에서 한 번뿐인 소중한 삶을 살고 싶기 때문입니다.

내 곁에는 나에게 정말로 큰 상처를 아무렇지 않게 주는 사람들이 있습니다. 반대로, 내가 아무렇지 않게 상처를 입히고 만 이들도 분명 있습니다.

하지만 나는 바랍니다.

나에게 상처 준 사람, 내가 상처 준 사람, 나와 스치진 않았지만 지금, 현재 같은 시대를 살고 있는, 아니, 살아내고 있는 사람들.

그들 모두가 큰 아픔이나, 재난이나, 상처 없이, 자신의 생을 아쉬움 없이 아주 잘 살다가 떠났으면 좋겠습니다.

그리고 우리가 떠난 뒤인 50년, 100년 후에도 '대한민국'이 위축되거나 무너지지 않고 굳건하게 남아있길 진심으로 소망합니다.

이 책은 오직 그런 마음 하나로 썼습니다.

저자가 힘들게 쓴 책은, 독자가 읽기에도 힘들다는 사실을 잘 알고 있습니다. 24만 자가 넘는 이 긴 호흡의 글을 끝까지 읽느라 고생 많으셨습니다.

마지막으로,
당신의 불행이 최소한이길.

아니,

당신의 행복이 최대이길 참마음으로 기원합니다.

2026년 겨울,
『최대 행복 사회』 저자 홍선기

1. 단행본(Books)

[국내 도서 및 번역서]

가제노타미. (2025).『저소비 생활: 돈도 마음도 낭비 없이 나만의 행복을 버는』. (정지영 역). 알에이치코리아(RHK). (원제: 低コスト生活, 2023).

게리 베커. (1994).『인적 자본』. (이주호 역). 한국경제신문사. (원제: Human Capital, 1993).

곤노 하루키. (2013).『블랙 기업: 일본을 먹어 치우는 괴물』. (이용택 역). 레디셋고. (원제: ブラック企業, 2012).

구메 구니타케. (2011).『특명전권대사 미구회람실기』. (정애영 역). 소명출판. (원제: 特命全權大使米歐回覽實記, 1878).

나카노 고지. (1993).『청빈의 사상』. (서석연 역). 자유문학사. (원제: 淸貧の思想, 1992).

다와다 요코. (2023).『목욕탕』. (최윤영 역). 책읽는수요일.

레이먼드 카버. (2014).『대성당』. (김연수 역). 문학동네. (원제: Cathedral, 1983).

로버트 달. (1999).『민주주의와 그 비판자들』. (조기제 역). 문학과지성사. (원제: Democracy and Its Critics, 1989).

로버트 D. 퍼트넘. (2009).『나 홀로 볼링』. (정태욱 역). 페이퍼로드. (원제: Bowling Alone, 2000).

루스 베네딕트 (2019).『국화와 칼』. (김윤식, 오인석 역). 을유문화사. (원제: The Chrysanthemum and the Sword: Patterns of Japanese Culture, 1946).

리처드 탈러. (2021).『행동경제학: 마음과 행동을 바꾸는 선택 설계의 힘』. (박세연 역). 웅진지식하우스. (원제: Misbehaving, 2015).

무라카미 하루키. (1989).『댄스 댄스 댄스』. (유유정 역). 문학사상사.

무라카미 하루키. (2010).『언더그라운드』. (양억관 역). 문학동네. (원제: アンダーグラウンド, 1997).

미야자키 요시카즈. (1993).『복합불황: 버블 붕괴 후의 경제를 내다본다』. (양준용 역). 한국경제신문사. (원제: 複合不況, 1992).

미우라 아츠시. (2006).『하류사회: 새로운 계층집단의 출현』. (이화성 역). 씨앗을뿌리는사람. (원제: 下流社会, 2005).

사카이 준코. (2005).『결혼의 재발견 1: 패배한 개의 울부짖음』. (김경인 역). 홍익출판사.

(원제: 負け犬の遠吠え, 2003).

아사히신문사. (1999). 『학급붕괴』. (홍영의 역). 초록배 매직스. (원제:「学級崩壊」をどう
みるか, 1999).

앤서니 앳킨슨. (2015). 『불평등을 넘어:정의를 위해 무엇을 할 것인가』. (장경덕 역). 글항
아리. (원제: Inequality: What Can Be Done?, 2015).

야스다 다카오. (2017). 『돈키호테CEO:불황기 3,600배 성장 매장 평당 매출 10배 신화가
된 회사 이야기』. 지식공간.

야스차 뭉크. (2018). 『위험한 민주주의: 새로운 위기, 무엇이 민주주의를 파괴하는가』. (함
규진 역). 와이즈베리. (원제: The People vs. Democracy, 2018).

에이 로쿠스케. (1995). 『대왕생』. (정인양 역). 문학사상사. (원제: 大往生, 1994).

이인성. (2009). 『21세기 세계화 체제의 이해』. 아카넷.

조지 오웰. (2003). 『1984』. (정회성 역). 민음사 (원제: Nineteen Eighty-Four).

존 스튜어트 밀. (2008). 『자유론』. (김형철 역). 서광사. (원제: On Liberty, 1859).

하야시 이쿠. (1992). 『여자의 적: 가정내이혼』. (임욱 역). 우석. (원제: 家庭内離婚, 1986).

후지타 다카노리. (2016). 『2020 하류노인이 온다』. (홍성민 역). 청림출판. (원제: 下流老
人, 2015).

[일본 원서]

나가로쿠스케(永六輔). (1994). 『大往生』.岩波書店.

아라카와 가즈히사(荒川和久). (2017). 『超ソロ社会』. 東京: 祥伝社.

야마다 마사히로(山田昌弘). (2004). 『希望格差社会』. 東京: 筑摩書房.

호리에 타모츠(堀江湛). (2007). 『政治学・行政学の基礎知識(第2版)』. 東京: 一藝社.

2. 학술 논문 및 정책 보고서
(Papers & Reports)

[해외 자료]

Ariely, D. (2008). Predictably Irrational: The Hidden Forces That Shape Our
Decisions. New York: HarperCollins.

Autor, D. H., Manning, A., & Smith, C. L. (2016). "The Contribution of the Minimum
Wage to US Wage Inequality over Three Decades: A Reassessment." American
Economic Journal: Applied Economics, 8(1), 58-99.

Autor, D. H., Kerr, W. R., & Kugler, A. D. (2007). "Does Employment Protection
Reduce Productivity? Evidence from U.S. States." The Economic Journal, 117(521),
F189-F217.

Becker, G. S. (1993). Human Capital: A Theoretical and Empirical Analysis, with Special Reference to Education (3rd ed.). Chicago, IL: University of Chicago Press.

Bloom, D. E., Canning, D., & Fink, G. (2010). "Implications of Population Ageing for Economic Growth." Oxford Review of Economic Policy, 26(4), 583-612.

Card, D., & Krueger, A. B. (1994). "Minimum Wages and Employment: A Case Study of the Fast-Food Industry in New Jersey and Pennsylvania." American Economic Review, 84(4), 772-793.

Chetty, R., Looney, A., & Kroft, K. (2009). "Salience and Taxation: Theory and Evidence." American Economic Review, 99(4), 1145-1177.

Dube, A., Lester, T. W., & Reich, M. (2010). "Minimum Wage Effects Across State Borders: Estimates Using Contiguous Counties." Review of Economics and Statistics, 92(4), 945-964.

European Commission. (2020). Study and Reports on the VAT Gap in the EU-28 Member States: 2020 Final Report. Luxembourg: Publications Office of the European Union.

Esping-Andersen, G. (2009). The Incomplete Revolution: Adapting to Women's New Roles. Cambridge: Polity Press.

Fukuyama, F. (1995). Trust: The Social Virtues and the Creation of Prosperity. New York: Free Press.

Heckman, J. J., et al. (2010). "The Rate of Return to the HighScope Perry Preschool Program." Journal of Public Economics, 94(1-2), 114-128.

Kahneman, D., & Tversky, A. (1984). "Choices, Values, and Frames." American Psychologist, 39(4), 341-350.

Kriesi, H., et al. (2019). "Education and Populist Voting in Europe." European University Institute (EUI) Working Papers.

Koo, R. C. (2008). The Holy Grail of Macroeconomics: Lessons from Japan's Great Recession. Singapore: John Wiley & Sons.

Krugman, P. (1998). "It's Baaack: Japan's Slump and the Return of the Liquidity Trap." Brookings Papers on Economic Activity, 1998(2), 137-205.

Lee, R., & Mason, A. (Eds.). (2011). Population Aging and the Generational Economy: A Global Perspective. Cheltenham: Edward Elgar Publishing.

Lucas, R. E. (1988). "On the Mechanics of Economic Development." Journal of Monetary Economics, 22(1), 3-42.

Milanovic, B. (2016). Global Inequality: A New Approach for the Age of

Globalization. Cambridge, MA: Harvard University Press.

Morrow-Howell, N., et al. (2008). Experience Corps Research Briefs. Washington University in St. Louis: Center for Social Development.

Pew Research Center. (2021). Behind Biden's 2020 Victory: An Analysis of Validated Voters. Washington, D.C.: Pew Research Center.

Piketty, T. (2014). Capital in the Twenty-First Century. Cambridge, MA: Harvard University Press.

Putnam, R. D. (1993). Making Democracy Work: Civic Traditions in Modern Italy. Princeton, NJ: Princeton University Press.

Romer, P. M. (1990). "Endogenous Technological Change." Journal of Political Economy, 98(5), S71-S102.

Shapiro, S. L., Dwyer, B., & Drayer, J. (2021). "The Effect of Partitioned Ticket Prices on Sport Consumer Perceptions and Enduring Attitudes." Journal of Sport Management, 35(6), 560-574.

Soman, D., & Gourville, J. T. (2001). "Transaction Decoupling: How Price Bundling Affects the Decision to Consume." Journal of Marketing Research, 38(1), 30-44.

Thaler, R. H. (1985). "Mental Accounting and Consumer Choice." Marketing Science, 4(3), 199-214.

Thaler, R. H., & Sunstein, C. R. (2008). Nudge: Improving Decisions About Health, Wealth, and Happiness. New Haven: Yale University Press.

Woolcock, M. (1998). "Social Capital and Economic Development: Toward a Theoretical Synthesis and Policy Framework." Theory and Society, 27(2), 151-208.

Economist Intelligence Unit (EIU). (2024). Democracy Index 2023: Age of Conflict.

국제결제은행(BIS). (2025). Credit to the non-financial sector.

다이와종합연구소(大和総研). (2024). 「치매 환자 금융자산(치매 머니) 보고서」.

일본 내각부. (2025). 「소비 동향 조사 9월 조사 결과」.

일본 총무성 통계국. (2025). 『인구추계』.

일본 총무청 통계국. (1987, 1992). 「취업구조기본조사(就業構造基本調査)」.

[국내 자료]

경제정의실천시민연합(경실련). (2025). 「수도권 부동산 가격 비교 분석」.

경찰청. (2024). 「사이버 사기 및 마약류 사범 검거 현황 통계」.

고용노동부. (2024). 『사업체노동력조사』.

공정거래위원회. (2024). 「용량 축소 등에 대한 정부 제공 확대 방안(슈링크플레이션 고

시)」.

교육부. (2025). 「전국 폐교 현황 및 활용 실태 분석」.

국가인권위원회·한국도시연구소. (2009). 「비주택 거주민 인권상황 실태조사」.

국립중앙의료원. (2023). 「2022년 응급의료통계연보」.

국민연금공단. (2025). 『부정 수급 적발 현황 및 조치 결과』.

국세청. (2023). 『2023년 국세통계연보』.

금융감독원. (2024). 『2023년 불법사금융 피해신고센터 운영실적』.

대검찰청. (2025). 『마약·조직폭력범죄수사 마약류 월간동향(2025년 8월)』.

법무부 출입국·외국인정책본부. (2025). 「2025년 7월 국내 체류 외국인 통계」.

보건복지부. (2022). 『2022년 고독사 실태조사』.

보건복지부. (2023). 「제5차 국민연금 재정계산 시산 결과」.

보건복지부. (2024). 『2021년 정신건강실태조사 보고서』.

보건복지부. (2024). 『2023년 노인실태조사』.

보건복지부. (2024). 『치매 노인 실태 및 관리 비용 분석』.

서울대학교 보건대학원. (2021). 「유명인 자살 보도와 악성 댓글이 일반인의 정신건강에 미치는 영향」.

식품의약품안전처. (2025). 「슈링크플레이션 관련 소비자 보호 대책」.

여성가족부. (2023). 『2023년 가족실태조사』.

이화여자대학교. (2025). 「청소년의 마약류 사용과 범불안장애의 관계」.

중소벤처기업부. (2023). 『2023년 소상공인 실태조사』.

직장갑질119. (2024). 『직장 내 괴롭힘 금지법 시행 5주년 실태조사 보고서』.

통계청. (2023). 『2023년 가계금융복지조사』.

통계청. (2023). 『2022년 국내인구이동통계』.

통계청. (2024). 『한국의 사회동향 2024』.

통계청. (2024). 『2023년 혼인·이혼 통계』.

통계청. (2024). 『소비자물가동향』.

통계청. (2025). 『2025 인구주택총조사』.

통계청. (2025). 『인구동향조사: 2024년 출생 통계』.

통계청. (2025). 『경제활동인구조사: 2025년 9월 고용동향』.

한국개발연구원(KDI). (2018). 『최저임금 인상이 고용에 미치는 영향』. KDI 정책포럼 제271호.

한국개발연구원(KDI). (2024). 『최저임금 미만율 실태 분석 및 시사점』.

한국개발연구원(KDI). (2024). 『KDI 경제전망 2024 하반기(제41권 제4호)』.

한국경영자총협회. (2023). 「소상공인 최저임금 부담 및 고용 실태 조사」.

한국경제연구원(KERI). (2021).「악성 댓글의 사회경제적 비용 분석」.

한국경제인협회. (2025).『자영업자 2024년 실적 및 2025년 전망』.

한국고용정보원. (2025).『지방소멸 2025: 신분류체계와 유형별 정책과제』.

한국교육개발원(KEDI). (2025).『TALIS 2024 결과』.

한국리서치. (2023).「무연사회와 고독사에 대한 대국민 인식조사」.

한국보건사회연구원(KIHASA). (2018).「프랑스 사회보장기여금(CSG) 제도의 운용 실태와 시사점」.

한국보건사회연구원(KIHASA). (2022).「가족돌봄청년(영케어러) 현황과 정책과제」.

한국보건사회연구원(KIHASA). (2023).『고립·은둔 청년 현황과 지원방안』.

한국보건산업진흥원. (2023).「고령친화산업 시장 규모 및 전망」.

한국부동산원. (2025).「상업용 부동산 임대동향조사」.

한국소비자원. (2024).「반려견 유치원 이용 실태 및 가격 조사」.

한국인터넷진흥원(KISA). (2022).『2022 사이버폭력 실태조사』.

한국행정연구원. (2023).『2023년 사회통합실태조사』.

한국콘텐츠진흥원(KOCCA). (2022).『2022 캐릭터 산업 백서』.

행정안전부. (2025).「지방행정인허가데이터」.

KB금융지주 경영연구소. (2024).『2024 한국 1인 가구 보고서』.

KB금융지주 경영연구소. (2025).『2025 한국 반려동물 보고서』.

3. 기사 및 미디어 (Media)

[방송 프로그램]

MBC PD수첩. (2023.08.22).「지금 우리 학교는: 어느 초임 교사의 죽음」. 제1387회.

NHK 스페셜. (2010.01.31).「無縁社会~'無縁死' 3万2千人の衝撃~」.

NHK 클로즈업 현대+. (2018.01.18).「음식의 '스몰 체인지' 속사정」.

[신문 기사]

경향신문. (2024.09.07).「일본 여성 시니어 잡지 '하루메쿠'…어떻게 46만 명 유료 구독자를 모았나」.

국민일보. (2025.09.23).「日은 간병비의 10~30%만 본인 부담」.

동아일보. (2025.09.29).「치매 판정 후 운전 적성검사 응시자 95%가 통과」.

동아일보. (2025.10.05).「표적 되기 쉬운 '치매 머니' 154조」.

마이니치신문. (2025.03.08).「혼인신고 없는 '사실혼' 인정하는 일본 기업들」.

마이니치신문. (2025.08.27).「고용조정조성금 부정 수급 1,000억 엔 초과」.

매일경제. (2025.10.31).「'월드스타가 고깃집서 혼밥을'…BTS 정국, 식당 목격담 화제」.

서울경제. (2025.09.14).「"돌싱이요? 사실혼인데요"…결혼 않고도 '핏펫' 아이낳아 기르는 사회, 가능할까?」.

서울신문. (2024.10.21). 「성희롱·갑질 당했는데도 '참아라'…직장인 2명 중 1명 경험」.

아사히신문. (1997.04.15). 「学校が意味を失った?」.

아사히신문. (2010.12.26). 「家族に頼れる時代の終わり'孤族の国'」.

아사히신문. (2021.04.12). 「가사와 돌봄에 하루 4시간 중고생 5%가 가족 돌봄 청소년」.

연합뉴스. (2025.10.09). 「장애 정부전산시스템 709개…1등급 40개 중 25개 복구」.

이데일리. (2025.06.05). 「일본, '고객 갑질' 방지법 첫 도입…위반시 기업명 공개」.

조선비즈. (2025.05.05). 「장난감 시장의 큰손 30~40대 '어른이'」.

조선일보. (1998.08.19). 「일본열도는 총체적 불황」.

조선일보. (2024.10.11). 「'교사 된 걸 후회하고 있어요'… OECD 1위」.

조선일보. (2024.10.21). 「10대 가장 '영케어러'… 서울·경기에만 7만명」.

중앙일보. (2023.10.10). 「"임신초 단축근무 신청하니 폭언…신고하자니 역고소 걱정"」.

중앙일보. (2025). 「수도권 폐교 부지에 3,000가구」 관련 보도.

쿠키뉴스. (2024.10.06). 「중기부 '코로나 피해 현금지원' 784억 누수」.

한겨레. (2024.06.11). 「은둔형 외톨이 밖에 나오면 적립금 준다…서울시 전국 최초 도입」.

한국경제. (2025.10.03). 「"수도권 폐교 부지에 3,000가구"…실효성 논란」.

한국일보. (2025). 「5대 저가커피 브랜드 매장 1만 개 돌파」 관련 보도.

아시아경제. (2024.01.12). 「"제가 죽으면 누가 돌보나요?" 민원에…로봇개 입양 제도 만드는 소니」.

아시아투데이. (2025.04.22). 「"일본인 20대 절반이 결혼 시 개명 원치 않아"」.

CBS노컷뉴스. (2025.10.27). 「한·일·대만 증시 신고가 행진…닛케이지수 5만·대만은 2만 8천선 돌파」.

The New York Times. (1989.10.31). "Japanese Buy New York Cachet With Deal for Rockefeller Center".

[잡지]

『Hanako』. 매거진하우스.

『하루메쿠(ハルメク)』. 하루메쿠사.

宮崎駿. (2013.07). 「特集憲法改正: 憲法を変えるなどもってのほか」. 『熱風』.

4. 문화 콘텐츠 (Culture)

[드라마] 《고독한 미식가》(TV 도쿄, 2012~). 1인 가구 혼밥 문화의 아이콘.

[드라마] 《나의 아저씨》(tvN, 2018). 영케어러. 현대인의 고독과 연대.

[드라마] 《오징어 게임》(넷플릭스, 2021). 무한 경쟁 사회의 비극.

[드라마] 《집 없는 아이(家なき子)》(닛폰TV, 1994). 버블 붕괴 후의 빈곤과 생존.

[드라마] 《프로포즈 대작전》(후지TV, 2007). 2000년대 중반 일본을 강타한 드라마

[영화] 《모노노케 히메》(미야자키 하야오 감독, 1997). 인간과 자연, 문명의 충돌.

[영화] 《엔딩 노트》(마미 스나다 감독, 2011). 죽음도 계획하는 종활

[영화] 《파묘》(장재현 감독, 2024). 부모가챠

[영화] 《플랜75》(하야카와 치에 감독, 2022). 초고령 사회의 디스토피아.

[애니메이션] 《귀멸의 칼날》(유포테이블, 2019~). 팬데믹 시대의 불안과 희망.

[애니메이션] 《노인Z》(오토모 카츠히로 원작, 1991). 고령화 사회와 기술의 역설.

[애니메이션] 《스즈미야 하루히의 우울》(교토 애니메이션, 2006). 세카이계의 시작과 우울한 청춘

[애니메이션] 《신세기 에반게리온》(안노 히데아키, 1995). 세기말의 불안과 자아.

[만화] 이노우에 다케히코. 『슬램덩크』(1990~1996). 신장재편판: 대원씨아이, 2018. 꺾이지 않는 마음.

[만화] 후지모토 타츠키. 『체인소 맨』. 학산문화사. 혼돈의 시대, 본능적 생존.

[게임] 《드래곤 퀘스트 III》(에닉스, 1988). 전설이 된 모험을 위한 오픈런

[게임] 《파이널 판타지 VII》(스퀘어, 1997). 기술 문명과 생명, 블랙기업을 향한 반격

최소불행사회

ⓒ 홍선기

초판 1쇄 인쇄 | 2026년 1월 20일

지은이	홍선기
디자인	ziwan
마케팅	모티브
펴낸곳	모티브
ISBN	979-11-94600-90-9(03150)
이메일	motive@billionairecorp.com